传

[美] 贝尔斯 著
赵欣 译

哈尔滨出版社
HARBIN PUBLISHING HOUSE

图书在版编目（CIP）数据

左宗棠传 /（美）贝尔斯著；赵欣译. —哈尔滨：
哈尔滨出版社，2014.12（2022.8重印）
ISBN 978-7-5484-2011-8

Ⅰ. ①左… Ⅱ. ①贝… ②赵… Ⅲ. ①左宗棠
（1812～1885）—传记 Ⅳ. ①K827=52

中国版本图书馆CIP数据核字（2014）第252541号

书　　名：	左宗棠传
	ZUO ZONGTANG ZHUAN

作　　者：[美] 贝尔斯 著
译　　者：赵 欣
责任编辑：尉晓敏 滕 达
封面设计：东合社·安宁

出版发行：哈尔滨出版社（Harbin Publishing House）
社　　址：哈尔滨市香坊区泰山路82-9号　　邮编：150090
经　　销：全国新华书店
印　　刷：天津光之彩印刷有限公司
网　　址：www.hrbcbs.com
E-mail：hrbcbs@yeah.net
编辑版权热线：（0451）87900272　87900273
销售热线：（0451）87900202　87900203

开　　本：710mm×1000mm　　1/16　　印张：16.25　　字数：230千字
版　　次：2014年12月第1版
印　　次：2023年2月第3次印刷
书　　号：ISBN 978-7-5484-2011-8
定　　价：50.00元

凡购本社图书发现印装错误，请与本社印制部联系调换。　服务热线：（0451）87900279

Contents　目　录

前言　　　　　　　　　　　　　　　　　　　　　　001

第一章　19世纪中国概述　　　　　　　　　　　　　001

第二章　左宗棠的青壮年岁月　　　　　　　　　　　033

第三章　太平天国的崛起　　　　　　　　　　　　　044

第四章　长江流域的太平军　　　　　　　　　　　　055

第五章　左宗棠征战江浙　　　　　　　　　　　　　069

第六章　福建之战及太平天国的覆灭　　　　　　　　104

第七章　捻军起义　　　　　　　　　　　　　　　　116

第八章　中国回民与回民运动之初　　　　　　　　　126

第九章　镇压陕西和甘肃东部的回民运动　　　　　　133

第十章　平定甘肃　　　　　　　　　　　　　　　　152

第十一章　新疆、喀什噶尔与阿古柏　　　　　　　　168

第十二章　筹备新疆之战　　　　　　　　　　　　　182

第十三章　新疆之战及收复伊犁河谷　　　　　　　　203

第十四章　晚年时光　　　　　　　　　　223

第十五章　生平总结　　　　　　　　　　230

参考书目　　　　　　　　　　　　　　　246

前言

致我的妻子

左宗棠生活在中国历史上的一个危难时期。他出身低微,命途多舛,经过了许多磨难后自学成才,到不惑之年才踏上仕途。靠着自己的天赋与不懈努力,他在朝中步步擢升,最后终于成为了清朝重臣,出任了清政府中汉人所能担任的最高官职。在他所受的教育与早期训练中,并没有任何与从军相关的内容,但他却成了中国大名鼎鼎的一代武将。他不仅跻身于名将行列,还成为了一名卓越的政治家。他在平定暴动方面功不可没,又在大片备受战火摧残的国土上进行了战后重建工作,同样成效显著。

左宗棠与外国人的接触不多。他所从事的工作,几乎都不在西方评论家的关注范围之内。他在收复新疆之战中立下了不朽功业,得到的关注却寥寥无几。19世纪晚期的中国出现了一个词——"排外",简单的含义就是仇视外国人。而左宗棠据说就是一个"排外者"。这个定义更无助于外国人对左宗棠的生平展开研究。在他去世以后的25年之内,清朝迅速没落,走向衰亡,于是他曾为大清帝国力挽狂澜的巨大努力,也进一步被人忽略。旧政权衰亡以后,社会的关注点自然转向当代的风云变幻,而那些为前朝殚精竭虑却回天乏术的名人,业已被人淡忘,因此左宗棠也几乎被人遗忘。

时代浪潮滚滚向前,左宗棠的生平与功绩被国人所忽视。他刚去世的那几年，全国上下都在缅怀他的功绩，然而随着旧政权的消亡，这片土地上发生了翻天覆地的变化。人们的革命热情空前高涨，随后前朝的伟人就成为了众矢之的，原因是他们曾经效力于满人统治的王朝。那场推翻清朝统治的起义（指辛亥革命），某种程度上被中国人视为是太平天国运动的延续。成功推翻了清朝统治的这一代人，不太可能去赞赏左宗棠这一类人的功绩，因为正是他们镇压了太平天国运动这一革命事业的起源。本世纪的辛亥革命，无疑在某些方面得到了太平天国运动的启发，但两者的理念和规模相去甚远。太平天国运动只是要改朝换代，并不是要推翻一种体制。正如托马斯·米窦斯先生所言，太平天国运动只是一场起义；而成功推翻清朝的辛亥革命不只推翻了一个朝代，还摧毁了旧的体制，根据米窦斯的定义，这是一场真正的革命。

随着时间的流逝，中国人开始用较为冷静的眼光看待上一世纪的著名历史人物。左宗棠、曾国藩等同一时代的名人，其生平和功绩开始重新获得人们的关注。左宗棠信奉儒学，毕生研习儒家理念，努力践行儒家提倡的人生观。与其说他效忠清政府，不如说他笃信忠君爱国的理念，并为此忠诚无私地奉献着自我。中国儒学体系的萌芽可追溯到孔子之前的时代，它在漫漫的历史长河中已渗入中国人的灵魂，对中国人的影响之深，任何其他国家的思想体系对其国民的影响都无法与之匹敌。我们对未来的情况不能妄下论断，但大致可以断言的是，在过去，任何一个中国人，只要他接受儒学的指导与鞭策，他一生的言行符合儒学理念，那么他死后就不会长久地蒙受污名，终将获得历史的肯定。

我偶然翻阅到一些有关中国西北和新疆的资料，开始对左宗棠其人产生了兴趣。他在农闲时率军作战，每次进军之前，都留下足够的时间进行耕作与收获，让部队自给自足。通过这种方式，他为大清帝国收复了西北诸省。然而，关于左宗棠这种新奇的作战方式，能够找到的英文文献实在寥寥无几，中文文献中才能找到较为详尽的有关资料。本书部分初稿是我提交给学校的论文，是为申请学位所提交的部分研究成果，标题为《左宗棠与镇压回民起义》。

论文研究了左宗棠在西北的征战，简略介绍了他早期镇压太平天国运动的事情及当时的大致背景。本书在这篇论文的基础上增添了一些新的内容，对他早期的征战及一些特定的人生阶段做了更为细致的研究。书中新增了一章，用以概述19世纪中国的政府机构、考试制度、财政体系及军事力量。又增加了另外几个章节，介绍太平天国运动的初期、中国的回民及阿古柏的王国。此外，还丰富了左宗棠镇压回民起义的那部分内容。谨以此书作为纪念，献给一个非常了不起的人物——左宗棠。

无论从哪个角度而言，本书都是一份详尽的研究资料。有关左宗棠的生平、他参与的事件以及当时的一般背景，这方面的中文资料浩如烟海，需要多年的时间才能全部通读。本书实质上是对左宗棠年谱的摘要解读，《左文襄公全集·年谱》（以下简称《年谱》）选自《左文襄公全集》，文集里搜集了有关左宗棠的文献资料。文集由杨书霖花了四年的时间编纂而成。《年谱》共十卷，从左宗棠1812年出生至1885年逝世，逐年逐月地记述了左宗棠的生平。本书在《年谱》的基础上，根据清朝晚期典史馆编纂的官方左宗棠传记做了增补，并节录了其他中文资料以及一些外国人的有关著述，其出处一并录于本书的参考书目中。

威廉·詹姆斯·黑尔的杰作《曾国藩与太平天国》，让本书在创意、构思和取材方面都深受启发。由于主题所限，黑尔博士在他的著作中只是附带提到左宗棠的生平，本书展开了这一方面的评述，希望对此项研究有所增益。对于声势浩大的太平天国运动，到1860年之前我都记述得较为简略。从1860年到该运动消亡，我着重描述了左宗棠在其中发挥的作用。如此处理对这场运动中的其他各种因素难免有忽略，因为我只是强调局部，无法综观全局。这样失于片面也许是传记作品无法避免的。大多数有关太平天国运动的英文文献，都是讨论该运动中某些特定的阶段，或者研究某些在运动中出名的人物。一些外国人在1860年之后涉足了太平天国运动，而早期的英文研究资料几乎全是关注这些外国人，记述他们在运动中扮演的角色。对于这些外国人在平定暴动方面所起的作用，这些研究都有夸大之嫌。近来对太平天国运动的记述，似乎开始关注中国人本身所起的作用，但要恰当评价他们镇压太平军的作用，还有大量的研究工作要做。左宗棠在镇压太平天国运动中功不可没。对这场运动的研究越是深入，就越能看出左宗棠的重要性之所在。在太平天国运动早期，曾国藩所组建的湘军，倘若没有湖南官府的大力援助，将很难发展壮大。而那些年，在地方衙门里充当幕僚的左宗棠，成为了湖南省最有影响力的人物。正是他不遗余力地支持了湘军的发展。

本书摘录了左宗棠的部分奏章和书信，并翻译成英文，借以反映他的个性、脾气以及他如何把握中国当时纷繁复杂的局面。据我所知，这些资料都是首次被翻译成英文。我采用的翻译方式较为随意，但我相信译文非常贴近原文的意思。在这本研究著述中，所有中文资料都是由我本人译成英文的，其中的任何错误都由我负责。李秀成对太平天国运动的记述，1865年由雷先生译为"Autobiography of Chung Wang"（《忠王自述》）。这个译本如今非常罕见，我尚无法觅得。本书中有关太平天国运动初期的摘录都是我根据中文文本译成英文的。

在各种英文资料中，中国的人名与地名都是翻译成罗马拼音文字，且存在着大量不同译法。对于人名，我试图使用最近北京方言的拼音，或称普通话发音。对于地名，我大致遵循丁格尔所编纂的《中国新地图与地名辞典集》中的拼法。在中文的姓名中，写法总是姓在前、名在后。姓后的名字通常都由两个汉字组成，译成英文时我通常都处理成一个词。中文里并不使用我们的罗马拼音。

借此机会，我要对中文研究学院的院长W.B.佩特斯博士表示感谢，他慷慨相助，一直对我的研究工作给予鼓励。我还要感谢学院的图书馆职员与中文教师，他们的协助对我的研究很有价值。此外，我要特别感谢中文研究学院的图书馆长F.D.舒尔特海斯博士以及美军上校约瑟夫·W.史迪威先生。F.D.舒尔特海斯博士审读了我的手稿，给予我许多宝贵的批评意见；约瑟夫·W.史迪威上校对这部作品深感兴趣，激励着我开展研究工作，他对中国这片土地及其人民有着深入的了解，不断向我提供了许多非常有价值的建议。

前言

对于我的老师、中文研究学院的王楚明先生，我的感激之情难以言表。王楚明先生极富个人魅力，对我循循善诱，他通晓祖国的历史，并以一腔热情引导人们了解它，欣赏它的伟大之处。他指导我读完了进行这项研究所必需的中文资料，为此付出了极大的耐心与热忱，并一直不遗余力地鼓励着我。这本书若有任何价值，都要归功于王先生。不过，由于他完全不熟悉英文，此书存在的诸多不足都不由他承担责任。

左宗棠生活的时代，中国这个古老的帝国正在苏醒，正处于走向近代的急剧转型时期。随着时间向前推移，人们对左宗棠的生平与功绩有了越来越深的了解，就更能体会到他的伟大之处。他的性情植根于中国传统，而他的人生观则历久弥新。一代王朝"盛极必衰"，而他顽强地与这一规律做斗争，试图阻止王朝的衰亡。他的成功以现在的观点来看，虽然在时空上有其局限性，但却是不容忽视的。或许用其他的社会发展规律，站在别的角度审视左宗棠的一生，观点就会有所不同。就如同左宗棠一生都在效仿的对象——诸葛亮，他所建立的功业，同样有着时空上的局限性，而诸葛亮却成为了一代又一代中国人的精神象征。以儒家的标准来衡量，只有尽忠职守才能建立功业，尽忠尽责就是发挥了最大的人生价值。我希望这份初步的研究能够起到抛砖引玉的效果，帮助其他更优秀的后来者深入地钻研丰富的历史资料，更清晰地展示这个伟大人物的一生。

W.L.贝尔斯
美国海军陆战队上尉
1937年2月

第一章 19世纪中国概述

一、概况

19世纪初叶的中国是一个幅员辽阔、繁荣昌盛的帝国。而到了19世纪末期,这个帝国业已衰落,摇摇欲坠。这样的场景在中国历史上并不鲜见。中国著名的历史学家司马迁,在撰写公元前2世纪末期的历史时,就曾从历史中得出结论,认为中国盛极必衰,"三王之道若循环,终而复始"。从古至今,这种情形一再重演。另一位中国名人欧阳修,在11世纪曾发出感叹:"盛衰之理,虽曰天命,岂非人事哉!"19世纪的中国正处在这样的衰落过程之中,清朝的统治还未全面崩溃,仍在垂死挣扎。这是个充满悲剧性的时代,而一代王朝解体时总是如此。在这样的时代里,人性中最丑恶的一面显露无遗,公义荡然无存,到处充斥着不公的现象和不幸与绝望的气氛。中国的最后一个朝代还在苟延残喘。令人惊讶的是,它竟然熬过了整个19世纪。这个奇迹主要得归功于一些伟大的人物,是他们力挽狂澜的结果,这些人物中就有此书的主人公左宗棠。

1644年,中国大地分崩离析,处于动乱之中,满族人通过谋略和武力打败了积贫积弱的明朝,建立了大清帝国。清朝初期的几位统治者精力充沛、富有才干,得益于此,中国再次富强起来,到了乾隆统治时期,清朝的国力达到了顶峰。乾隆1736年登基,1796年为避免在位时期超过他著名的祖父——康熙皇帝,乾隆宣布退位。他的儿子嘉庆继位,但事实上仍由乾隆手握大权,直至他1799年去世。乾隆统治时期是中国历史上一个真正的"太平盛世"，其去世标志着这一时期的结束。乾隆积极进取，富有治国之才，使大清成为了强大的帝国；而他的继任者都缺乏这种能力。征服者在被其征服的土地上逐渐丧失活力，这一衰落过程似乎无法避免，如今结局已经注定。随后的清朝皇帝从乾隆和其他杰出的祖先那儿继承了皇位，却没有继承他们的天赋和才干。

乾隆去世时，中国的疆域范围达到了历史的顶峰。它包括了我们如今在地图上所见的所有地区：满洲、蒙古、新疆、西藏等。在黑龙江以北和乌苏里江东部之间，有一大片比满洲面积更大的土地，也是属于中国的。新疆向西扩张至巴尔喀什湖，当时的浩罕汗国或费尔干纳对中国俯首称臣，承认其霸主地位。尼泊尔、缅甸、安南（今越南部分地区）、暹罗（今泰国）和朝鲜承认中国的宗主国地位，不过清政府在亚洲西南部和朝鲜事务上发挥的影响力，更多是名义上的而非实质上的。这个强大的帝国大致呈一个等边三角形的形状，三角形的底边从印度支那沿岸一直延伸至鄂霍次克海，顶端位于中亚的浩罕汗国。这是当时世界上国土面积最大、人口最稠密、经济最富裕的大帝国。

嘉庆皇帝继位时，这片土地正处于相对和平的时期。内陆的某些边远地区存在分离现象，一些位于四川、贵州、云南和广西的原始部落甚至从未处于清政府的有效管辖之内，但对于一个面积如此辽阔、人口如此庞大的帝国而言，总体来说还是大致和平安宁的。虽然乾隆发起了一系列征服边疆的战争，但国库仍然充盈，没有欠下外债。中国人的物质财富空前繁荣，健康水平达到了前所未有的高度，远远超越了历史同期的各个国家。19世纪初期的清政府组织严密，政府机构高效运作，在世界各国享有盛名。

这个中华帝国声名远播。在欧洲，人们对中国赞不绝口，其印象与半个世纪以后大相径庭。欧洲人从早期的天主教传教士的笔下，逐渐熟悉了中华文明。这些传教士对中国人所取得的成就印象深刻，随着他们的作品在18世纪盛行，中国的商品在欧洲大受欢迎，这种情形一直持续到19世纪初。这些早期的作家受过良好的训练,他们善于记录中华文明的文化和精神特质,并用本国的语言表达出来。在物质文明方面,那时的欧洲基本无法与中国相比。工业时代的繁荣时期尚未到来,无论是生产效率还是军事力量,欧洲与中国之间还未产生巨大的差距。而随着欧洲与中国在19世纪的接触越来越频繁,两种文明之间的差异越来越明显。此时来中国的观察者与之前不同,那就是,这些观察者是博学的耶稣会信徒。这些人从事商业贸易,头脑清醒,讲求实际,对这个国家的描述,展现了一幅截然不同的景象。在1800年,中国与欧洲之间的军事实力虽有差距,但并不能说此时任何一个欧洲国家都有能力悍然对中国宣战。不过,当时的西方各国发展迅速,特别是在工业机械生产方面,各种创新层出不穷,而中国人仍然满足于现状,裹足不前。因此,在那些在战争中起关键作用的军事工业领域,西方各国的发展很快超越了中国。随着中国与西方接触得越频繁,情形不免变得对中国越不利。中华帝国的实力开始迅速衰落,这其中有西方的影响,也有其他因素的刺激,其中一个原因就是中国人过于骄傲自满,拒绝承认其国家实力正在下降。

嘉庆皇帝完全没继承他父亲的卓越才干。他身体羸弱,耽于宫内的各种娱乐享受,而且心胸狭窄,把精力都集中在惩治那些得罪他的官员上,却没有正正经经地管理一个帝国。不久,全国各地就纷纷出现了动乱。汉族人虽处于满族人的统治之下,却有许多方面与其格格不入。随着人口激增,整个形势进一步复杂。1736年乾隆登基,当时中国的人口是1.25亿;而到了1812年,就增至了3.62亿。虽说这个数据不太精确,但可以肯定的是,在那段时期中国的人口增长达到了前所未有的速度。中国并未如上个世纪欧洲的工业国家那样开展工业革命,弥补人口激增所带来的巨大需求;也没有任何新的行业,能满足增长的这一部分人口的生计。人口对既有的物质条件造成了压力,这逐渐演变成整个国家和平稳定的最大威胁,且影响一直持续。

可耕种的土地面积有限,增长的人口对其生产力造成了越来越大的压力。庄稼收成每年不同，在中国的部分地区造成了供不应求的局面，甚至出现了饥荒的情况。这导致各地强盗和土匪猖獗，动乱抢掠事件层出不穷。当时中国还是农业社会，各地大兴治水工程，而盗匪猖獗的状况对治水工程产生了不利的影响。其中一些治水工程是由朝廷直接掌控的，比如黄河水利工程。其他的则由地方官府负责，而无数的小工程只是由当地人合作完成。这些工程用于防止洪水泛滥、排干洪涝地区和灌溉良田。几千年来，整个国家的治水工程一步步发展，各种细节不断完善，目的是让农民尽可能自如地应对降水情况的变化。只有和平的环境之下，农民才能正常工作；而只有农民正常工作的情况下，才能为众多的人口生产足够的粮食。一个强有力的政府是维持内部和平安定的基本因素，同时这也可能让中国人认为，若有众多自然灾害为人民带来饥荒和不幸，就必须由他们的统治者负责。

当时，中国人非常热衷于秘密结社。这些会党异常繁荣，有时还带有反政府的特色，这在世界其他国家都是罕见的。如乾隆这样精力旺盛的统治者，能有效管制这些团体，让朝廷与其相安无事，但到了嘉庆统治年间，这些团体就纷纷开始起义。有个团体两次试图刺杀皇上。其中一次就在守卫森严的紫禁城内，幸好嘉庆的儿子及时赶到，用猎枪射杀了为首的刺客。这种直取皇上项上人头的举动相信是一些地下会党所为，他们在与皇帝御前侍卫的对抗中能占上风，可见其势力不容小觑。嘉庆去世于1820年，此时帝国的领土尚算完整，然而整个国家已频频显露出衰落的迹象，清政府的威望渐失。

嘉庆的继任者是道光皇帝。道光有一定的才干，但并不足以让清政府恢复乾隆时期的力量。之前蠢蠢欲动的谋反活动，如今风起云涌，席卷了中华大地。一连串暴动足以说明，当时的人们普遍漠视皇权，整个社会动荡不安。1820年，道光皇帝登基，广西发生了暴动——这个地方成了一个起义的中心，即便到了近代也是如此。山西省在1822年和1835年出现了暴动；贵州是1836年；云南、台湾是1826年和1830年；江西是1831年；湖北和江苏是1832年；四川是1834年；广东东部是1836年；湖南是1836年；在1832年至1836年，广西、湖南和广东三省交界的地方也发生了严重的暴动，起义军的头目放肆地穿戴皇帝专用的明黄色，自称为"金龙王"①。

然而，真正让大清威望尽失的是和英国之间的第一次鸦片战争（1840—1842年）。英国人动用了一支并不强大的军队，竟一次次地打败了中国人召集起来的大军，逼迫他们用钱赎回全国人口最稠密的城市；封锁沿海地区；切断京杭大运河，使粮食无法运送至首都北京；并迫使大清皇帝签订了前所未有的不平等条约。在这以前，暴动基本上只发生在局部地区；而第一次鸦片战争的屈辱结果刺激了中国的内乱。1850年道光皇帝逝世，全国纷纷掀起了暴动的风潮，规模之大是中国四千多年历史上前所未有的。

农民运动中最大规模的一次被称为太平天国运动（1851—1864年），这是中国学生最为耳熟能详的起义运动。欧洲多国与美国都和此次运动有紧密关联，并在对其的镇压中扮演了重要角色。1856年至1873年，云南的回民起义，连年战乱使整个云南地区几乎到了荒无人烟的境地。1853至1868年捻军起义，在山东、安徽、河南、直隶大肆劫掠，羽翼渐丰，起义军初见雏形。西北的回民起义从1861年持续至1877年，使陕西、甘肃、新疆和蒙古的相当一部分地区遭到了极大的破坏。这一连串的暴动使生灵涂炭、财产损失严重，中国在短短的25年之内所遭受的破坏，为整个世界历史所罕见。有人估计，太平天国运动使中国减少了1亿人口，这个数据很可能是有些夸张了②。然而，如果我们把1850年至1875年间的所有暴动考虑在内，这个数据倒也与实际出入不大。在这四分之一个世纪，清朝所经历的一连串暴动是空前的。除了要应对这些国内的麻烦，清政府还要对付外患：1856年至1860年，中国与英国及法国进行了第二次鸦片战争。

清朝的每个角落都在逐渐土崩瓦解，只有一样东西除外，那就是他们强烈的

---

① 莫尔斯·何西阿，《中国对外关系》，第5卷第1章，第440页。
② 布兰德，《李鸿章传》，第4页。

自傲，尽管面临毁灭，仍然优越感十足。两次鸦片战争的结果，让中国人震惊，让这种闭塞的自我优越感受到了打击。中国人认为国家之间并无平等可言，全世界没有一个君王，比得上他们的"天子"尊贵。这种观点并非满族人的发明，它在中国根深蒂固。清朝从明朝手中夺取天下时，就继承了这种观点。晚清的责任在于其在战场上节节败退，未能继续支撑中国人的这种优越感。在清政府与西方国家对抗期间，是汉族官员最顽固地坚持这种观点。实际上有足够的资料显示，早在中外冲突之初，不少满族高官对西方国家的实力，比他们的汉族同僚有更为清醒的认识。任何一个能夺得"龙位"的朝廷，若要处理与西方列强的关系，其立场将与清朝别无二致。即使最终的结果有所不同，其影响也非常有限，中国人可能也是用其来支撑他们的优越感。中国人这种古老的世界观并没有什么不对。他们的问题在于不能审时度势，根据自身的力量正确评估自己，从容做出调整。毕竟，一个4亿人口的大国，却没有制定任何的对外关系法则，这实在说不过去。而制定法则的只能是那些手握大权之人，因此有何罪责也应是他们承担。

在整个国家最富庶、人口最多的地区，起义军风起云涌，国外势力频频进犯。任何一个如此岌岌可危的政府，都不免遭受领土损失。回顾那个世纪，中国总共失去的领土面积是个惊人的数字。中国首先失去的是浩罕汗国，它在1812年终止向朝廷进贡。中国在1858年、1860年和1881年与俄国签订条约，割让了伊犁河谷下游的全部地区、中亚伊斯库尔湖的临近区域、黑龙江以北以及乌苏里江以东，包括海参崴。尼泊尔和暹罗在1882年停止向朝廷进贡。1885年割让安南，1886年割让缅甸，1894年失去朝鲜和台湾。中国被迫打开国门通商贸易，允许传教活动和外国人居住；允许外国公使常驻北京；其海关税收落入外国人之手；来自各西方列强的外国人在中国都享有特权。在连年内乱之后，中国仍勉强维持对内的统治，但在对外战争中却屡吃败仗，先是与英国交战失败，然后成了英法联军的手下败将，又被法国和日本联手打败。清政府仍能维持统治，一方面是由于一些欧洲列强的支持，一方面是因为汉族官员的忠诚效力。19世纪末期，大暴动很快卷土重来，不出几年，满族人的大清帝国就气数已尽，完全退出历史舞台。

二、政府①

大清在中国施行的是独裁统治。皇帝是一国之君，享有至高无上的统治权。他有最高的法律制定权、裁决权和执行权。只有他能分封赐爵，有权任命所有的官员；在某种程度地位还相当于教皇。作为"天子"，他拥有神圣的权力，世上无人能匹敌。从他继位那一刻起，人们就永远不能再提到他的名字。他会为自己挑选一个年号，用来指称他自己所统治的时期。这在中国逐渐成了一种时间上的参考数据。例如，1835年就是中国的道光十五年，1492年就是明朝著名皇帝弘治统治的第五年。皇帝驾崩以后就会被封为圣人，另起谥号。根据中国人原来的设想，皇位并非世袭制。皇帝是"天子"，代表上天的权威，应该由他指定最合适的人充当继任者。皇帝在去世之前的最后一项举措应是指定继任者。而实际上，每任皇帝都指定自己的儿子为继任者，倘若没有儿子，就指定家族中的某位王子为太子。不过，太子通常都不是皇帝的长子。尽管君权神授是中国人的传统理论，但一个朝代的长短也取决于其是否"顺应天命"。倘若皇帝不能"顺应天命"，人民就认为这个朝代气数已尽，另一个朝代就应运而生。没有一个家族能永远享有神圣的君权，千秋万代地统治"中华帝国"。

皇帝极少在各项事务中采取主动，只有明朝的永乐、清朝的康熙和乾隆这样才干过人、乐于独断的统治者除外。皇帝主要是监督各省官员的工作，批阅奏章，任免官员，并对各项事务拥有最终的否决权。这种独裁制度由一整套官僚机构运作，其等级之严密、组织之完善为当时世上罕见。官僚机构上层的运作很大程度上受到皇帝个人性情的影响，而它对管辖下层的人民群众则没有什么实质性的权力，几乎相当于无为而治。莫尔斯写道："东方人治国是独裁主义与官僚

---

① 这一部分所参考的资料来自梅耶斯·威廉的《中国政府》和莫尔斯·何西阿的《中国对外贸易管理》。

主义并行，而如同行会和农村生活之中所显示的，其中具备了民主的特质。"因此，皇帝理论上拥有绝对权力，而实质上他的专制主义实施的条件极为有限。

中央政府机构按等级高低分成了不同的行政部门，主要分支如下：

内阁：实际上相当于皇帝的私人顾问。内阁成员人数不定，但一般情况下不会超过五人，有60名秘书辅助其工作。所有的内阁成员都是朝廷大臣，在政府的其他机构中身居要职。他们每天早上4点至6点面见皇帝。

大学士：在明朝统治时期，大学士的作用相当于国家最高议会；但到了清朝统治时期，它并不掌握实权。大学士的成员只有六人，其中四名是大学士，两名是协办大学士；其名额在满人和汉人之间平均分配。对汉族官员来说，大学士是清政府授予他们的最高官职。这个官职通常会授予政绩显赫的总督和钦差大臣，只是一个荣誉性的头衔，不算什么实职。

六部作为清朝主要的行政部门，包括：

吏部：掌管全国知县以上所有文官的任免。

户部：掌管全国所有财政收入，包括进献给皇上的贡品、贡金和国库的收支。

礼部：负责安排皇帝参与的各种典礼及所有国家级别的大典。

兵部：通过总督和巡抚控制各省的军事力量，并掌管递送文书的事务。对满人的军事组织没有管辖权。

刑部：掌管刑罚，对所有犯罪案件具有裁决权，并有权处置无能或失职的官员。

工部：负责全国所有公共建筑的建设和维修工程，但不负责房屋、道路和桥梁的保养事务。

总理衙门：1861年设立，专门负责处理对外事务，但其组织构成不同于六部。它的运作类似西方的管理委员会，其成员是在政府中有其他实职的高级官员。大学士往往同时也是总理衙门的成员。

理藩院：处理与蒙古、西藏等的关系，亦处理过与俄国的各项外交事务。

都察院：这个政府部门在中国享有莫大的权力。它由一些高级官员组成，他们唯一的职责就是议论政务，提供建议。所有总督都是都察院的成员，加衔右都御史；而巡抚则加衔都察院的右副都御史。御史负责监察六部和中央政府其他各部门，而监察道员约有56人，负责监察各省份的官员。按照规定，他们享有特权，甚至可以批评皇上。但实际上，不少御史都因直言不讳而人头落地。

翰林院（或称文学院）：由全国最优秀的学者组成，负责监管中国的教育、保管历代藏书、撰写本朝志略。

清朝按行政管辖把全国划分为18个行省，设省官府；另外东部的东北三省基本由军政府掌管，蒙古、西藏和新疆为属地。在全国的多个地区还居住着各少数民族部落，特别是地处西南的省份——云南、四川、贵州和广西，这些少数民族部落由特设的专门机构管理。省下设府、厅、直隶州、州和县；府相当于省，厅相当于比省低一级的行政区，直隶州是独立的行政区，州属府的管辖，县属府或直隶州的管辖。二至六个县可组成一府，两个以上的府构成一道。厅和州可看作高一级的县，而直隶州可看作低一级的府，但它并不从属于府。直隶为首都所在省份，它与四川省皆不设巡抚，只设制台，或称总督，总督有行政权和军事权。其他省份皆设巡抚。山西、河南、山东三省和直隶接壤，不属总督管辖。其他省份组成不同辖区，由不同总督管辖：

江苏、安徽和江西	两江总督
陕西和甘肃	陕甘总督
福建和浙江	闽浙总督
湖北和湖南	湖广总督
广东和广西	两广总督
云南和贵州	云贵总督

在省级行政区，最高一级的文官为总督。总督兼任都察院右都御史、兵部尚书。虽然他属文职官员，但他控制着其辖区内所有的军事力量，只有满族驻军除

外。巡抚被视为总督的助手，但并非其下属，他负责省内的日常行政事务。在巡抚以下，按级别高低设布政使和按察使，布政使掌管地方财务，协助巡抚的行政工作；在某些省份设盐道和粮道，盐道负责征收盐税，粮道负责督运漕粮。这四种省级官员相当于组成了一个省级政务委员会，在太平天国运动时期则成为了省级的军事枢纽。

道员控制两个或多个府的行政权，也掌控其管辖区内除满族驻军外的军事力量。他通常成为省级官员和府级官员之间的沟通渠道。府的长官通常称为知府。他是府级官员和县级官员之间的沟通渠道，亦掌管地方的诉讼事务。直隶州的长官称为知州，其职能类似于知府，而一般知州的职能类似于知县。

这套政府构架的基本单位是县，这是中国最小的行政、司法和财政单位。卫三畏在《中国总论》一书中提及，中国18个省份一共分为1285个县，这个数据很可能是来自太平天国时期。县政府所在地通常是四面建有城墙的市镇，这个市镇的名字和县的名字是相同的。在这里每个中国臣民都会登记在册，无论他以后到了哪个地方或在政府中担任何种官职，这个籍贯也不允许改变或遗弃。倘若他属于乡绅阶层，这里一定有他的宗祠，倘若他不属于这个阶层，这里也有他祖传的家业。若情况允许，他到晚年时将会告老还乡；若他客死异乡，骨骸也将收归于此；他出生的县就是他的故乡，他的一生都以此为身份标志。

县的最高一级官员通常称为知县，但这个头衔并未能体现出他的多种职责。知县的角色十分重要，身兼数职，管行政、司法、监察、治安、财务、估税、征税、验尸、赈济饥民，还充当社会风俗的守护者。人们通常把知县称为"百姓父母官"。知县手下有大批职员，包括秘书、司库、征税员、巡捕、信差、狱卒和刽子手。知县也许会指派下层职员分担这些职责，但在其辖区内知县本人仍要为政府的各项事务承担责任。知县的俸禄一年100两至300两银子不等，还会领取数倍于此的津贴，名为"养廉银"。

从知县到全国最高级的官员，全部由皇帝任命。在清朝统治期间，所有官员不得在原籍地区为官,除总督和巡抚之外,每个官员在同一个地方的任期不能超过三年。偶尔会有官员在某一职位上获得三年续期,但这属于例外情况。清政府不愿让它的官员在某一地区扎下根基或者结党营私、威胁皇权,因此官员常常调动到其他地方。太平天国运动带来了极大的冲击,许多制度失效,使清朝初期严加防范的情况有了可乘之机。官员之间结党结派,出现了曾国藩和左宗棠为首的湖南派系和李鸿章为首的安徽派系。全国的大部分官员都纷纷加入了这些党派。而在这种情况下,说"结党威胁皇权"并不公允。相反,在大清风雨飘摇的日子里,这两个派系的领袖都是维护皇权的中流砥柱。

全国的所有官员都是从科举考试中选拔出来的,至少理论上是如此。而实际上,嘉庆皇帝统治的最后几年,朝廷财政压力过大,就开始售卖官位、官衔和学位。这套选拔人才的体制历经时间考验,许多人通过出色地研究学问而踏上仕途;但如今这套体制遭到前所未有的破坏,几乎形同虚设。科举考试选拔出来的人才总是多于既有官位,因此出现了"待诏"这一阶层,他们已够格担任官职,但必须等待空缺。这些人大多在各个衙门服务,有些人为任职官员充当幕僚,有重要的影响力。通过这种方式,省级各官员甚至是知县,都拥有了一定的任免权。待诏者后来跻身实职的情况并不罕见。左宗棠就是通过这种方式,在担任湖南巡抚随身侍从多年以后,接到了他的首次任命。

中国的官僚机构并不臃肿。整个中国有正式任命的文官只有区区2000人。据估算,每个职位的待诏者是五人左右,因此即便有1万个待诏的官员,他们中大多数在衙门担任非正式的职务,整个中国的官员也只有1.2万人。对于一个人口超过4亿的帝国来说,这当然是个很小的数字。不过中国的官员权力很大。中国那1300个知县所拥有的权力,世界上没有一个国家的官员群体能与之相比。这些知县在其辖区几乎有绝对的权威,但他们使用权力也受到各种繁杂规定和先例的限制。在有先例可循的情况下,知县行事必须特别小心谨慎。他们最大的压力来自其处事的方式,要是一个知县被认定为"滥用权力",他就陷入了极大的麻烦之中；然而细细分析他的情况，通常却只是处事方式不当，而非违反法律。

中国有一套包罗万象、极为细致的行政规则，里面囊括了你能想象得到的所有行政行为，所有官员都必须遵照其行事。官员处事很注重先例，而在中国漫长的历史中累加起来的先例，已涵盖了所有可能出现的情形，至少在19世纪之前是如此。经过不懈努力，这一套行政制度已能自行运作，致使中央政府几乎完全起不了积极的作用。省级官府几乎包办了所有事务，但它们却不允许过分显露自身的权力。倘若出现这套精心筹划的体系前所未有的情况，例如来到中国的外国人要求中国设立对外关系的法规，让其享有各种权利和特权，碰到这种完全在中国人意料之外的状况，中央政府就竭尽所能回避这个问题，在19世纪大部分时期内都试图将国家的对外关系交由地方官府处理。他们的失败与其说是制度上的缺陷，不如说是运作这一套制度的官员素质下降。对于像康熙和乾隆这样意志坚定的人来说，这套制度足以运作自如，让中国成为同一时代最为强大的帝国；而对于他们那些软弱无能的继任者来说，这套制度也足以让同一个国家面临分崩离析的局面。目前世间所设的任何制度，的确都是"治乱兴衰，终而复始"。

三、科举制度

要了解一位中国的政治家或军事家，要正确评价其仕途，就必须对科举制度有一定的认识。通过科举考试是跻身中国官僚阶层的第一步。这个制度能很好地说明中国人在政治方面的天才之处。中国人历来就非常敬重学者，他们很早就认为知识分子是最适合管理国家的人选，并为此确立了一套制度。经过世世代代的观察和实践，他们认为用儒家思想治国是最为恰当的。聪明的中国人经过20多个世纪的实践，发现由他们之中最有学问和才能的人统治国家是最合适的，这些人足以应对整个民族在漫长而多姿多彩的历史进程中出现的各种情况。这种理论给予知识分子极大的荣耀，同时让学术的最高目标成为了踏上仕途。由此中国的士人阶层应运而生，这就是统治中国的官僚阶级。教育开始高度制度化，并致力于一个主要目标——培养官员。这种教育制度的核心是经过诠释的孔子学说，而从孔子最出色的学生孟子（约公元前372—前289年）到朱熹（1130—1200年），已有不少评注者对这套学说进行了相当程度的修改。科举考试面向公众而竞争激烈，旨在从那些精于孔子学说和孔子理念的士人之中，选拔出最出众的人才进入官场。

通过竞争激烈的文学类考试选拔官员，这种做法在中国由来已久。通过这种途径选拔人才，是从汉朝甚或是更早的时候就开始了。开始让其形成考试制度的人应该是隋炀帝，他在600年左右确立了这套制度。从他以后到19世纪末，这套选拔制度就没有太大的变动。应试者要在考试中脱颖而出，就必须能一字不差地把儒家理论烂熟于心。在中国的教育中，没有所谓的"系统性"，也没有捷径可走。1200年以后，学习的内容就彻底标准化了，基本的几部儒家著作是一成不变的。近700年以来这套教材都没有丝毫改变。

满怀抱负的应试者首先要在其原籍的县内参加考试，由县令监考。这次考试是免费的，且人人可以参加。随后的所有考试都没有年龄限制，参加次数也不设限。通过初级考试的人才有资格参加各府的府试。每两年，通过了县试和府试的人参加院试，由省里的学政到各地主考。

这才算真正迈出了踏入官场的第一步，各府依照配额从中选出获得高分者，授予"秀才"的头衔，秀才相当于西方的学士。这个头衔并不代表此人可担任官职，但他由此获得了一定的社会地位，有不能用刑的特权，并可参加下一轮的省级考试——乡试。

乡试在各省会城市同时举行，考官由皇上亲自指派。乡试每三年举行一次，如遇到皇帝生日、皇子诞生或打仗取胜等喜庆之事，皇帝也可下诏加考，即举办特科。这次考试非常严苛，每省只录取70至80人，而在一些人口稠密的省份，多达8000人参加考试也并不鲜见。考中的胜者被称为"举人"，相当于西方的硕士。对雄心勃勃的知识分子来说，这才是第一份实质性的回报，中举意味着其具备了做官的资格。然而实际上，极少有举人能任命就职。要踏入官场还需要过第三道关——会试。

每三年的春季，各省的乡试完毕后，会试就在北京举行。所有举人都有资格参加会试，但一般只从中录取350至400人。这些人称为"进士"，相当于西方的博士。进士随后会参加殿试，通过殿试的人即可成为翰林院的一员，获取国家俸禄。翰林院内部分许多等级，都是通过科举考试选拔而来。进士跻身待诏的行列，通常过一段时间以后就会获得任命。官位一直以来都是僧多粥少的状况，科举考试竞争激烈，大部分人只能失望而归。

当国家衰落之时，尤其是各地纷纷发生暴动的时代，出现了售卖学位和官位的现象，严重影响了科举制度的正常运作。据卫三畏记载，秀才的头衔在广州一度卖至8000美元。因为秀才并不是官职，因而在某种程度上证明了这一头衔拥有一定的特权和社会地位。卫三畏同时指出，1831年某个广东人出资5万美元，修葺了广州城附近的堤围，因而获得了"举人"的头衔；很多年后又有一名广东人被授予"盐法史"的职位，原因是他为出征新疆的左宗棠军队捐赠了10万两银子，约合7.5万美元。学位、官位的售价有比上述例子低的情况，但以上的事例可让我们大致了解中国人对功名的重视程度，这主要是因为官衔本身亦是博学的标志。

然而，买官卖官的现象，并不能充分说明科举制度缺乏合理性，这一套选拔政府官员的制度是行之有效的。中国最后的五个朝代都以科举制度作为官僚统治的基础，这套官僚体制治理了这个国家大约1300多年之久，而在此期间这一套制度并未发生根本性的变化，这足以证明科举制度经得住考验。尽管每个新朝代的建立者起初都试图摆脱士人阶层，但时间很快就会证明，这一阶层正是朝代建立者延续自身统治最可靠的保障，此时士大夫重新受到重视，选拔他们的文学考试也同时受到追捧。儒学的要旨就是忠于帝王，尽管中国历史上谋反叛乱的例子比比皆是，但士大夫阶层从来都没有参与其中。

在中国，已有不少人著书立说声称"造反有理"。从本质上来说，这和全世界其他国家的情况并没有什么不同。造反只有成功以后才会获得世人的承认。"胜者为王，败者为寇"，这是放之四海而皆准的道理。中国制度里并没有"公民投票"这一西方流行的观念，中国人只有起义造反才能投下"抗议票"，但这一事实并不意味着造反这种暴行是正当的。事实上儒学是从不提倡暴力的。儒学的观点认为上天可对一个统治者"收回天命"、新授皇权，但并未提供决定其继任者的方法。某个完全不了解儒家学说的武士用武力一统天下，这就是上天意志唯一的表现。上天总是在国家兵力处于最弱的时期收回天命以彰显其不满，且此时总是会青睐某个强大的武士，这也算是一种奇怪的巧合。士大夫阶层非常轻视武职。然而，每当武士用手中的剑俘获了上天意志，士大夫们就已准备好对其效忠，并很快就使其建立新朝的勇猛精神失了锐气。强大的兵力和国家的繁盛之间似乎存在某种联系，官僚阶层的盛行与国力的衰退之间亦如是。

四、货币、收入和支出

在中国，最为特殊的要数货币制度了。今天的西方人尚且很难明白中国的货币制度，更别提100年前的时候了。然而必须要说明的是，尽管在金融交易中它让西方人头痛不已，但中国人却不这么认为，他们已经完全习惯这套制度了。事实证明他们喜欢这套制度，乐于享受其中猜谜般的乐趣。而政府的税收、政府的支出制度与货币制度相比，更不寻常。中国人对其的态度是见怪不怪，应该也明白个中奥妙，不过有迹象显示他们并不太喜欢这套制度。可以肯定的一点是，它影响了军事人员的流动性和灵活性，更不利于军队配置装备，使19世纪清政府对暴动的镇压受到了严重限制。清政府在和太平天国以及回民起义者漫长的拉锯战中，最大的问题就是金钱。战场上的将军自始至终为钱犯愁，大力反对这种体制。为阐明他们所陷的困境，我将在此处简述中国的财政体系。

除了极少数的情况外，直到19世纪末之前，中国都是用铜这种金属作为正式流通货币的材料。铸币方面中国都是以铜为标准。外国人通常把这种货币叫作"铜钱"。中国很久以前就确定了一枚铜钱的价值为1/1000两白银，此后一直沿用。这是百姓所用的现金，普通人的所有交易都以铜钱结算。面值更大一点的货币是以"吊钱"的形式出现的，把钱币穿成串的过程会有一定的损耗以及人工费，去除损耗值后一吊钱相当于1000个铜钱。

这些货币的实际流通价值是变化的，不同的时间、地点则有不同的价值。政府和全国性的大笔交易，就并非使用铜钱作为货币，而是使用称量货币——两，外国人称为"银两"。然而，在银两的重量和称重方法方面，中国并没有统一的标准。每一个商业城市都有自己铸造银两的标准，在许多地方甚至有十种以上的标准。有些银两流通性相对更广，例如清政府税收所用的衡量标准——库平两，征收各省漕粮所用的漕平两，1860年后海关收税时所用的海关两，还有上海两。这些银两的价值如下：100海关两相当于101.642库平两、103.38漕平两、111.40上海两。

银两在外币兑换中的价值取决于银价，据粗略估计，1海关两相当于0.7美元。除了咸丰年间以外，中国政府没有发行过任何纸币。政府并没有采取任何措施，以统一白银的重量和成色。白银通常以条状、船形或银锭的形式流通，重量在10至50盎司（1盎司约等于28克——译注）之间。所有的交易中白银都要称重，按照所立契约中注明的计值，或以当地所使用的银两为单位计算。政府和大型机构有两套秤盘，一套支出所用，一套收入所用，而支出比收入所用的重量略重。

政府的财政收入来源如下：地税、国内外关税、盐税、厘金及其他杂税。在19世纪初，地税是朝廷最主要的收入来源，国库中大约2/3的现金收入来源于此。1713年康熙皇帝对税收做了一番评估，诏令当年的赋税就是今后的固定税率。然而，后来的税率实质上大幅度地增加，比康熙时期增加了好几倍；原因是设计巧妙的税务体系适时增加了大量的附加费和征集费，而且任意规定银两与铜钱之间的兑换率，无视现行的货币兑换率。基本税值仍采用1713年的标准，但实际缴纳的税额是其三倍至四倍。流回国库的税金扣除既定费用后以1713年的税金为基准值计算。各省所承担的税收似乎是随意分摊所致,山西是最穷的农业省份之一,却在征收地税的名单中位列榜首,而广东这样十分富庶的省份却排在第十位。据莫尔斯统计,流入国库的地税总计为2588.7万两白银,而他估计人民缴纳的税额是其四倍。

实物税是为全国生产物而设的另一个税种,主要是谷物缴纳。其他缴纳的实物包括铜、丝绸、木材、蜡、水果、人参和瓷器。很难计算征收的总额,但据莫尔斯估计是742万两白银。

与外国之间的出口贸易要征收关税,本国物品在国内口岸的转运也要征收关税。在边境和一些大城市还设有陆关。所有进入北京的货品都要征税。1841年之前所有来自国外的海运货物都只限在广州口岸交易。主要的陆关设在恰克图,来自俄国的商品在此交易。根据清政府在1842年与英国签订的条约,另有四个口岸对外开放通商,随后在该世纪还签订了其他若干条约,使开放的口岸不断增加。太平天国运动造成混乱以后,有一段时期,由外国领事馆官员在某些口岸代表清政府征收关税。这种征税方式逐渐发展,随后为了满足英法两国在1860年提出的赔款要求,中国海关应运而生。海关由外国人替中国政府管理,并不全属中国司法权管辖,对通商口岸所有进口和出口的商品征收关税。因此产生了内关和外关之分,内关在不对外通商的口岸和内河的关口征税,而外关在通商口岸征税。中国海关逐渐成为全国税收的主要来源,而在其建立之前关税对政府财政贡献并不大。

盐税在中国是最为古老的税种之一。它极易被滥用,让征收的官员有机可乘,这种情形在中国历史上出现过多次。盐的来源有沿海的海盐、内陆盐水湖沼的湖盐、云南和四川盐井的井盐。莫尔斯写道:"税收中最含糊不清的就是盐税,这是征税过程中官商勾结的缘故。政府对盐的控制非常严格,从生产、批量采购、运输到批量售卖和零售，每个环节都要征税。"①

厘金从1853年开始首先在长江流域征收，目的是为继续镇压太平军筹集军费，1861年开始在政府驻军控制的每个省份强制推行。起初税金只占省际贸易的千分之一。随后这项税款逐渐增加，且充满了随意性，不同省份之间差异很大，而且同一省份不同地区之间的贸易也要征税。湖南省延续原来的规定，初次交易已交厘金的商品在省内再次交易可免税。其他省份则关卡林立，对商品贸易层层设限。滥征厘金的现象十分严重。

其他各项杂税中，主要税种有芦苇税、茶叶专卖税、注册费、典当费和其他商业许可费，这些税款还不包括各地自立名目征收的。

中国政府的财政收支根本无法精确统计。从征税、支付到核计这一整套系统，无论是皇帝、财政大臣还是其他任何人都不甚了解，也弄不清楚纳税人所缴纳的税款与政府收入所得之间的联系。税款并不流入国库，然后由国库分配至各个政府部门。相反，征税的部门通常把所得税款直接分到各个部门。除了盐税、粮税和关税以外，其他税款由知县征收，由他们上缴至省级银库。在一般情况下，每年的财政收入基本不变，北京政府清楚可支配的额度。到了晚秋时节，政府会制定下一年度的财政支出预算。通常是由中央政府对地方政府、盐道和粮道发出指令，要求他们在政府资金中拨出一定数额，分到其他政府部门以作他用。这些款项并不流经银库，而是直接拨到指定部门。一些较穷的省份根本不用交税，反而从较富庶的省份领取"财政补贴"。转移资金涉及交易、折息贴现和自然损耗，免不了产生很多费用。

莫尔斯的书中就有相关事例，是关于左宗棠征战甘肃时是如何获得经费的。"这是江苏日常征收税款后拨往甘肃的财政补贴。税票是库平两，而支付的是本地两，中途汇往上海需换成漕平两，在上海兑换成上海两，随后再次换成漕平两

---

① 莫尔斯·何西阿，《中国对外贸易管理》，第100页。

以汇往甘肃（假设汇款方式是汇票），甘肃接收时转换成其本地两，然后转换成库平两与江苏核算，又转换成本地两以存入银号，又转换成库平两与国库核算，最后又换成本地两或铜钱做支出用。以上并非玩笑话，而是事实。上述拨款中途经历了九次兑换交易，除了各地兑换率的不同，每次交易还需让利至少交易额的2.5‰，而所有这些额外的费用无疑都是从纳税者身上压榨而来。此外，汇款方式是真的把银两从江苏运往甘肃，每一步的兑换交易都必不可少；而且路途所需时间起码要一个月以上，这其中涉及的运输费、护送费又是一大笔数目。"①

以下数据出自帕克的研究，可让我们一窥19世纪90年代全国年度财政收支的大致情况。

名目	财政收入（两）
地税	25,887,000
实物税，粮税	7,420,000
内关关税	3,360,000
外关关税	21,482,000
盐税	12,600,000
厘金	11,930,000
国内鸦片税	1,960,000
杂税	3,856,000
总计	88,495,000

名目	财政支出（两）
汇至北京的现款	7,790,000

---

① 莫尔斯·何西阿，《中国对外贸易管理》，第83—84页。

项目	金额
汇至北京的实物	4,080,000
皇帝私用	1,341,000
运粮至京的运输费	1,700,000
东北边疆防卫费	1,755,000
西北边疆防卫费	3,660,000
北京文武官员俸禄	1,572,000
北京特殊防卫费	2,270,000
海军	1,450,000
铁路资金	550,000
部队	25,200,000
兵工厂	3,385,000
黄河治理	1,389,000
外关支出	2,147,600
地方管理	34,042,000
贫困省份补贴	4,745,000
总计	97,076,600

根据以上数据，财政支出超过了收入；而倘若1850年以后的实际收支能与上述统计相符，清政府就要大喜过望了。据帕克记载，这些预算数字是"过去20年总督经过小心计算后才呈交给皇上过目的……这其中存在明显缺陷，在同一年份每一项的收入数字都是不可能达到的。"[①]有理由相信，对于中国在第一次鸦片战争（1840—1842年）之前的任何一年，以上这些估算数据的总计数目，都只是清政府对其财政收支极不严格的统计，或是据当时的中央有关部门记载而来。帕

---

① 帕克，《中国今昔》，第33页。

克先生写道:"尽管朝廷存在腐败现象,人民所承受的苛捐杂税是政府收入的三倍……但他们并不用像西欧各国那样,要缴纳每人三先令的人头税和各种地方性的收费。"①

平心而论,大清政府对汉族人民的盘剥算是比较轻的。文官中汉人占了大多数,倘若没有动乱发生,定期征收的赋税也算合理,绝大多数汉人都与满人相安无事,甚至意识不到他们之间差异的存在。考虑到整个帝国的面积、人口和财富,与其他皇室的花费相比,清朝皇族在宫中的花费算是十分节制的。即使满人有25万个游手好闲的八旗子弟家庭,是国家不小的负担;但他们亦不过分奢侈铺张,算不上令汉人不堪重负,只是使汉人感到愤恨不平罢了。然而,乾隆皇帝一死,中央政府积极有效的运作就全面终止了。因此,除了整治黄河的几次拨款以外,中央政府基本失去了之前的职能。国家变成了一个个半自治的省份,每个省份基本是自给自足,省内的每个地区亦如是。国家几乎完全没有了政治凝聚力,随着国内的动荡不安和国外势力的插足,大清仅剩的凝聚力也丧失殆尽。这个朝代让中国经历了150年的强盛,又将其拖入100年的大动乱大衰落之中。并不是上天强行从满人手中收回"天命",而是人间最平常不过的规律——如同人会年老体衰,国家是气数已尽。

五、军事力量

太平天国运动兴起之时,中国基本上仍沿用康熙皇帝(1654—1722年)设立的军事制度。在康熙和他的孙子乾隆统治时期,这套军事制度的运作非常有效,令人赞叹。但到了1850年,它的运作已极为勉强,如同一个原本设计精密的时钟,丢失了主发条和其他重要的零部件。这套军事制度的主要目的是维护大清的统治,防止各省官员互相勾结以对抗朝廷。按照设想,它只服从于皇帝一人的旨

---

① 帕克,《中国今昔》,第63页。

意。此外，它被设置成防卫性的军事力量，虽然康熙和乾隆都曾成功地把其作为进攻力量使用，但这两个皇帝并非常人。在乾隆之后，中国军队发展开始停滞不前，从未增添或引进任何新式装备，军人缺乏训练，军纪松散，军队士气也尚未凝聚。当遇到真正的危机之时——首先是1839年外敌入侵，然后是1850年内乱，保卫这个国家的则是18支汉人军队和大大小小的满族驻军，但事实证明它们都缺乏战斗力。康熙的这份心血之作如今只有一处还能达到当初的设想，那就是没有办法把各地力量凝聚起来。康熙做梦也不会想到，他的设想会以这种方式实现：不但汉人军队丧失了凝聚力，满族军队也是如此，甚或更加糟糕。

全国分为两种不同的军事组织：其一是以各旗的方式组织而成的满族军队，通常称为"八旗军"，这是帝国军事力量的核心；其二是全部由汉人所组成的"绿营"。满族军队由大清的奠基者努尔哈赤（1559—1626年）创立。努尔哈赤的后人在中国巩固统治之后，意识到满人的人数根本无法和汉人相比，为确保其统治地位，决定让满人成为世袭的军人阶层，只服军役，由国家供养，且阻止满人与汉人通婚或有经济方面的竞争。尽管并非所有满人都要上战场，但所有到了应服兵役年龄的满族男子都要随时做好应征的准备。这意味着非战时满人就无事可做，这套制度让这个骄傲而尚武的民族逐渐失去了所有的锐气。当国家处于危急关头、皇权亦岌岌可危之时，能保卫清朝的却根本不是八旗军的军事力量，而是来自一种早于努尔哈赤两千多年的道德力量，它来自一个截然不同的社会群体——汉人的士大夫阶层。

满人的策略是把军力集中在北京附近地区，另有小规模的驻军分散在全国各地。在中国境内，各省份的驻军人数不多，只驻守在具有战略意义的据点以作警戒之用。1825年前后，驻军的人数和驻地如下[①]：

[①] 总计数字和驻地出自威廉·詹姆斯·黑尔所著《曾国藩与太平天国》一书，第3页。

地点	军官和士兵人数	后备军	总计
北京一带	139,412	34,232	173,644
其他省份	50,892	9,099	59,991
满洲	42,436	2,706	45,142
新疆南部和中部	13,865	632	14,497
总计	246,605	46,669	293,274

八旗军有五分之三的兵力都驻扎在首都所在省份直隶，而其他省份的驻军只有总兵力的五分之一。除了云南和贵州两省以外，其他各省的总督驻地都派兵驻守。广西、湖南、江西和安徽四省没有设满族驻军。在长江沿岸、京杭大运河沿岸及沿海地区的据点，都有一定数量的驻军。在总督辖区内的满族将军级别高于总督，直接听命于皇帝，但他只能行使军事权，且只限于满族驻军。

汉人军队绿营属于志愿军，分派至全国18个省份，由满汉两族的官员共同领导，其中以汉族官员为主。绿营直接受朝廷兵部的管辖，从某种意义上说本应是国军，但它实际上成了18个省份各自的军队。每个省份的绿营军由本省财政供给，而且完全独立，与其他省份的军队互不相干。统率每省绿营军的将军称为"提督"，他的地位与巡抚相当，但如果当地有总督，他就要听从总督的命令。因此朝廷在总督和满族将军之间、巡抚和提督之间达到了分权目的，以防止高层官员互相勾结，威胁当朝统治。巡抚的确在一定程度上制约着提督，因为是由他负责当地军队的供给。而实际当中，总督和巡抚只对他们各自的护卫有直接控制权，而通常卫队的人数都不会超过5000人。汉人的军队分散在各地，基本上每个县都有一些。在提督或将军之下是"总兵"一级，级别相当于道员。汉人的军队在实际运作中更像是充当了警察的角色，而非是军事武装力量。这样的军队可以用来对付些散兵流寇，但要是真遇上暴动，实际上根本没什么用。

汉人军队在1850年的人数和分布如下①:

省份	军队	驻点	骑兵人数	步兵人数	卫队人数	总计
直隶	10	138	12,829	12,049	24,311	49,108
山西	3	53	4,496	7,469	13,668	25,633
山东	5	41	3,572	2,087	19,217	24,876
河南	3	35	2,563	——	11,033	13,596
江苏	8					
安徽	2	89	4,126	10,433	31,251	45,810
江西	3	38	982	2,010	7,787	10,779
浙江	7	62	2,196	10,791	23,572	36,739
福建	11	78	3,786	24,869	32,780	61,435
广东	11	95	2,183	22,108	42,616	66,907
广西	4	47	1,505	8,222	12,805	22,532
四川	7	79	4,036	11,511	18,289	33,836
湖北	5	42	2,572	5,218	14,262	22,052
湖南	4	53	2,262	7,065	16,477	25,804
陕西	7	92	12,390	17,589	12,085	42,065
甘肃	9	116	22,493	23,358	10,829	56,680
云南	9	53	2,538	17,229	15,477	35,244
贵州	6	67	2,571	12,807	29,765	45,143
总计	114	1,178	87,100	194,815	336,404	618,239

这些就是汉军登记在册的武装力量,但实际的作战兵力并没有这么多,几乎

---

① 威廉·詹姆斯·黑尔,《曾国藩与太平天国》,第11—12页。

总是有人在吃空饷,这一恶劣现象是尽人皆知。在小地方服役的通常是本地人,而在各大城市汉人军队的士兵通常来自省里的其他地方,很多人品质可疑。

当有紧急情况出现的时候,汉军的惯常做法就是匆匆忙忙地招兵买马,所征召的人数甚至超过额定人数。征兵时几乎没有经过筛选,土匪流氓常常被征召入伍。尽管许多地方的驻点设有兵营,但士兵们平时都住在家里,只有特殊情况出现时才回到军中。他们基本没有受过任何训练,装备很差,而且毫无士气可言。在太平天国运动的早期,朝廷曾经尝试调动汉军,把相当规模的军队集结在一起。每当有士兵奉命背井离乡去参战,他们的前途大多是凶多吉少,他们知道自己肯定要战死沙场,往往痛哭流涕。在保卫建有城墙的城市的战斗中,这些士兵有时会表现英勇,但多数情况之下,他们在起义军还没到达之前就已仓促出逃。实践证明,从不同省份集结军队是不可行的,他们之间无法合作。官员之间互相猜忌,倘若某人打了胜仗,其他人就对他怀恨在心;倘若某人吃了败仗,其他人则看他笑话,且几乎从不会施以援手。文官和武将之间冲突不断。当太平军横扫这片土地时,很难再找到一支比汉军更为人心涣散的军队。当然,八旗军除外。

太平军到达长江之时,整个军事局势的无望已昭然若揭。在这样的危急情况下,保卫大清皇朝的责任本应由从前所向披靡的八旗军承担,再由绿营军加以辅助。但此时征兵册上有近百万人的清政府却发现,自己对敌人毫无招架之力。倘若其军队心怀不轨、意图谋反,或者被起义军所策反,这种情况尚可让人理解;但事实却并非如此。当原本已组织松散的绿营军被打得溃不成军,士兵们失散在乡野之中,此时绿营军中的确有部分士兵加入了起义军的队伍。但八旗军不存在这种情况。这支军队曾在乾隆的率领下各处征战,其为天子所征服的疆域之广和人口之多,为中国历史上罕见;如今却在区区半个多世纪以后,沦落至完全没有战斗力的境地,令人心痛。

就在这样的紧要关头,部分汉族文官挺身而出,组建了一支新的军队,基本没有依靠其他已有军事力量的援助,努力挽救了整个王朝。这支新军就是"湘军",或称湖南军。随后又有另一支新军加入抵抗之列,是由李鸿章所率领的"淮军",或称安徽军。"湘军"和"淮军"是中国近代军队的雏形。

湘军由曾国藩所建立。在太平天国运动前期,江忠源组建了一支2000人的志愿军,在作战中表现不俗,曾国藩受此启发创建了湘军。由于曾国藩正是因湘军而成名,因此笔者在此详述其组织架构和军事装备。[1]湘军的基本作战单位是营。一个营里有5名军官,500名士兵。营下分为4哨,哨以下再分为队,还另设一支亲兵,也分为若干队,其等级设置和每级人数如下:

名称	军官人数	士卒人数
营官(营长)	1	
亲长(高级军士,营长卫兵)		3
什长(军士)		3
亲兵(营长卫兵)		60
火勇(炊事员)		6
哨官(连长)	4	
哨长(哨官副手)		4
护勇(听差,传令兵,每哨5人)		20
什长(军士,每哨8人)		32
正勇(士兵,每哨84人)		336
火勇(炊事员,每哨9人)		36
	5	500

---

[1] 此处对湘军的讨论,其数据来自《湘军志》,第20卷,第1—8页。

每1队里通常包括1名没有军衔的军官、10个士兵和1个炊事员。每1营包括1名军官和107个士卒，他们的装备如下：

名称	装备	人数	总计
亲兵（即营长卫队）			
2队	配备轻型抬炮，每队1门	24	
1队	配备抬枪（即火绳枪）	12	
3队	刀剑与长矛各半	36	
			—— 72
哨			
2队	配备步枪，每队6支，两人合用1支	28	
2队	配备抬枪	24	
4队	刀剑与长矛各半	40	
传令兵和炊事员		6	
副哨长		1	
			—— 107
4哨			428
1营			500

因此，1个营的装备包括2门轻型抬炮，48支步枪，90支火绳枪，95把刀剑，95支长矛。这是记录在册的数字，而实际上湘军是不遗余力，把能找到的武器都作为装备。在这些武器当中，最有效的武器是步枪，由英国人在1840—1842年的鸦片战争中首先使用。这是一种老式的大口径短枪，重约20磅（约9.1千克——译注），防守时架在一个转台上，冲锋时架在人的肩膀上。它的里面填充了铁球或

弹丸充当子弹，近距离射击时是可以致命的武器。清政府还未对外购置装备之前若干年，太平军已先发制人，向外国军队大批购买了这种武器。他们在1857年和1860年的暴动中频频告捷，多半是由于装备优越。1860年清政府开始购置外国制造的武器，同时英法也下令禁止向起义军出售武器装备。到了1864年，湘军的每个营都有好几队配备了新式的武器，人称"洋枪队"。太平天国运动期间，长江流域还没有动物牵引物资的习惯，也没有车辆运输。在无法使用船运的地方，开始使用人力，由男人挑抬弹药、辎重等军用物资。每个营都配有负责搬运的长夫，人数如下：

营属普通长夫	78
抬炮队每队3人	6
步枪队每队3人	24
其他各队每队2人	56
每名哨长4人	16
1个营长夫总计人数	180

长夫和军中的士兵一样有军籍，打仗时就由他们来顶替死伤人员。有证据显示，当长夫顶替士兵后，空出的长夫名额往往由军队所在地的长夫来填补，这些人随后又会成为士兵。到了太平天国运动的末期，湘军里面很多士兵都并非湖南人。事实上我们可以断定，左宗棠通过这种方式招募了许多原属太平军的人，后来他在甘肃和新疆镇压回民起义，军中几百名士兵都是从前的太平军。据统计，一个营的全部作战力量是500人，但实际上一个营的总人数达到了688人，其中有5名军官、2名文书、1名军法官、500名士兵及180名长夫。

湘军在营以上没有特设的军事单位，但2到10个营可组合在一起，由1名选定的"统领"指挥，其军衔相当于西方的"准将"。2个及2个以上统领所统率的军队组合在一起，由1名"大帅"指挥，其职务相当于西方的"将军"，他所指挥的部队称为"军"。湘军征召官兵的制度完全以自愿为原则。大帅从亲朋好友中选出他手下的统领，然后这些统领再从自己的友人中选出营官，营官如法炮制挑选哨长、招募士兵。湘军接纳的士兵只限于来自乡下的农民，城镇居民和曾在衙门听差的人都被排除在外。因此产生了一个现象，整个营的士兵都是从毗邻的几个村里招募的，大家都是邻里，彼此相识。营成了一个家长制的军事组织，营官相当于"父亲"，哨长相当于"兄长"，士兵相当于"儿子"。每个应征而来的士兵都需要有同村的人具保。他们必须是身强力壮、身手灵活的年轻农民，在村子里一向名声不坏。每个士兵都必须由营部登记入册，他的姓名、他父母兄弟的姓名都记录在内，如果他有妻儿，其姓名也要一并登记。每个士兵还必须在自己的姓名旁边按上大拇指的指纹。

湘军士兵的薪饷无所不包。政府为每个士兵提供一套作战时用的军队制服，也可在其他仪式庆典中穿戴。薪饷中还包括衣物、食品、鞋子、药物等。营官每月领取50两银子的俸禄，另有150两银子的津贴，用于雇用文书、救助伤员、购置服装和军旗等。分配给营部的经费也由他领取。以日薪计算，按30天为1月，每月的分配如下：

职务	银两
哨官	9
副哨长	6
什长	4.8
亲兵	4.5
士兵	4.2
火勇	3.3
苦力或长夫	3.0

以30天为1月计，全营的薪饷每月为2892.2两银子，这里面包括了营官的俸禄和津贴。湘军的薪饷一般都是拖延几个月才发。当营官收到一笔款项时，他并不知道什么时候才能领取下次的薪饷；因此除去一些必要的开支以后，无论为人多么正直的营官，都会把剩余的钱扣下。这样做的后果是士兵常常领不到薪饷，而且从来无法当月领到。对于阵亡士兵，湘军会给他的家属一笔抚恤金，对于受伤致残的士兵，也给予少量的救济金。阵亡抚恤金为30两银子，尽管其他款项时有拖欠，但湘军总是及时支付抚恤金，而伤残士兵的救济金就不一定了。军队平常每天行军16至21千米，急行军时速度则达到每天32千米。扎营时不论逗留时间长短，都会在营地外头挖一条起保护作用的壕沟。壕沟深3米、宽2.4米，底部较顶部稍宽；壕沟内侧筑一道高2.4米、宽3米的墙，墙内再挖一条壕沟，尺寸是外壕的一半；壕沟内再筑内墙，尺寸是外墙的一半。士兵住在内墙之中。平时营里每天有50人放哨，敌情出现时哨兵的人数加倍。这些哨兵两小时轮换一岗，其口令在午夜时更换。所有通往营地的道路都设了路障。距营门约百米处设一市场，农民和商贩在此聚集，和营里的人做生意。湘军的一些规定颇具趣味性：军营附近不许吸食并买卖鸦片；禁止赌博；禁止大声喧哗；女性不能进入军营，且在任何地方侵犯妇女都是死罪；严禁士兵散布谣言或讨论迷信的异象；士兵不能在没有军官参与的情况下开会，不许秘密结社和信奉怪力乱神，也不能穿着色彩鲜艳或设计奇特的服装。

据称曾国藩起初并不太信任这些农民出身的士兵，生怕他们缺乏勇猛之气——汉人通常认为耕田的农夫和勇敢的尚武精神沾不上边。然而，这些农夫英勇善战，离家越远，士气就越高涨。事实证明曾国藩的担心是多余的。湘军的赫赫战功很快就家喻户晓，湖南人为他们的军队感到格外自豪。据说每回湘军征兵，一个名额都有十人来争抢。曾国藩治军注重思想控制，他对军官循循善诱，训诫他们要尽忠报国，随后这些思想又由军官灌输给士兵。这些农民出身的士兵大多没有见过世面，对他们来说，所出身的县城就是整个世界。他们在军中逐渐接受了从前闻所未闻的新思想，因而自信心大大提高，感到作为军人的荣耀，如此一来士气得以凝聚，湘军通过时间的洗礼，成为了一支真正的军队。

湘军这个名号比它的人流传更久，很难计算湘军的总人数。据称1856年时湘军有6万士兵，此时他们大概都是湖南人。后来与太平军作战时，很多地方省份的军队重组，与湘军合并。李鸿章与曾国藩联手，并肩作战好几年以后建立了淮军，其架构与湘军基本一致。湖南省内在战争期间保留了大量兵力以保卫本省。湖南籍士兵在省外服役的人数是否曾超过12万人，这很难确定。关键不在其人数，而是湘军本身的存在。多年以来，它都是整个国家唯一能对抗起义军的集中力量。要是没有湘军，没有受其启发而发展出来的其他武装力量，那么毫无疑问，清朝已被太平军所推翻。在太平军横扫这片土地之前，八旗军和绿营军这两支常规军已如风中的稻草，不堪一击。在湘军这样的新军之中，机会对优秀人才敞开了大门，他们在军中的地位逐步上升。就像任何艰苦卓绝的战斗中所出现的情况，湘军涌现了大量人才，不少来自湖南农村的士兵获得了名望。在这片如此看重知识分子的土地上，许多大字不识的人被擢升至将军一级。

过去中国人一直不怎么重视兵法。这绝不是说他们拥有一部和平的历史，也不意味着中国人不喜欢争斗。中国这片土地和世界上的任何一个角落一样，历史上也有大大小小的战争。从孔子的时代开始，公众舆论就倾向于贬低武职，不重视战功。中国著名的诗人之中少有赞美军队和士兵的。除了这种倾向以外，中国人也曾连年战乱、尸横遍野，其激烈程度不亚于其他各个民族，甚至比部分民族更甚。中国人关于战争的文字记录可谓是卷帙浩繁。

最早关于兵法的专著大概是公元前6世纪写就的《孙子兵法》，这部书如今在全国数百家书局都能买到。另一部军事著作经典是公元前4世纪写就的《吴子兵法》。这两部书一直是各朝代的兵家必读书目，直到今天依然如此。[①]这两部

[①] 见E.F.卡尔特洛普所著《兵书》，作者为英国皇家野战炮队上尉。书中把这两部中国兵家经典译成了地道的英文。

著作甚至到今天也没有过时，两位古代的军事大家在书中所强调的众多观点，在2500年后的今天仍然适用。即使在瞬息万变的战场，书中提及的军事要素也没有发生根本性的变化。在过去的多个世纪中，还有其他很多人写下了有关兵法的著作，因此中国的从军者从来不缺乏教材。尽管兵法和权术之间有密切关联，但中国人对兵法的研究还是不如对权术的研究热衷。不过，正如人们所知道的那样，直到法国与中国交战初期，中国的兵法著作与其他任何一种语言的军事文献相比，也毫不逊色。

19世纪以来，各国军力显著提高，中国却远远落在了后面。其中很大原因是由于与战争有关的技术装备取得了飞跃性的进步，而处理人为因素的技巧相对而言显得没那么重要，无论处理手法如何高超，也敌不过先进的武器装备。在与西方国家的首次军事冲突中，中国人的表现实在是差强人意，这使很多人一致断言中国人没有兵法，不会打仗。这几场考验中国人的战争是在中国沿海展开的，它们发生的时间正好处在中国军队士气最为低落的时期。而西方人仅仅依靠这些交战经验，就对中国的兵法及军力做出了判断，这是有失偏颇的。相信在不久的将来，这些观点一定会得到修正。

第二章　左宗棠的青壮年岁月

南宋1127—1279年间，左氏家族中的一个分支定居在湘阴县，地处湖南省洞庭湖南岸。姓左的这户人家在此地安分守己地生活着，默默地度过了600余年。家族中有一位早期的成员左大明，是宋朝的进士，在浙江省当过朝廷的小官。到了明朝末年，家族中的左天眷在直隶当上了知县，曾抵抗满族人的入侵。除此之外，在这一漫长的历史时期中，家族中再没有别的成员在世上留下功名，足以载入族谱。他们属于中国的乡绅阶层——贫穷而受人尊敬，但默默无闻。

家族中的左观澜考中了秀才，以教书为生。他胸怀大志却屡试不第，抑或是满足于秀才的身份并致力于教书育人，左氏族谱中并没有记载。不过，在中国古代，没有比教书更为崇高的职业了。左观澜娶了一位余姓女子，承蒙上天保佑，他们生下了三个儿子和三个女儿。他的长子不到25岁就早逝了。次子考了举人，当了一名小官。他是一位颇有名的书法家和诗人，对天文学也有一定的研究。他的幼子生于1812年11月10日，取名左宗棠。他后来成了4亿中国人中的佼佼者，人的命运可谓是变幻莫测。

左宗棠幼年时体弱多病，腹部胀起，两三岁前家人几乎以为他无法存活下去。他成了祖父最疼爱的孙子，这位老乡绅总是如此预言："此子异日必能昌大吾门。"他四岁就开始随祖父在家中读书，开始了中国人漫长而痛苦的读书生涯。第二年，他们在父亲的安排下举家迁往长沙，父亲在那儿教书，左宗棠就在父亲的指导下学习。在中国，父亲一般不愿意教导自己的儿子，要是经济条件允许，就会请私塾老师给儿子上课。究其原因，是因为中国的教育理念是"严师出高徒"，而做父亲的却很难严格要求自己的孩子。中国人的教子观是"不打不成器"。而左宗棠的父亲是因为家中实在拮据，无法给三个儿子请私塾老师，于是才亲自教授。

中国人为青年人设置了一套教育体制，其对人的毅力及意志的磨炼，可谓没有任何国家能与之媲美。学习生涯一开始，青年人面临的就是一场淘汰制的考试。无论这样的考试造就了一个人怎样的品格，可以肯定的是，通过了考试的人具有坚韧不拔的意志。年轻的读书人要学的第一本书是《三字经》。这本小册子一共有1068个汉字，由六字对句组成。这本写成于1060年的书在此后800多年间，一直是数百万中国人的启蒙教育读本。书里简单记述了中国的传说和历史，表达的是儒家的人生哲学。如卫三畏所记载，书里的第一句话就包含了"蛮荒时代最有争议性的信条之一"，即"人之初，性本善"。中国的读书人要把这部经典从头至尾背诵下来，因此有人顺背或倒背如流，并不是什么稀罕事。对于那些尚年幼的孩子而言，顺背或倒背并没有什么差别，因为一开始就没有人给他们解释书的含义。要等多年以后，他们才能理解这些字句的深层意思。

学完《三字经》以后，下一本要学的书就是《百家姓》。这是一份按韵律排列的名单，里面的汉字都是中国人的姓氏。同时还要学《千字文》，此书刚好包含1000个汉字，其中每个字的字形和意义都各不相同。《千字文》的内容大致是《三字经》的补充。①学完这两本书以后，就要学《千家诗》《弟子规》和《小学》。《千家诗》是一部短小的诗歌选集，书中收录的都是四行诗。《弟子规》是孔子和他其中一位弟子的谈话记录，内容与孝道有关。《小学》是儒家思想著名代表人物朱熹所著。卫三畏认为，此书经过精心设计，展示了"中国人不分长幼老少都适用的教育、社交理念和行为准则"。他还引用了一句中国名言：

---

① 此处关于教育及考试制度的介绍出自卫三畏的《中国总论》，第1卷第4章。

"信《小学》如拜天神，尊《小学》如敬父母。"所有这些书的内容读书人都要熟记，他们会背得滚瓜烂熟，以至年老时也不会忘记。值得注意的是，所有这些书都不是用平日所用的口语写成的，而是用学者专用的书面语言——文言写就。这种语言言简意赅，掌握了它就等于迈入了另一个圈子，成为了另一个阶层的人。这就是为年仅四岁的左宗棠所准备的精神粮食。除了学习这些经典书籍以外，他也开始习字，就是把薄纸置于字帖上临摹，直至熟能生巧。左宗棠的学业表现应该相当优异，他在六岁就完成了启蒙教育，开始涉猎中国正式教育的基础内容。基础教育要学四部书，分别是《论语》《孟子》《大学》和《中庸》，简称为"四书"。

著名的儒学家朱熹对"四书"做了详细的集注，阐明了原文的含义。朱熹注释部分和原文内容的重要性相同，因为它是儒家思想的正统解释。而且对于当代普通的中国文人来说，不借助注释是无法理解原文的。"四书"学完了以后就要学"五经"，"四书五经"就是中国传统的经典。"五经"是指《诗》《书》《礼》《易》和《春秋》这五部书。除了某些时期不用背《易》以外，"四书五经"的全部内容都要求背诵。有抱负的学生还会把注释也熟记下来，这并不是什么稀奇的事。

中国男孩所受的教育并不仅仅限于背诵经典。最难的部分是学习作文和修辞，要培养精练、雄浑而隽永的文风，写出漂亮的文言文作品。读书人必须要肯吃苦，肯钻研，坚持不懈，记忆超群，才够格成为一名书法家和作家。左宗棠九岁开始学习写作。胸怀大志的读书人在科举考试中的成败，就由这部分的学习进程所决定。他必须从儒家经典中选取那些考试中最可能出现的主题，撰写出一篇又一篇文章。考试最为看重的是书法和文风，而文章的思想必须与经典著作完全一致。学生在考卷上表达与经典相左的思想观点则注定要名落孙山。学生的作息时间极为严格，日课从天亮至上午10点左右，又从正午至下午6点左右。夏季通常会取消下午的课程，但冬季则要上晚课。在农历新年之前会放一个月的假，其他的传统节日也会放假，但是在中国古代的学年里是没有周末假期这一说法的。中国的老师毫不讲究教学方法。上课时首先由学生跟着老师一遍遍朗读指定的课文，直到学生掌握课文中所有汉字的发音和音律。随后学生自己大声吟咏，直至老师叫他到跟前来背诵。他就走到老师旁边，把书本交给老师，随后背对老师背诵指定内容。如果老师满意，就会指定一篇新的课文叫他学习，若偷懒会立刻受到严惩。最常用的处罚是用一把尺子狠狠地打左手手掌，但从来不会打右手，因为右手要用来写字，不能受伤。这种惩罚非常严厉，有时学生的手掌被打得肿大一圈，这种情况并不鲜见。

年幼的左宗棠在学堂里名列前茅，表现远比同龄人出色，而且他特别用功。他的伙伴和同辈的人管他叫季高，意思是家里的第三个儿子。只有他的父母和长辈会叫他宗棠这个名字。他还有一个字叫朴存，意思是"可信任之人"，他最亲密的伙伴会用这个字称呼他。因此按照中国人的习惯，他有了一个正式的名字，另有两个字：一字季高，一字朴存。他在学堂里并不受伙伴的欢迎，因为他骄傲自负，喜欢自吹自擂，而且独断专行——这些成了他终生的特征。他喜欢高谈阔论，肆意发表对人对事的各种评论，因此招人忌恨。他年少时没什么朋友，但与仅有的几个朋友都特别要好。喜欢他的人都会特别欣赏他。

他15岁时参加了县试。湘阴县的知县是这场考试的考官，这是决定科举资格的第一轮淘汰考试。这次考试的时限为一天，内容只有一个，就是比赛写作。考生们集中在知县衙门旁的大厅里，知县宣布文题以后，学生们就开始奋笔疾书。左宗棠在这次考试中拔得头筹，衙门外贴出考取的名单，左宗棠的名字出现在榜首。这种荣誉叫"显名"，意思是在本县里获得了名声。第二年他参加了第二轮的淘汰考试——府试。考试的规模与第一次类似。他在这次考试中再次脱颖而出，但只能屈居第二，原因是第一名授予了另外一个比他年长很多的考生，以表尊重。他现在有了参加正式科举考试首轮的资格。然而，这次考试结束后不久，他的母亲与世长辞，按习俗他必须守孝27个月。这个服丧期还未过，他的父亲又去世了，他只得继续服丧守孝。按照中国习俗，服丧期不得参与政务和公务，除非是由皇帝特旨令其参与。因此左宗棠不得不推迟考试的日子。

服丧期间，他一直在紧张地学习备考。尽管他已熟读必考的"四书五经"，但是对这些经典的钻研从来都是没有止境的。从县里的资格考试一直到御前的殿试，所有的考试内容都出自"四书五经"。这些经典著作如同深不可测的智慧之井，任凭你如何钻研，有多么博学，都无法把它汲干。学者无论年龄，即使再为出色，也不敢断言自己已经完全掌握了里面的内容。所以只要你一天没完成所有的考试，你就要尽可能地多花时间研读"四书五经"，这是考场制胜的关键。此外，要考取举人以上的学生，还必须熟读从远古直到明末的历史，并能在考场作文中熟练运用；但当朝历史不在考试范围，这部分内容甚至平日也不允许评论。考生同时还必须熟悉中国文学，且要能作诗文。这种考试制度很难培养出诗人，不过它能让考生掌握几种固定的韵文。

就在这段紧张学习的日子里，左宗棠读了两部书，一部是辅助学生研习中国历史的论集，另一部是顾炎武所著的《天下郡国利病书》。阅读了这两本书以后，他开始对地理研究感兴趣，随后逐渐痴迷于此，所有描述国家自然特征的书籍，他都想尽办法找来阅读。他在研究地理中投入了大量的时间，以至于朋友们都开始劝诫他不要白费时间，因为在科举最高等级的考试中，只需要掌握中国地理的基本知识已足够。一位贺姓邻居以前曾做过官，他的藏书很丰富。他很赏识左宗棠，认为此人以后前途无量。他让左宗棠随意阅读自己的藏书，鼓励他研究中国的地理学和地形学。这些年这位贺姓朋友对他的鼓励和帮助，他一辈子也不曾忘记。他当时家贫如洗，父亲死后就去了长沙的湘水校经堂就读，这所学堂是当地巡抚在长沙为经济条件不好的学生开办的。

1832年秋天，左宗棠参加了省里的乡试。根据既定的程序，参加这次考试的学生必须是秀才。而左宗棠由于长期为父母服丧，错过了之前的考试，还不是秀才的身份。如果他这一年不参加乡试，就必须再等三年才能参加。不过在某些情况下可获得特许资格参加乡试，于是他筹钱买来了特许资格，在长沙成为了5000名参加乡试的考生之一。

在北京和人口稠密的省会城市，考试大厅内分成几千个小小的隔间。每个隔间大小约为长2米、宽1.3米，比一个高个子男人略高。隔间里配有一张板凳和一块和隔间等长的木板，这块木板白天当书桌，晚上则当床。考生带着被褥、食物、水、蜡烛、墨汁、砚台和毛笔，在考试前一晚进入其指定的隔间。在进入考场之前，每个人都要接受彻底的搜查，以保证他们没有携带与考试有关的书本和笔记进场。这个考试制度特别严格，如果考生被发现作弊或企图作弊，他就会声名扫地，受到严惩，已获得的学位也会被剥夺，而且永远不得再参加考试。

乡试从农历八月初九开始，一共分三场。第一天白天，每个考生会收到从"四书"中选出的四道考题，还有一些用来写作的白纸。随后考官就会封闭考场的所有隔间，在所有考生递交答卷之前，任何人都不允许从中进出。四道考题中有三道要求写散文，第四道则要写成韵文作答。答卷上不得写下自己的名字。当天深夜考生们才可以自由离开考场，第二天可以休息。考官们轮流阅卷，从中淘汰一大批考生。八月十一日考生们重新集合，被淘汰者不得再进入其隔间。第二场开始，考生们收到从"五经"里选出的五道考题，有两天时间完成他们的文章。两天后他们可以离开考场，再休息一天。八月十四日再次集合，通过第二场考试的学生进入其隔间参加最后一场考试。他们会收到五道考题，但这次的考题并非全部选自经典，其中一道题要求用韵文作答。考题中有历史方面的，也有法律或行政方面的。这场考试在八月十六日结束。考官们有25天时间仔细阅卷，从中选出70至80名举人。

这一年皇上下令所有淘汰的试卷都要重阅。这对左宗棠来说很幸运，因为他的考卷本来已被淘汰。第二轮阅卷选出了六人录入副榜，左宗棠在这六人中名列第一。乡试的最终结果公布，左宗棠中举，但他在湖南省考取举人的名单中名列倒数第六。在名单前列的一部分人通常会被授予官职，但名列榜尾的人则基本无

第二章 左宗棠的青壮年岁月

望获得任命。他们想要踏入仕途,必须参加次年春天在北京举行的会试。

左宗棠考完乡试不久,就娶了周家之女,入赘湘潭的岳父家。对男人来说,与妻子家人同住显得有些反常;但因为左宗棠的父母和祖父母业已去世,他就不必再受传统孝道的约束。而且左宗棠一无所有,他的岳父家境还算殷实。有迹象表明,入赘这种有悖传统的做法多少让左宗棠感到苦恼,不过在他依附于岳父家的年间,他与妻子家人的关系还是相当好的。乡试结果宣布后,他立刻开始为进京参加会试做准备。按照规定,朝廷会为有资格参加会试的考生提供进京的盘缠,但实际上要获得这笔钱并不简单。左宗棠穷困潦倒,和位高权重的人没什么联系,很难拿到这笔津贴。他的妻子从嫁妆中拿出100两银子,给他进京赴考。然而,在他动身之前,他的一位姑母跑来恳求他救急,于是左宗棠把100两银子都给了姑母。此时亲朋好友施以援手,才为他筹措了足够的盘缠。

会试于早春举行,过程与乡试相似。考官是更高级别的官员,对考生也更为严苛。左宗棠在这次考试中落第。回家的路上,他写信给一个朋友,说他已不想再参加科举考试,决定投身于钻研实务。但功名的诱惑力太大,他于1835年再次进京赴考,却依然名落孙山。第二年他把精力都投注在撰写一部地理专著上,妻子帮助他临摹地图。无法考证这部专著是否出版。

左宗棠此时已有两个孩子,但都是女儿,有些征兆开始让他担忧自己会没有子嗣。于是尽管家境窘迫、前途未卜,他仍执意要娶妾。据《年谱》记载,这位从张家娶来的妾几乎包揽了所有家务,前后一共给左宗棠生下三个儿子和一个女儿。① 左宗棠曾在湖南东部的小镇醴陵教书。在醴陵期间他结识了一个朋友,此人对他的一生影响深远。左宗棠的命途多舛,而此人将为他带来命运的首次转机。当时湖南籍的两江总督陶澍路过醴陵,为了接待这位高官,醴陵的知县特令左宗棠写了一副对联。这副对联引起了这位总督的注意,他要求与作者见面。据

---

① 《年谱》,第1卷,第14页。

《年谱》记载，左宗棠给他留下了极好的印象，两人彻夜长谈。① 左宗棠在上层官员的圈子中并没有朋友，给陶澍这样的大人物留下良好印象，对他来说意义重大。在左宗棠时代的中国，如果没有几位人脉甚广的朋友，获得提升的机会就十分渺茫。

左宗棠于1838年再次进京，第三次参加会试考取功名，但仍以失败告终。他决心从此以后不再参加科举。然而20年以后，他又改变了主意，仍要再考一次。他的确动身前往北京赴考，但中途却投笔从戎，开始了非凡的军旅生涯。没有考取进士让他一生都耿耿于怀。在他随后的职业生涯中，他对朝中的文官不屑一顾；当他大权在握、可以擢升他人之时，他提拔人的标准是看其实际能力，而不注重他们的科第。他最倚重的几位将领根本没有什么科第可言。然而他依然是一位彻底的儒家学者，敬畏学问，且以士大夫自居。这套科举考试制度渗透了儒家的治国观念，深得其信任。他还利用一切机会，鼓励他人在当时较为宽松的儒家理念指导下追求学问。

在中国，学问在人们心目中享有的崇高地位，为其他任何国家所鲜见。像左宗棠这种性情的男子，没有通过会试，获得进士这一标志博学的身份，一定让他觉得十分痛苦。回想他的朋友曾劝阻他不要在地理研究上浪费时间，以免对科举考试分心，不禁让人怀疑当初他的确不应分散精力。他对地理的研究是否有碍于他考取功名，这很难证明，但有一点毋庸置疑：在他开始率军征战时，这种研究对他而言意义非凡。所有伟大的军事家对地形都有一种敏锐的直觉。对一位大将来说，缺乏这种直觉就如同画家成了色盲。左宗棠对地形有一种天生的直觉，而且青年时代就不断培养发掘它的潜力。人们对他的评价不止一次地提到，他对他的战场了如指掌。

第三次会试失败后，他在北京教书几个月，随后返回湖南，中途取道南京，

---

① 《年谱》，第1卷，第14页。

第二章 左宗棠的青壮年岁月

拜访他的朋友——两江总督陶澍。总督似乎对左宗棠赞赏有加,左宗棠造访期间,他提议两家结亲,让左宗棠把大女儿许配给他五岁的独子。这门亲事就此商定。两年以后总督去世,临终前吩咐左宗棠做他儿子的私塾老师。于是左宗棠就担负起教育这个未来女婿的责任。此时左宗棠又对农业产生了兴趣,尽管他自己没有一寸田地,却开始悉心研究耕作之事。他的父亲曾留给他长兄的儿子一小块田地,前几年他也曾关心过。他写了一本关于耕作的小书,同时继续研究地理学。不过他对地理的兴趣从来没有超越他的国家,扩大到全世界之广。对左宗棠时代的绝大多数中国人而言,中国就是他们的整个世界。但他对自己祖国的疆域研究得很深入,对山川、河流、道路和距离等做了大量笔记,整理成好几卷的手稿。他在一部描述中国的著作中加入了这些笔记的内容。他写作时似乎从未考虑过著作的出版,只是为了整理自己筛选过的大量资料,以便查阅。据《年谱》的作者记载,左宗棠在这一时期开始意识到自己性格的缺陷,他的骄傲自大、目中无人总是让人敬而远之,因此朋友寥寥无几。他特意改正自己的缺点,对人格外亲切友好。然而他的努力似乎没有起到什么效果。①

29岁那年,他开始教授老朋友陶澍的儿子。陶家在湖南中部的安化县,他迁居到那儿,并在那儿生活了八年。这对左宗棠来说是天赐机缘,因为陶家非常富裕,而且据记载他的酬劳很高。从那时起左宗棠不再受穷困所扰,也不用再依赖妻子的家人。晚年的陶澍总督曾搜集了大量藏书,其中有一大套乾隆年间制作的地图集,还有好几册笔记,都是陶澍在其功名显赫的漫长仕途中所记。左宗棠仔细阅读、钻研了这些笔记,从中汲取了许多智慧与经验。陶澍有个女儿嫁给了胡林翼,其在官场上有一定地位,后来在镇压太平天国运动中立下汗马功劳。他才能卓越,深得皇上倚重,还是大总督曾国藩的密友和顾问。胡林翼与左宗棠同岁,两人一见如故,初次见面就成为至交。左宗棠一直在等待踏入仕途的机会出

---

① 《年谱》,第1卷,第17页。

现，在这段漫长的日子里，与胡林翼的友情对他意义匪浅。尽管他决心不再参加科举考试，但谋取功名的希望仍然藏在他心底。

此时中国正与英国进行第一次鸦片战争，左宗棠密切关注着战事的发展。由于清朝军队组织涣散，毫无作战准备，一次又一次被少数英国人击败。每当左宗棠听说朝廷军战败的消息，他就越发感到耻辱。他写了很多的信，寄给朋友和仅认识的几个官员，为赢得战争出谋划策。他写信给一位监察御史，请求对方把他对战争的意见写进奏折，呈给皇上过目。他在这封信里写道："谓非严主和玩寇之诛，诘纵兵失律之罪，则人心不耸，主威不振。正恐将来有土地而不能为守，有人民而不能为强，而国事乃不可复问矣！"①他听说英国人已占领香港，就痛心疾首地写下了四首诗抒发情感。当他听说中国与美国最终签订了不平等的和约，就非常失望，一度考虑到山中隐居，度过余生。中国人不管如何信仰儒学，主张无为的道家学说对他们总是有一定的吸引力。不过左宗棠并没有归隐山林，而是继续工作，同时勤奋地钻研学问。他深信自己无论是才能还是学问，都远在那些平庸的官员之上，但却不足以应对祖国目前面临的危难。他决心用功学习以弥补不足。

左宗棠在陶家教书两年，攒下一笔积蓄，就在湘阴县东部买了一个农庄。农庄约70亩，离他的出生地不远，他将之命名为"柳庄"并且深以为傲。随后的几年他把精力倾注于学习、耕作和教育未来的女婿。他广泛涉猎农业著作，按照古人的训诫经营他的小农庄。他率先在家乡种茶，此举传为美谈。同时他也把很多心血花在了养蚕上。据称经过精心计划，他的小农庄非常多产，每一寸土地都有收获。从他教书的安化县到他家的路程颇远，但他经常长途跋涉回家，照看他的农庄。左宗棠热爱耕作，认为自己是个好农夫。他对农耕的兴趣一直不减，后来去西部征战的时候，他还和常常和士兵们探讨这个话题。他并不是个很有经验

---

① 《年谱》，第1卷，第20页。

第二章 左宗棠的青壮年岁月

的农夫。但他总是能从历史记载中找寻到更好的耕作方法。与同时代的中国人一样，他认为在中国的历史长河中，古人很可能已精通人类社会绝大多数的领域，但大部分的成就被后人所遗忘。中国关于农业的记载卷帙浩繁，他在其中找到了自认为最好的耕作方法，其中有很多虽然十分古老，但是又显得十分新鲜。

1848年和1849年湖南发生了严重的饥荒。先是久旱无雨，随后忽然连日暴雨、洪水泛滥，灾害性天气带来了疾病和饥荒，夺走了许多人的性命。在灾难之中，左宗棠表现出强烈的忧民意识。他在家附近搭起棚子施粮救荒。据记载，左氏家族从他们的存粮中拿出了9000斤稻谷救济穷人。左宗棠倾其所有，把积蓄都拿出来给病人买药。

他于1848年到了长沙，开办了一所学堂，招收了五个学生，其中包括他在私塾中教育了八年的女婿。然而一场风暴正在酝酿，"拜上帝会"正在南方的广西省招兵买马，准备推翻清朝统治。很快，太平天国运动将揭竿而起，把中国拖入持续了四分之一世纪的动乱之中，这场动乱为同时期其他国家所未见。左宗棠在长沙就感觉到这场即将来临的风暴，意识到事态的严重。他认为这并非是局部发生的偶然事件。他有一位叫郭嵩焘的邻居，后来是中国第一任驻英大臣。远在湖南北部的民众感到恐慌之前，他就和这位邻居一起去了湘阴东部的山林，为他们的家人物色藏身之处。他们找到了一个隐秘的地点，以备将来之需。两年后，太平军逼近长沙，左宗棠就把家搬到了这个隐秘之处。他们一直安然无恙地住在这里，直到太平军离开湖南沿长江直下南京。

中国爆发太平天国运动时，左宗棠39岁。此时离他中举那年已有18个年头。他没有获得一官半职，也没有任何能够踏入官场的预兆。但也不是说他已对获取功名丧失希望。他仍然在考虑要不要参加会试。不过，在他的左邻右舍看来，他只是一个普通的学者，以教书和照看农庄度日，再无任何特别之处。

第三章　太平天国的崛起

关于太平天国运动的著作甚多，作者既有外国人，也有中国人。然而这场运动还有种种不明朗之处，尤其是在它的早期。就像千千万万被载入史册的历史性运动一样，它的发起者是处于社会底层的无名之辈，这些人在运动中显示了非凡的领导才能。从已知的记载来看，这场运动最初似乎是在宗教信仰的驱使下发起的。然而，当发起人意识到他们创立的宗教工具所具备的潜能，其他考虑就占了上风。于是这场运动没有演变成宗教革命，而是发展成了一场政治斗争，以推翻统治王朝为目的。太平天国在追求这个目的的过程中，使中国众多最为富庶、人口稠密的省份惨遭蹂躏，大清子民流离失所、死伤无数，其悲剧性比其他任何国家的类似经历更甚。

正如不少有见地的中国人之前的预言，道光皇帝在位年间（1820—1850年），大清的国运开始衰败，每年都有地方民众揭竿而起。在这一连串的起义运动中，广西省的表现最为引人注意。在这个时期，朝廷是否曾有效控制该省全局，我们不得而知。但在1820年、1832年至1834年及1836年，广西暴动的规模很大，一度惊动了北京朝廷。其中以1832年至1834年间的运动波及最广，其首领赵金龙不仅皇袍加身，还绣"金龙王"字样于其上。① 根据朝廷的报告，所有起义都被镇压。但各地起义是一波未平、一波又起，说明朝廷的镇压并不是十分有效。此时全国的形势为暴动的酝酿提供了温床。人口对耕地的压力很大。当时的

---

① 莫尔斯·何西阿，《中国对外关系》，第1卷，第440页。

第三章　太平天国的崛起

人口数量达到了19世纪的顶峰,据帕克记载,1852年的人口总数是4.32亿,在100年内大约增加了2亿多人。中国的人口统计极其粗略,但似乎有一点得到了广泛的认同——在1750年到1850年之间,中国的人口大约增长了一倍。而可耕种的土地面积并没有显著增长,农产品的收获似乎也未有很大提高。

有人认为太平天国运动是争夺耕地的运动。我无意深入这方面的研究,但我注意到一点:中国的土地所有制并不像其他国家那样,不会大量减少耕地以作他用,也不会限制土地的最大生产力。那时的问题是今天我们仍然碰到的:撇开土地所有制的问题不论,只看可用土地能否生产出足够多的农产品,以维持现有人口的温饱。可以肯定的是,在太平天国运动以前,中国是穷人更穷,但富人却似乎没有更富。人口的压力导致一大批人被剥夺了基本生活所需,他们最容易诉诸于暴动,从而起义。不过,虽然经济因素造成的贫穷困苦会让人心生起义之念,但究其本身而言还不至于使人揭竿而起。与其他众多没有暴动的地方相比,中国西南的经济情况并不算特别糟糕,至少在未受到太平天国运动殃及之前是如此。

广东和广西的居民,尤其是广西,不像中原和北方地区那么单一,其中聚居了很多客家人、苗族人和其他少数民族的后代。这个地区的民众对满人的愤恨,一直都比其他省份强烈得多。自乾隆时代以来,全国各地纷纷出现了秘密结社,其中势力最大的叫作三合会,这个组织的成员在两广地区人数特别多。它是在康熙年间建立的,以反清复明为宗旨。三合会在太平天国运动初期曾为其提供协助,但不久后即与其分道扬镳。不过在整个运动中,它的成员都未曾停止活动。还有一个组织与太平天国的建立密切相关,据称它是由著名的独立传教士和汉学家郭士立博士所创立。"他在中国创立了一个秘密组织,名叫'中国会',其目的是通过中国人自己把中国人变为基督徒。"[①]如今并不清楚这个组织与早期太平天国运动的确切关系,但可以肯定的是,太平天国的指导思想是基于宗教,是

---

① 卡勒里、伊万合著,《中国叛乱史》,第120页。

基督教在中国衍生的一个特殊版本。

1840年至1842年的鸦片战争，为太平天国运动在中国西南部的发展提供了另一个有利因素。英国只向广州派出了相对而言极其微不足道的兵力，就给了中国沉重的打击。广州居民早就对洋人心怀不满，当他们看见国家的大将如此不堪一击，被一小撮可恨的洋人击败并羞辱，长期积聚的反清情绪便大大高涨。在这次战争中，政府的软弱和组织的混乱暴露无遗，令华南地区民心尽失。朝中一片混乱，群龙无首；而地方官员中本有部分栋梁之材，若是由康熙或乾隆那样的皇帝统领，一定能在这种危急时刻发挥自身作用，但如今只能埋没在昏庸无能之辈中。于是上至朝中高官，下至地方知县，全部无力面对很快就会发生的事情。形势对发动大规模的农民运动极为有利。不过，如此空前有利的形势还不足以成事。必须等待领袖人物的出现，才能为其建立纲领，让这场运动初现雏形。再过了几年，这样的将领之材才出现。倘若这些领袖人物才能平庸，太平天国运动就会像多年来各地爆发的多次暴动一样，只是一场小规模的起义，成不了大事。而倘若这些领袖人物更为团结、更有政治才能，他们很有可能已成功推翻清朝统治。起义运动此时可谓是有了天时地利，但领袖人物才干欠缺，未能抓住机会，于是太平天国最终落得惨败的下场。

人们常常提及洪秀全的出身，他是太平天国运动的核心人物，原本是一个想博取功名的读书人，但屡试不第，极为苦闷。有一天，一位在中国各地传教的传教士给了他一些宣扬基督教的小册子。洪秀全没有读这些书，但还是把它们带回家中，随后就不记得这回事了。过了好几年，他得了一场重病，昏迷中看见天国大门开启。他在这种失去意识的状态下有了一些非凡的体验。他苏醒以后，就深信自己在人世间负有神圣的使命。他拿出那些束之高阁的基督教小册子，开始阅读。他在昏迷中所见幻象，在这些小册子中觅得了更深的现实意义，同时他感到紧迫的使命感。他完全被这种想法控制，开始相信自己就是耶稣基督的弟弟。于是他出门布道，开始履行自己的使命。李秀成，在太平天国后期以"忠王"著称。他写过一篇自传,题为《太平天国始末》,通常被称为《忠王自述》。他写这篇文章时身陷囹圄,正等着皇帝派的人来把他处死。李秀成曾追随太平军在广西开始起义,一直到其在南京溃败。他对这场运动起始的描述饶有趣味,并且大致准确——至少太平军是如此认为。他写道:

时逢甲子,六月国破被拿,落在清营,承德宽刑,中丞大人量广,日食资云。又蒙老中堂驾至,讯问来情,是日逐一大概情形回禀,未得十分明实,是以再用愁心,一一清白写明。自我主应立开基之情节,依天王诏书明教传下,将其出身起义之由(诏书因京城失破,未及带随),可记在心之大略,写呈老中堂玉鉴。我一片虔心写就,并未瞒隐半分。一将天王出身之首,载书明白。其在家时,兄弟三人,长兄洪仁发,次兄洪仁达,天王名洪秀全,同父各母(其父名不知),长次兄是其前母所生,洪秀全是后母所生(此之话是天王载在诏书教下,屡屡讲讲道理,教人人可知)。长次兄在家种田。洪秀全在家读书,同冯云山二人同窗书友。

有一日,天王忽病,此是丁酉年(道光十七年,即1837年——译注)之病,死去七日还魂。自还魂之后,俱讲天话,凡间之话少言,劝世人敬拜上帝,劝人修善,云若世人肯拜上帝者,无灾无难,不拜上帝者,蛇虎伤人,敬上帝者不得拜别神,拜别神者有罪。故世人拜过上帝之后,俱不敢拜别神。为世民者俱是怕死之人,云蛇虎咬人,何人不怕?故而从之。

天王是广东花县人氏。花县上到广西浔州桂平、武宣、象州、藤县、陆川、博白,俱星罗数千里。天王常在深山内藏,密教世人敬拜上帝,将此之蛇虎咬人、除灾病惑教世人。是以一人传十,以十传百,百传千,千传万,数县之人,亦有从之者,亦有不从,每村或百家,或数十家之中,或有三、五家肯从,或十家八家肯从,亦有读书明白之士子不从,从者俱是农夫之家,寒苦之家,积多结成聚众。

所知事者,欲立国者,深远图为者,皆东王杨秀清、西王萧朝贵、南王冯云山、北王韦昌辉、翼王石达开、天官丞相秦日昌六人深知。除此六人以外，并未有人知到（方言，知道的意思——译注）天王欲立江山之事，其各不知，各实因食而随，此是真言也。

欲查问前各王出身之来由，特将前各王前后分别再清。至东王杨秀清，住在桂平县，住山名叫作平隘山，在家种山烧炭为业，并不知机。自拜上帝之后，件件可悉，不知天意如何化作此人。其实不知。天王顶而信用，一国之事，概交于他，军令严整，赏罚分明。西王萧朝贵是武宣县卢陆峒人氏，在家种田种山为业。天王妹子嫁其为妻，故其重用，勇敢刚强，冲锋第一。南王冯云山在家读书，其人才干明白，前六人之中，谋立创国者出南王之谋，前做事者皆南王也。北王韦昌辉，桂平县金田人氏，此人在家是出入衙门办事，是监生出身，见机灵变之急才足有。翼王石达开亦是桂平县白沙人氏，家富读书，文武备足。天官丞相秦日昌亦是桂平白沙人氏，在家与人做工，并无是乜（方言，什么的意思——译注）才情，忠勇信义可有，故天王重信。

起事教人拜上帝者，皆是六人劝化。在家之时，并未悉有天王之事，每村每处，皆悉有洪先生而已。到处人人恭敬，是以数县之人，多有敬拜上帝者此也。自教人拜上帝之时，数年未见动静。自道光廿七、廿八年（1847—1848年——译注）之上下，广西贼盗四起，扰乱城镇，各居户多有团练。团练与拜上帝之人两有分别。拜上帝人与拜上帝人一伙，团练与团练一伙，各争自气，各逞自强，因而逼起。起事之时，团练与拜上帝之人同村亦有，一村逼一村，故而聚集。

道光三十年（1850年——译注）十月，金田、花洲、陆川、博白、白沙不约同日起义。此之天机变化多端，实不详周，是以拜上帝之人格而深信了。①

与所有起义领袖的情况一样，有关天王的各种传说到处流传，因此要清晰描

---

① 《太平天国始末》，第1—3页。

述此人的形象极为困难。据传说，他在第一次赴科举考试的途中，就遇到一个算命先生，告诉他不要为科举浪费时间，因为他注定要成就一番大事，常人的功名对他来说无关紧要，他应该靠自己完成使命。随着时间的推移，他开始对自己的使命深信不疑，甚至不再费神于实际的起义运动，任其自由发展。他不会理解克伦威尔的那句格言："相信上帝，并保持你的火药干燥。"

根据野史记载[①]，中国人如此描述太平天国运动的开始：洪秀全落第之后，开始分析天下大势，发现满人的统治力量正在迅速衰退，官员腐败无能，普通百姓穷困潦倒。于是他萌生了一个念头，要推翻大清，另建新朝。他跟一个名叫朱九涛的男人来往密切。此人组织了一个名叫"天地会"的结社，名为宣传基督教的教义，实则是要复兴明朝。这不禁让人产生联想，或许这一组织与传闻中由郭士立博士创立的中国会有什么关联。洪秀全与朱九涛两人结为至交，而冯云山则与他们一起学习教义。不久朱九涛去世，结社成员推举洪秀全继任为教主。

朝廷听说了这个组织，亦反对基督教教义的宣传，便派人缉拿洪秀全，然而他逃到了香港。他在香港跟随一位英国传教士学习了一段日子，随后同冯云山一起前往广西。他们在鹏化山待了一段时间，招募了若干信徒。后来在桂平镇，洪秀全在一个叫曾玉衡的人家里谋得了教书先生的职位。他在桂平期间，为自己的事业招揽了五个人，正是他们的才干使太平天国运动获得了举世瞩目的成就，让太平军得以在南京扎稳根基，并把洪秀全推上王位。这五个人分别是杨秀清、石达开、萧朝贵、秦日昌和韦昌辉。他们和冯云山一起，成为洪秀全最为忠心的信徒，开始参与他那秘密的使命。

洪秀全经常陷入昏迷状态，从中得到所谓神奇的启示；他的追随者越来越多，他们都认为他天赋异禀，绝非凡人。此时广西在闹饥荒，偷盗情况猖獗。冯云山和杨秀清把洪秀全的追随者组织成"防盗民团"，形成了一支军事力量，并

---

① 《太平天国野史》，第1卷，第1—13页。

且为他们的事业筹集资金。桂平知县开始对洪秀全起了疑心,在1847年的某个日子把他逮捕入狱。逮捕他的时候还一并搜出19本名册,上面登记了其追随者的姓名。知县向当地巡抚建议立即将洪秀全处死,但这位巡抚是一位和善之人,厌恶暴力,于是下令释放洪秀全。知县只得很不情愿地执行了命令,并表示这与放虎归山无异。

他们越发肆无忌惮,拜上帝会迅速发展起来。第二年,相当一部分三合会的头目开始与拜上帝会联合,但他们大多不喜欢严厉的教令,最终厌恶而去。有几名头目留下来,继续参与后来的太平天国运动,他们是洪大全、罗大纲和林凤祥。洪大全后来以天德王闻名于世,而罗大纲和林凤祥在1853年率领太平军所向披靡,后者把太平军的旗帜插在了距离天津不到20千米的地方。拜上帝会的成员如今蓄起了长发,穿上了明朝的服装。这番举动惊动了地方衙门,但地方官员不愿让北京朝廷了解真正的形势。他们派出的军队看似相当庞大,却根本无法有效地控制局面。到了1850年夏,广西官府开始把军队调集到离桂平县不远的平罗。而拜上帝会此时正在桂平县的金田村集结力量。到1850年7月,他们在此地公开与官府对抗。据称暴动者大约有1万人。但这个数字的准确性值得怀疑,因为统计起义者总数时经常笼统记录为1万。然而他们在与官军的一次交手中,的确取得了大捷,官军一败涂地。于是那年的8月份,朝廷终于得知了这场起义运动。朝廷撤换了广西巡抚,并从广东和湖南派去了部队。

1851年1月11日,拜上帝会在金田大败官军,一名满人将领也在这场战斗中阵亡。这些起义者开始夺取城池,劫掠财物。他们纪律严明,任何地方军队都不是其对手,所到之处几乎是如入无人之境。他们推进到广西东北的象州,与官军打了好几仗,于1851年9月25日进入永安。他们在永安正式建立政权机构,号称"太平天国"。洪秀全自封为天王,把杨秀清封为东王,萧朝贵封为西王,冯云山封为南王,韦昌辉封为北王,石达开封为翼王,洪大全封为天德王。最后的这个天德王,在上面所引用的李秀成的自述中并没有提及,他在太平天国中成了

第三章　太平天国的崛起

一个神秘人物。在这个阶段，洪大全实际上可能与洪秀全平起平坐。这场起义爆发若干年后，人们认为天德王和天王是同一个人——洪秀全。但有力的证据①表明，天德王是由洪秀全招募的，时间大概是在拜上帝会真正首次与官军交战之时。他在加入拜上帝会时改名洪大全，地位与洪秀全相等，或仅在洪秀全之下。太平天国组织的完善、目标的制定，大抵都是他的功劳。

卡勒里和伊万摘录了一份来自官方的报告，是两名奉旨招降太平军的官吏对天德王的审讯记录。据这份报告记载，天德王曾对两位官员说，他是大明的直系后裔，是明朝最后一个皇帝崇祯的第11代传人，筹建军队是为了恢复祖先的大业。②而尽管洪秀全偏爱长发和明朝服饰，但我们找不到任何有关记载，说他曾声称自己是明皇室后裔。

朝廷派来的军队很快就包围了永安的太平军，有一段时间太平军的处境十分危急。据李秀成回忆，他们当时在永安无法获得弹药，只能靠从官军那里缴获的弹药勉强维持。1852年4月初③，他们向围城的官军果断出击，突围而去。官军被打乱了阵脚，尽管紧追不舍，但再次被太平军击败。

4月末，太平军包围了广西的省会桂林。不过，为了从永安突围，太平军也蒙受了巨大损失。在后方坐镇指挥的天德王洪大全被官军俘获。在突围中，他和太平军主力的联系被切断，当时的情况有理由让人怀疑他是被故意抛弃的，这是一个太平军领袖精心策划的阴谋。在严密的看守之下，他被押送到北京处死。

据称他在行刑前做了招供。他坦白的内容如下：他原来并不姓洪，他和洪秀全在太平天国中平起平坐；他并不同情太平军的宗教诉求，但仍支持他们，原因是他们的号召力很强，有众多信徒忠贞不渝地追随；他一直是太平军的军事组织者和精神导师；他对天王缺乏政治远见、迷信妖术及骄奢淫逸的习惯非常担忧；

---

① 威廉·詹姆斯·黑尔，《曾国藩与太平天国》，第50—74页。
② 卡勒里、伊万合著，《中国叛乱史》，第139页。
③ 《太平天国始末》，第4页。

他曾希望天王垮台，以便自己独揽大权。①看来拜上帝会原来的核心人物怀疑他的企图，于是巧妙设计将其铲除。后来洪大全与这个运动早期的有关记录，都被他们查禁了。

根据天德王的招供，太平军在永安撤离时集结了1.2万名士兵，加上随军家眷，总人数可能在4万到5万之间。他们在桂林城下驻扎了一个月，竭尽全力攻城。但他们的既有装备无法攻破城墙，于是到5月末，他们放弃了进攻，向北挺进湖南。他们在桂林夺取了江上所有的船只，乘船通过了一条古时候修筑的河道，这条河道连接着湖南湘江的源头。他们打算乘船而下，直抵长沙。湖南官府已经派出了江忠源统率的部队保卫其边界，江忠源在湘江入口的蓑衣渡驻扎，准备在此迎敌。1852年6月初，原定顺流直下长沙的太平军遭遇了埋伏在湘江两岸的官军，迎接他们的还有官军在江面设下的障碍。太平军与官军激战两天两夜，企图突破防线继续前进。但是他们吃了败仗，损失惨重，还失去了所有的船只。其中最大的损失是南王冯云山的战死。此人自幼年时就是洪秀全的亲密伙伴，他是这场运动最初的组织者。他才智过人，深谋远虑，是太平天国之初诸王中最值得信赖的。蓑衣渡的战败，是太平军在战场上遭遇的第一次大败。

太平军失去船只以后，只好放弃顺流直下长沙的打算，转而东进湖南南部。他们攻下了道州、永明、江华和郴州四座城镇，而郴州就在连接湖南和广东的主干道之上。据说在这些地区，他们新招了大约5万人。②此时天王暂时坐镇郴州，西王萧朝贵则与林凤祥一道，率领一支精兵迅速北进，直指长沙，打算攻其不备。他们几乎成功了。1852年9月10日，他们出其不意地出现在长沙南面城墙之外，在城门落下前差点儿杀进了城内。但是太平军犯下了一个错误，他们把东南角城墙的塔楼当成了南门。正是这个失误挽救了长沙城，太平军的稍微拖延给了

---

① 威廉·詹姆斯·黑尔，《曾国藩与太平天国》，第56—59页；卡勒里、伊万合著：《中国叛乱史》，第142—147页。两本著作的记述略有不同。

② 《太平天国始末》，第4页。

官方调派守卫的时间。①随后双方交战,西王萧朝贵阵亡。在太平天国初期的诸王之中,萧朝贵是最善于指挥作战的人,而且他以严厉著称,太平军的纪律严明得益于他的训练。

天王听说萧朝贵的死讯后,立刻从郴州出发,率领全军逼近长沙。他们在湖南南部搜刮了大量军用物资,誓要夺取长沙这个富庶的都会。当时的中国人大概不爱采用围城战术,太平军并未完全把长沙的北面包围。他们这样做大概是要给守军一种精神压力,让他们产生逃跑的念头。然而长沙的守卫者根本无意放弃他们的城市,誓要与其共存亡。

11月10日,太平军在城墙下埋设地雷,炸开一个缺口;然而守军迅速将它堵住了,并击退了太平军。11月13日,太平军再次炸开城墙,但还是没有得逞。最后在11月29日,他们又在南墙埋下炸药,炸开一个约25米的缺口,再次猛烈攻城。守军再次成功拦截了太平军,并堵住了缺口。如今太平军意识到他们处境危险。朝廷从广西调派来的军队和江忠源的部队联合,在某种程度上包围了这些围城者,切断了他们的粮草供应,太平军的粮食紧缺。

1852年11月30日,太平军撤离,转而向西北推进,前往洞庭湖边的益阳。他们打算去常德,在湖南的西北部建国。不过他们在益阳找到了几千艘船,于是决定乘船顺流而下。②长沙被围时,左宗棠开始牵涉到这场起义风暴中。上文提到,早在这场风暴袭击湖南的两年以前,他就感到局势越来越危险,于是到山间为家人找了一个隐秘之地。当太平军在湖南南部肆虐时,他就举家迁到了这个隐秘之地,静观事态发展。此时张亮基奉旨从云南调往湖南任巡抚。左宗棠的密友胡林翼是贵州的官员,他写信给张亮基推荐左宗棠,说此人在湖南可以成为其得力助手。张亮基在前往湖南的途中,写信给左宗棠,请他到常德见面。左宗棠谢绝了邀请。不久,张亮基抵达长沙,太平军已经包围了这座城市,于是他再次写

---

① 威廉·詹姆斯·黑尔,《曾国藩与太平天国》,第77页。
② 《太平天国始末》,第5页。

信给左宗棠。左宗棠和家人隐匿于山林之中，他收到第二封来信以后，决定应邀出山。

1852年10月8日夜晚，左宗棠到达长沙北面的城墙之下，爬梯登上城墙、进入长沙。巡抚让他在衙门里当军事顾问。他立即开始工作，在此后被围困的日子里，特别是在太平军11月的猛攻之中，他保持着旺盛的精力，冷静沉着，指挥若定，一时传为佳话。据说他在围城战中几乎通宵不睡，总是不断巡查防守工事，对防卫部署的每个细节做好记录。但他并没有实权，军队并不归他指挥。他所能做的就是记录细节、指明疏漏和提出建议。

长沙解围，太平军决定顺流而下，这成了起义运动的转折点。如果我们相信当时在场的李秀成，按照他的说法，当时太平军首次表现出踌躇不决，以致延误军机。如上所述，他们原本打算去常德建国，但却在益阳发现了大量船只，天王显然把这当成了某种预兆，于是改变主意，决意沿长江而下。

1847年到1852年间，太平天国已经组织完善，相当一部分纪律严明的官兵已被完全洗脑，对天王唯命是听。1851年最后几个月，太平天国运动已从一场暴动发展为一场羽翼丰满的起义，国家政权初现雏形。太平军原定立足广西，再向外扩张；而决意放弃这一打算向北征战，是这场运动的关键转折。广西是穷困的省份，而太平军却急需进入富庶而人口稠密的中心地区。

据李秀成说，他们离开永安时曾计划进入广东。如果情况属实，这无疑是天德王洪大全的主意，从众多方面衡量，这个计划更为合理。太平军知道天德王被捕后，就改变了原定计划，这似乎表明有一股强大势力与之作对，而计划的变更暗示这一股势力揽过了大权，并将其权势诉诸于行动。种种迹象显示，太平军组织是由冯云山和洪大全规划。他们在4月失去了洪大全，于7月初失去了冯云山，又于9月10日失去了最能干的大将萧朝贵。虽然太平军在湖南新增5万人，但也无法弥补这样致命的损失。这三个杰出领导人的作用无人能取代，他们的去世无疑标志着太平天国运动踏入了另一个阶段。

第四章　长江流域的太平军

1852年11月30日，太平军于从长沙撤围，并在附近城市益阳发现了几千艘船，于是乘船越过洞庭湖，于12月13日攻下岳州。岳州城俯瞰着洞庭湖和长江交汇处，战略位置十分重要。太平军在此地夺取了大量军事装备，据说是当年吴三桂叛乱时（1673—1678年）储备的，藏匿了175年之久，这也许创下了当代以来军备保存期的最高纪录。太平军顺长江而下，逼近武汉的三座城镇：汉阳、汉口和武昌。这三座繁华的城镇位于汉水与长江交汇处。12月下旬，汉阳、汉口相继陷落。太平军焚烧了汉口，随后过江到达南岸，围攻武昌。他们如入无人之境，没有遭遇什么抵抗。1853年1月12日武昌陷落。这几座武汉的城镇地理位置优越，是中国当时最大的贸易中心。此外，武昌还是湖北的省会，湖广总督的驻地。

太平军至此取得了巨大胜利，让朝廷陷入一片恐慌。他们打算直接进军北京。太平军在武汉的三座城镇取得了标志性的重大胜利，这不仅是因为太平军富有战略技巧，更是由于官府的无能。即便太平军的确轻易取得了一批军备——而且是贮存了175年的军备，人们也很难理解，为何武昌无法和长沙一样抵抗到底。同样让人难以理解的是，太平军竟没有驻守武汉三镇，将之作为自己的基地。相反，他们集结了几千艘船，率领号称有50万人的部众，其中还有妇女儿童，于1853年2月9日离开了武汉三镇。①

他们沿长江而下，一路在两岸烧杀劫掠，2月17日攻克九江，2月24日攻克安

---

① 威廉·詹姆斯·黑尔，《曾国藩与太平天国》，第79页。

徽省会安庆，3月8日到达南京城下。太平军围攻南京，短短11天以后，这座重要的城市就于1853年3月19日落入了太平军之手。3月31日，镇江陷落，第二天轮到长江北岸的扬州。这两座驻守京杭大运河入口的城市，没有丝毫抵抗就落入太平军的手里。太平军只用了短短52天的时间，就沿长江推进了将近640千米，穿过了帝国的中心地区，攻克了武汉至京杭大运河之间所有的沿江城市。离开长沙以后，他们就从未遇到有效的抵抗，而且距离越远抵抗就越小。当太平军来到大运河入口的扬州时，他们似乎已经清除了所有障碍，可以肆意纵横中华大地了。

在南京，太平天国诸王对未来的行动方案产生了分歧。一些人主张立即进攻北京，而另一些人则认为留在南京比较稳妥。没有人想到要往海滨前进并夺取上海。研究过这一时期历史的学者普遍认为，倘若太平军全力进军北京，那么清政府没有一支可供调遣的军队将能与之抗衡，满人会全部逃往满洲，摇摇欲坠的清政府则会彻底垮台。但天王喜欢南京，决意定都南京。为了调和太平天国内部的反对声音，他派出一支据称有7.5万人的部队，由林凤祥统率，向北面进军。犹如一部波澜壮阔的战争大片，这支部队一路穿越安徽、河南、山西、直隶，一次次击败朝廷派去拦截他们的官军；1853年10月28日，这支太平军抵达距天津约20千米的独流镇。[①]来到此地时他们已是车马劳顿、精疲力竭，又遇到了官军阻击，终于停止了前进的脚步。他们为官军所迫，逐步后退到山东，最终被消灭，没有对起义运动的最终结果产生任何积极影响。

太平天国于是定都南京，这座城市以声色犬马著称。此时它的人口超过了50万。

对中国人来说，"美丽、上品、优美、典雅"这些词，只适用于南京或苏州府。作为芸芸众生的一员，我们法国人只有一座城市决定格调和引领时尚，而中国人却有两座。天朝的流行时尚分为两派，一派源自南京，一派属于苏州府。我

[①] 莫尔斯·何西何，《中国对外关系》，第1卷，第446页。

们尚不清楚哪一派更占上风。至于朝廷所在地北京，只要与品位及乐趣有关的事物，它就没有发言权，只知乏味的垄断。南京汇集了各色各样的人物，有文人学士、科研人士、舞者、画家、古玩家、杂技演员、医生和名妓。这座极富魅力的都市有各种流派的科学、艺术和娱乐。在此地，娱乐就是科学与艺术……

全国各地的上流阶层人士都会到苏州府和南京来。他们在这两座城市川流不息，悠闲地打发着时光。他们浏览画家的画室，拜访名士的书斋，为名优捧场，像我们法国人一样闲聊着，说长道短，晚上则由诗人和妓女相陪出游。江南有几分像中国的意大利，人生的伟业在此就是爱情与诗歌。为人父母者把女儿培养成亭亭玉立的姑娘，靠她们的姿色牟利。这些父母有时把女儿卖给富甲一方的官吏，有时放任她们堕入红尘。而她们凭着漂亮的脸蛋和出众的才艺，成为几乎是全国最快活的女子，身后永远跟着一队富家弟子慕名而来。南京的女人不仅是中国最美的，也是最风雅的。

……中国人个个喜欢乘船出游，倘若没有漂在水上，他们就会感到美中不足。所以这些奢华的游船日夜都有人光顾，他们在船上吃喝玩乐，抽着大烟，昏昏入睡。对于手头不够宽裕的游人，也有档次稍低的游船供应；但是这片土地上可没有真正意义上的穷人。这儿总是如此富饶，灯火辉煌，映照得夜空发亮；浓密的竹荫之下，清亮的河水静静流淌，又传来阵阵花香。

迄今为止，起义军已在沿途招募了大量新兵。如今他们来到富庶的江南，将在这里得到人们的拥护，但不会再有新的同盟者加入。无论动机的善恶，任何革命性的尝试都会有一种不幸的特质，吸引了各种陷入绝望的底层人士，他们期待某种变化将会改善其处境；而另一方面，在那些舒适悠闲的国度里，一支起义军很难获得众多的追随者。因此，尽管起义军也许赢得了大众的同情，但今后也只能指望他们自己的军队作战。此外，他们不仅要对付北京派来的官军，而且因为身处南京这一繁华都城，还要对抗其所带来的荒淫腐化。[①]

[①] 卡勒里、伊万合著，《中国叛乱史》，第236—240页。

这就是天王选为首都的城市。这个人要求追随者禁欲，自己却贪图享乐。建都之后，他马上把自己深锁宫墙之内，限制外界与他的接触。上述南京城那一派欢乐繁荣的景象迅速化为乌有，但有证据显示，在天王迁入的那片天地，仍然保留了相当欢乐的气氛，是这座名城一向特有的。

当太平军大举进犯北京、并显示出强大的军力之时，朝廷确实陷入一片恐慌。当时国库空虚，无论满军还是汉军都一样无能。各省权力分散的状况早已暗暗滋长，这种状况如今成了清政府无法克服的障碍。朝廷很难从各地召集一支镇压太平军的军队，亦很难直接从朝中实施有效的指挥。皇上也是见机行事、被动应付而已。他一道接一道地发送谕旨给各省官员，要求他们集结兵力抗击起义者；但太平军前进速度很快，往往他们已经在某省肆虐完毕，谕旨却还未送至当地那些绝望的官员手中。于是龙颜大怒，一道道下令严惩的谕旨随之而至，那些倒霉的官员就只能等着可怕的惩罚。"钦差大臣一个个倒下，并非战死沙场，而是倒在皇上不容置疑的判决之下。"①相当一部分最高官员掉了脑袋，但无论惩罚如何严厉，天子的谕旨像雪片般飞来，也依然无法阻止太平军前进的步伐。朝廷不仅陷入了经济困难，其领导能力也完全丧失。朝中一片混乱，似乎真的是气数已尽。

在太平天国运动的早期，或称广西时期，朝廷依仗的是满人驻军和汉人绿营这些常规军。派到广西镇压太平军的将军都是满人高官。他们从广东和广西抽调驻军，从湖南也抽调了一部分。到底派上战场多少人，这很难统计。各种文献中对太平军及朝廷军队的人数统计，都相当粗略，因此本书中通常不会陈述双方各自的军力，引用的数字绝大部分都只是大致的估计。不过，偶尔必须引用一些数据以保持客观，也为读者认识战争的规模做参考。太平军抵达南京时，他们沿途所经各省都有官军的部署，其军力据文书上共计有大约20万人，其中19万汉

---

① 莫尔斯·何西阿，《中国对外关系》，第1卷，第447页。

人、1万满人。①但这些军队分散在各个省份，由本省的地方官员统率，只对本省负责，而对临省遇到的麻烦则不闻不问。任何官员都无权命令广东的驻军开进湖南，只有皇帝能这么做。而当这些驻军进入其他省份之时，他们仍然是独立的作战单位，只听从本军将领的指挥。朝廷没有任命一位大统帅，能调动各省兵力以共同镇压起义军。太平军告别广西以后，各省不得不先后各自应战，却都不曾从临省获得援助。因此，清廷这套防止地方军力勾结以危及统治的军事制度，在地方百姓起义而危及统治之时，却无力应对。

起义军方面的人数更难确定。米窦斯估计，夺取南京时其军力在6万至8万人之间。②卡勒里与伊万的统计是5万人。③他们都目睹了当时的情况，因此两种估计都不应轻视。不过，除了太平军正式整编的部队以外，还有几千人从离开广西开始就跟随他们胜利进军。太平军没有时间把这些人组织起来并用军纪规范。大概是他们攻克南京之后，才马上把这几千人整编入军队。

北伐的太平军据称人数为7.5万。他们派了另一支军队回到长江上游，重新占领当初一路上攻克后又放弃的城市。还有另外两支军队，一支奉命深入安徽内地，一支进入江西。太平军占领南京之后并不缺乏兵力。但他们缺乏整编军队的能力，武器装备也有限。他们的装备虽然不是非常古老，但是也属于中古时期的了，然而却和官军的装备相当。此外无论从军纪还是调控军队的能力而言，太平军都远远超过了官军。不过离开广西之后，他们的军纪就变得松弛。当初离开永安的太平军有1.2万士兵，在扩军过程中，这些士兵全部都当上了军官。而其中许多人其实并没有能力担负更高的职责。

太平军的北伐再次有力地证明了满人的军事无能。为了保卫京城，朝廷在直隶部署了约14万名满人的八旗军和4.9万名汉人的绿营军；而在太平军经过的河

---

① 威廉·詹姆斯·黑尔，《曾国藩与太平天国》，第4—12页。
② 托马斯·米窦斯，《中国人及其叛乱》，第173页。
③ 卡勒里、伊万合著，《中国叛乱史》，第220页。

南、山东和山西省，从文献上看应还有6.2万名汉军。然而这些部队却依旧无法阻挡太平军，皇帝必须命令蒙古郡王僧格林沁领军从蒙古赶来保卫首都。据说就是此人把太平军拦截在距北京160千米处。太平军从南京的大本营至少得到了一次的增援①，但是由于长途征战，加上清军的不断阻击，军队的损耗自然很大。太平军在北方似乎未能像在南方及长江流域一样，有大量新招募的士兵及时补充军力。

1853年年末，北伐的太平军仍然在天津南面坚守阵地。新从南京派出的军队实际上已经跨越了整个安徽省，长江流域武昌下游的所有城市再次被太平军占领，江西的大部也落入他们之手，现在他们正围攻江西的省会南昌。1853年全年，官军没有打过一场胜仗，唯一的战绩就是在北伐的太平军精疲力竭之时围困了他们。而朝廷的财政混乱和经济损失，其规模与军力的溃败也不相上下。由于清廷的军事无能、缺乏组织和财政空虚，各省只能设法自行联合，在一定程度上协调起来，力图挽回局面。在多数情况下，太平军开始对各省的进攻非常猛烈，以至各省往往一时无力应对。不过，湖南的局面却截然相反。面对太平军的逼近，湖南的政府和人民迅速组织起来，誓要扭转局面，用自己的能力做出示范，挽救大清。

太平军进入湖南时，在蓑衣渡遭到阻截，江忠源统率的2000名民兵给了他们重重一击。后来长沙的解围也有赖于这支队伍。江忠源以实际行动证明，民兵与常规的官军相比具有无可比拟的优势。他所率部队的成功使省级官府受到启发，最终也令朝廷意识到若想恢复统治秩序，还得依靠常规军和八旗军以外的力量。太平军离开了湖南，但他们令此地的土匪猖獗起来，湖南省境内各地的盗抢现象比比皆是。江忠源率领这支小小的部队，为镇压土匪立下了汗马功劳。官府又组建了一些部队，逐渐在省内较为重要的中心地区重新控制了局面。

---

① 威廉·詹姆斯·黑尔，《曾国藩与太平天国》，第85页。

第四章　长江流域的太平军

此时曾国藩正在湖南中部的湘乡,在家中为母亲守丧。他在学术方面颇有声望,在朝中也获得了丰富的任职经验,在京城已是德高望重。他毫无军事素养,也没有作战经验,而他在京城时在翰林院任职,因此并无不妥。然而到了1852年年末,湖南巡抚接到北京来的谕旨,皇帝下令让赋闲在家的曾国藩接帮办湖南团练旨。①

1853年初,曾国藩曾招募了一批民兵,组建了一支军队,这就是后来闻名全国的"湘军"。这可不是一件容易的差事,起初他必须与传统军队的既得利益者抗争;而且在一个古老的国度,任何新生事物都注定会招致反对的声音。不过在这一年里,他取得了非常有效的进展。他的军队在组建时期奉命镇压土匪,在这些斗争中初步获得了丰富的实战经验。作为一个湖南人,曾国藩认为他的新军在与太平军交战之前,应该首先稳定本省局势,恢复本省的秩序。他知道这支军队一旦跨出湖南边界,要在战场上维持军力,就必须依靠湖南省的供给和兵员补充。

那一年朝廷总是不断催促他东进镇压太平军,但曾国藩一直在湖南按兵不动,直到准备周全、一切就绪。江忠源已带着他那支小部队奉命前往长江下游,在江西御敌。他当时已被提拔为安徽巡抚,第二年年初在与太平军交战时被打败,自杀身亡。于是到此为止,在镇压太平军中唯一显现出军事领导才能的军官,就这样退出了历史舞台。

左宗棠在太平军围攻长沙时,曾入巡抚张亮基幕府,为平定起义筹划。张亮基随后升任为湖广总督,骆秉章继任湖南巡抚。太平军于1853年2月撤离武昌后,张亮基去武昌上任,带了左宗棠同行。他向皇帝举荐左宗棠做官,结果左宗棠获得与知县同级的头衔,但却没有实权。张亮基在给皇帝的信上说,只有三个人值得他完全信赖,其中就有左宗棠,他能胜任总督衙门中的任何公务。后来张亮基与骆秉章联名推荐左宗棠,于是左宗棠被任命为同知,但他推辞未就。1853

---

① 威廉·詹姆斯·黑尔,《曾国藩与太平天国》,第147页。

年秋，张亮基调任山东，由吴文镕继任湖广总督。究竟是吴文镕不愿让左宗棠为他效力，还是左宗棠不愿留下，我们并不清楚，只知道他在11月份返回湖南老家。

《年谱》没有说明左宗棠拒绝就任同知的原因，但第二年他写给曾国藩的文书刘霞仙一封信，从信中也许可以看出端倪。他认为自己被任命为同知是大材小用。信中提到了"武侯"，也就是中国人心目中的大英雄诸葛亮先生。左宗棠总是喜欢用诸葛亮自比。信的内容如下：

来示谓涤公拟以蓝顶花翎尊武侯，大非相处之道……吾欲做官，则同知直隶州亦官矣，必知府而后为官耶？且鄙人二十年来所尝留心，自信必可称职者，惟知县一官。同知较知县则贵而无位，高而无民，实非素愿。知府则近民而民不之亲，近官而官不禀畏。官职愈大，责任愈重，而报称为难，不可为也。此上惟督抚握一省大权，殊可展布，此又非一蹴所能得者。以蓝顶尊武侯而夺其纶巾，以花翎尊武侯而褫其羽扇，既不当武侯之意，而令此武侯为世讪笑，进退均无所可，非积怨深仇，断不至是。

涤公质厚，必不解出此，大约必润之从中怂恿，两诸葛又从而媒孽之，遂有此论。润之喜任术，善牢笼，吾向谓其不及我者以此，今竟以此加诸我，尤非所堪；两诸葛懵焉为其颠倒，一何可笑。幸此议中辍，可以不提，否则必乞详为涤公陈之。吾自此不敢即萌退志，俟大局戡定，再议安置此身之策。若真以蓝顶加于纶巾之上者，吾当披发入山，誓不复出矣。①

骆秉章听说左宗棠推辞了职位，便写信给他，请他入府做最高级的军事参谋。左宗棠起初谢绝了，但骆秉章再次诚邀，他就接受了邀请。与此同时，太平

---

① 《左文襄公书牍》，第2卷，第28页。

第四章　长江流域的太平军

军于1854年初再次进攻湖南北部。他们显然听说过左宗棠的事迹，派了一队人马前往左宗棠隐居的山林里搜捕他。左宗棠闻说此事，便带着家人逃往长沙。1854年4月5日，他入佐湖南巡抚幕府。

曾国藩在招募新军时，与湖南省地方官府摩擦不断。全省各地土匪猖獗的状况，令湖南巡抚十分焦虑，他下令待诏的王珍募集一支民兵队伍来防守长沙。王珍与曾国藩之间马上发生了冲突。左宗棠与王珍是很好的朋友，在这场冲突中左宗棠站在了王珍那一方。王珍甚至可能一心要取代曾国藩成为湘军的组建者。可以肯定的是，曾国藩很讨厌王珍。他因此迁怒于王珍的朋友，也不足为奇。据黑尔记载，1854年春在长沙附近进行的军事行动中，王珍小战告捷，击毙了大约30名太平军，而他却上报为重大的胜利。军事行动的联合报告起草后，曾国藩审阅并准奏。但是在送达朝廷的定稿上，左宗棠增删了报告的一些内容。在他所做的修改中虚报了一场大胜仗。这使曾国藩暴跳如雷。[①]

对忧心如焚的朝廷而言，在起义运动势如破竹之时，最微小的胜利也可视为大捷，这是可以理解的。而人的普遍天性是，对厌恶的人，就轻视他的成功；对尊敬的人，则夸大他的成就。王珍的功绩，在其朋友和曾国藩的眼中大概是大不相同的。曾国藩似乎一直对这件小事耿耿于怀，曾国藩和左宗棠的关系就此产生了裂痕。两人的矛盾越来越尖锐，终于在十年后湘军攻破南京时爆发。这两个出类拔萃的湖湘子弟之间势同水火。

1854年6月26日，从南京溯江而上的太平军占领了武昌。此时散布各地的流窜之徒已在湖南活动了几个月，曾国藩和湖南官府竭尽全力进行镇压。4月，曾国藩尝试亲自率兵上战场杀敌，但被太平军击败。他灰心丧气，两次企图自杀。[②]于是他自认为没有亲自带兵作战的能力，从此再也没有亲上战场。但他继续担任湘军的首领，到秋天时已成功肃清湖南，并向武昌挺进。

---

① 威廉·詹姆斯·黑尔，《曾国藩与太平天国》，第164页。
② 威廉·詹姆斯·黑尔，《曾国藩与太平天国》，第164页。

1854年10月14日，湘军夺回武昌这座大城市，又占领江北的汉阳与汉口。在已长达四年的起义运动中，清政府的镇压首次奏效，获得大捷。于是曾国藩带领湘军向南京进发，北京朝廷多年来第一次看到了胜利的希望之光。然而政府的体制臃肿而滞后，难以成功展开有力的军事行动。曾国藩的湘军离开武昌后，花了将近十年时间，才得以进入南京。不过必须指出，湘军最后的胜利，要多亏曾国藩从来没有绝望，也未曾动摇决心。

曾国藩从来没有忘记他的目标——拿下南京。他一次次被太平军击败，似乎是壮志难酬，但他无须别人鞭策鼓励，一直坚持奋斗。他的不屈不挠赢得了人们的敬仰，但他的军事才能实在不值得恭维。不过，曾国藩从未认为自己是武将，他一向以文官自居。在消灭太平军的漫长征途中，曾国藩成了抵抗者的象征，尽忠报国的典范。到了1860年，他被任命为两江总督，辖管安徽、江西和江苏三省，算得上是位高权重。从某种程度上说，他成了清军的统领，但其权限模糊，他无权对地方官员下达命令，而是主要依靠自己的才干来说服他们合作。一开始朝廷显然不太信任他，派了满族官员到武昌，以监视曾国藩及与他共事的汉人。从曾国藩离开武昌到攻占南京，其间的军事行动过程对西方人来说，犹如一幅几乎让人绞尽脑汁的智力拼图。最难理解的是，在这一时期朝廷派出的军队从未远离，一直徘徊在南京周围，偶尔还形成包围之势。但是善战的太平军却在南京自由进出，大肆蹂躏各省，给官军以致命打击，夺取了几百座城池。他们多次打败包围南京的官军，却从未能将之彻底消灭。如同围着一罐蜜糖嗡嗡直叫的苍蝇，官军总是很快又卷土重来。

太平军不缺兵源，很多年都保持着庞大的军力，但是这场起初目标明确、全力以赴的反朝廷运动，逐渐沦落为一个巧取豪夺的反动势力。他们在运动初期挺进中原地区时，就痛失了三个伟大的领袖，这令他们缺乏建设性的纲领，在取得最初的军事胜利之后，他们的这一缺陷就逐渐暴露了。据莫尔斯记载：

第四章 长江流域的太平军

没有听说太平天国组建任何形式的行政机构，就连在南京也没有。为供养宫廷和军队，太平天国就征税，办法很简单，即把所见之物都据为己有。它在当地银库中搜刮钱币，到谷仓夺取粮食，靠这样维持一段时日，但这种供给总有一天会枯竭，接下来唯一的办法就是掠夺本国人民的财产。太平军攻克一座又一座城市，过后却把其遗弃，只为军事意图驻守几座城市。每攻克一座城市，必定把它洗劫一遍。他们向本国的各个方向出击，在1853年到1859年之间，打遍了湖北、安徽、江西三省，进犯江苏西部，富人们可以搬运的所有财物都被搜刮出来，运到南京和其他有太平军驻守的城市。而太平军剩下的东西又被官军夺去。山河破碎，财富皆空，国家元气大伤，国内一度最富庶繁华的城市，如今其周围竟然成了野雉窝。①

在这段灾难的岁月中，左宗棠一直是湖南巡抚骆秉章的幕僚。他没有官职，亦不属于正式的朝廷官员，只是巡抚的军事参谋。然而，他的地位却举足轻重。左宗棠曾说过，起初骆秉章密切注意他的工作，但不到一年的时间，巡抚大人凡事必征询他的意见，并且通常都欣然采纳。②梁启超认为，骆秉章是一个才能平庸的官员，精力不济，沉迷酒色，对本职工作并不上心，实际上左宗棠才是真正的湖南巡抚。③如果他说的情况属实，那么湖南省是吉星高照，在这乱世之中，该省是全国治理得最好的。

在这种情况下，左宗棠自然遭到大权在握的官僚阶层忌恨。他天生傲气，这种性格自然不会对他有利。于是很快就有人议论，说左宗棠其人难以相处。他的名声传到皇帝耳中，天子开始询问他的情况。一位御史在奏折中力荐左宗棠：

---

① 莫尔斯·何西阿，《中国对外关系》，第2卷，第454—455页。
② 《年谱》，第2卷，第3页。
③ 参照周荫坤的《左宗棠书信集》，1914年。

"若使独当一面，必不下于胡林翼诸人。"①

左宗棠的老邻居郭嵩焘有一回觐见皇上，皇上详细询问了许多关于左宗棠的问题，问及他的能力与性情，还有为何难以跟同事共处。郭嵩焘对左宗棠的能力有很高评价，但对他的脾气则不敢恭维。他上奏皇上说左宗棠傲慢自大，独断专行，直言不讳；能和他融洽相处的人寥寥无几，但他似乎跟骆秉章关系不错。皇上表示他颇为欣赏左宗棠其人，不在乎他的性情，很想起用他，但不知他适合哪个官职。皇帝还暗示，左宗棠已年近50，很快就年老体迈，无法再为朝廷效力多少。②

事实上，左宗棠这些年来一直在为国家呕心沥血。他竭力支援湘军，曾国藩率领的这支军队正在安徽和江西作战，在此期间湖南实际上是在独力作战。曾国藩承认左宗棠所做贡献，他于1856年上奏皇帝举荐左宗棠，说左宗棠尽心尽力，协助提供湘军军饷。左宗棠因此被授为兵部郎中，并赏戴花翎。③

左宗棠的密友胡林翼从不放弃举荐他的机会，利用其个人的影响力，为左宗棠谋得了战场统领一职。但曾国藩不喜欢左宗棠。这两个男人性情截然相反，难以融洽相处。曾国藩的新军需要容易驾驭的人，而他太了解左宗棠的脾气，因此对是否向其委以重任犹豫不决。于是左宗棠继续留在湖南巡抚衙门里。

然而在1859年，一个意外事件迫使左宗棠离开了骆秉章的幕府。左宗棠利用自身的影响力，让巡抚撤去了一名无能官员的职务。左宗棠此时已树敌太多，忌恨他的人利用这件事上奏，说湖南巡抚形同虚设，只是左宗棠的傀儡。皇帝诏令调查此事，左宗棠奉命前往武昌接受讯问。左宗棠此时处境非常不利，多亏胡林翼身任湖北巡抚，于是直接向总督求情。在他的努力之下，此事才不了了之。④

---

① 《年谱》，第2卷，第14页。
② 《年谱》，第2卷，第15页。
③ 《年谱》，第2卷，第19页。
④ 《年谱》，第2卷，第31—32页。

第四章 长江流域的太平军

左宗棠决定再次进京赴考会试。1860年2月,他离开长沙,在湘阴老家住了一些时候,然后赶往北京。3月24日,他抵达湖北襄阳,却接到胡林翼的来信,请他前往安徽宿松共商战事,当时曾国藩把湘军总部设在此地。于是左宗棠中途改道,没有前往北京,而是折回汉口再前往宿松,在曾国藩的总部逗留了几周。①

胡林翼提及的会议与湘军攻打安庆的计划有关。左宗棠自告奋勇,要求率领一支队伍前往安庆。曾国藩拒绝了他的提议,他告诉左宗棠:"派你去上战场指挥军队,就如同画蛇添足。"②但形势急转直下。太平军在一次常规出击中,一举击溃了徘徊在南京周围的官军。随后他们又突袭浙江,在安徽南部的进攻中节节胜利,对江西构成了威胁。此外,英法两国也在为攻打北京集结力量,1856年至1860年的第二次鸦片战争此时进入了最后阶段。

而太平天国诸王中的幸存者石达开,正率兵威胁着四川的安全。1860年春天,朝廷一直给曾国藩施加压力,要他有所行动,这令他苦恼不已。曾国藩在朝中地位不稳,于是在胡林翼再三催促下,终于听从他的建议,同意左宗棠组建一支部队奔赴战场。与此同时,胡林翼就此事直接上奏皇帝,于是朝廷下令左宗棠在湖南招募5000名士兵,前往安徽和江西作战,并委派他辅助曾国藩。1860年6月26日,左宗棠在长沙接到了这份圣旨。③在此之前,他已从宿松返回湖南,于6月23日抵达长沙。

左宗棠马上开始招兵买马。他写信给几位友人,请他们加入到自己的部队里。他选择了王珍的哥哥王开化任他的参谋,请刘典和杨昌濬当他的副官。他们为这支部队招募的士兵人数如下:

---

① 《年谱》,第2卷,第33页。
② 《年谱》,第2卷,第33页。
③ 《年谱》,第2卷,第35页。

名称	人数
王珍旧部	1440
4营官兵，每营500人	2000
4个特哨，每哨320人	1280
卫兵	200
总计	4920

1860年7月21日，这些官兵在长沙城外集结，开始训练了一段时间。

此时朝廷对四川的局势大为恼火，并就此事询问曾国藩，看左宗棠是否能担当重任，去平定四川的局面。而一年之前，四川也有类似的恐慌发生，皇帝曾想要派曾国藩前往而未果。曾国藩如今同样据理力争，阻止左宗棠前往四川。曾国藩说，四川是个人口稠密的富省，不难靠自己的力量打败太平军。左宗棠和他的5000名士兵对四川作用不大，而把他们派到江西却是雪中送炭，定能克敌。于是朝廷下令左宗棠对其部队进行两个月特训，然后领军开往江西。

1860年9月22日，左宗棠率领那支5000人的小部队离开长沙，前往江西南昌。左宗棠投笔从戎之时，照西方人的算法，他是48岁；而按中国人的算法，他已经49岁了。人们大多认为，这个岁数对于一位将军而言，本该是解甲归田的时候了。

第五章　左宗棠征战江浙

左宗棠率领他的小部队从长沙赶往江西东北部，以增援曾国藩。此时中国的局势之乱，已超出常人的想象。英法联军占领了北京，皇帝带着大臣们逃去了长城以北的热河。在直隶南部、河南和山东，一支名为"捻军"的起义队伍正在乡间大肆破坏，对抗朝廷。太平军进犯中原，仍然控制了安徽大部、江西相当部分地区，整个江苏与浙江实际上也落入他们之手。各地流窜的流氓土匪在福建和两广闹事，当地官府只能在省会城市的城墙之内发号施令，城墙以外的广大地区都失去了控制。云南回民起义风起云涌。太平军中最有威慑力的将领石达开，与南京大本营分道扬镳，正率领他的部队来到贵州，据称要前往四川立国。陕甘两省蠢蠢欲动，回民起义大约一年后将在此地爆发。天子的旨令甚至不能送达全国各地。只有在湖南省，一些人满腔热忱地维护朝廷尊严，他们殚精竭虑、尽忠职守，官府才得以保存。湖南官府不仅无须外援便能正常运作，而且实际上担负起镇压太平天国的重任。

单就与太平军的战争而言，形势比过去要好。如果不考虑全国的普遍混乱，战局对朝廷相对有利。不过，由于朝廷忙于各地救援，让太平军有了可乘之机。同年早些时候，他们已向东进犯，到达江苏境内，这个地方他们忽略了近八年之久，如今即将重燃战火。该省只有上海能幸免于太平军的攻击，这完全是因为欧洲的军队和军舰已侵占此地。

在浙江，官军仍然控制着省会，但除了零星几个有城墙保护的城市，全省都落入了太平军之手。在安徽，太平军如入无人之境，所有城镇都被他们抢占洗劫多次，再为此而战基本失去意义。官军仍然在南京周围徘徊，曾国藩的一支部队已围困了安庆。江西省于早些时候已肃清太平军，但到了秋天，太平军卷土重来，再次进犯该省东北部，并威胁要占领全省。但大体来说，官军与太平军交战的范围已有所限制，起义部队再也不能肆意纵横全国。

目前为止，我们能够清晰辨识作战计划的官军，是曾国藩的湘军。曾国藩的目标看来是致力于肃清长江两岸，尽可能地控制长江流域，逐步向下游推进，最终进攻南京。太平天国以长江为界，划分了自己的疆域，而曾国藩试图将此打破。但他的努力一次次失败，作战意义几乎全部丧失。1860年，太平军与湘军的主战场为湖北、安徽与江西。曾国藩的军队战斗力不断增强，而这些省份也没什么油水可榨，于是太平军的注意力转移到江浙两省。

太平军方面起初有明确的作战计划，攻下南京以后，他们似乎又按照计划战斗了将近一年。在那以后，如果说他们真的为保护他们的天国制订了明确的计划，那么他们的军事行动却完全没有体现出任何计划性。任何合理的假设都无法解释，在战场上军力如此强大的太平军，为何会允许官军在南京城下徘徊，且长达十年之久。而且官军总是处于被动挨打的局面，几乎溃不成军，他们的灵活性远远不如太平军，人数上也处于劣势。看起来太平军有无数次机会，可以集中兵力发起进攻，一举将官军歼灭。但他们却没有这么做。相反，他们肆意地在一座又一座城市进进出出，克而不占，洗劫一空后又把它们遗弃，一次次杀出进入南京的通道。年复一年，他们漫无目的地在同一片土地上重复着同样的过程。

太平军的基本作战单位叫作"军"，但其规模更接近于1个师。1军有1.25万人，分为5团，每团2500人。团下又分为5营，每营500人。1营分为5连，每连100人。他们试图采用一种体制，把每个某方面才干可为其政府所用之人，都悉数收编军中。从广西到南京，好几队女兵和男人一样，照样行军打仗。但攻克南京以后，太平军似乎不再有女人上战场了。长江流域的妇女有裹足的风俗，无法行军,因此不可能让她们上战场。但她们也并非无所事事,太平军在南京把妇女整编为40队,每队2500人,在军工厂做活,缝制军服、鞋子等。根据太平天国的文献,其官兵人数如下[①]:

名称	人数
95个陆军师	1,187,500
9个水师	112,500
2个工兵师	25,000
6个工匠师	75,000
长夫、雇工等	784,000
诸王侍从	585,800
文书及其他文职雇员	193,526
各级军官	121,695
总计	3,085,021

文献中的清单本来划分了更多细目,但总数不变。它表明太平军的水军和陆军加起来共有130万人。很难相信太平军随时都有如此庞大的兵力投入战斗。如果他们的确军力如此强大,那么这场战争的结局无疑证明了太平天国的领袖们实在是欠缺领导才能。在官府的报告中,总是动辄声称太平军有好几万人,但种种迹象表明,他们的数据是夸大的。

同年夏天,曾国藩把湘军总部从宿松转移到安徽南部的祁门。10月,左宗棠率部来到江西东北部的乐平。此时曾国藩的湘军分布如下:曾国藩本人在祁门,左宗棠在乐平,鲍超和张运兰在安徽休宁,曾国藩之弟曾国荃率部围攻安庆,安

---

① 《太平天国野史》,第3卷,第63页。

庆—祁门—乐平这一进军路线以西的主要城市驻守着少量兵力。然而太平军再次向西面发起进攻，攻克了徽州和婺源，进犯江西，不久即出现在信江流域，威胁饶州。

左宗棠把他的部队一分为二。面临敌军之时，把近5000名没有作战经验的新兵分成两队，这是非常冒险之举。11月11日，他派出1400人南下贵溪。这支分队在贵溪周围三次与太平军交战，把太平军逼向东面的浙江。太平军没有进入浙江，转而北上德兴。于是贵溪的这支分队返回乐平，左宗棠集结兵力向德兴进攻，12月14日攻下德兴。太平军逃向浙江。太平军的另一支队伍攻克了建德和东流，随后进犯江西，又占领了长江边上的彭泽。他们在南昌以南出现，进犯鄱阳湖西岸和浮梁，袭击围攻安庆的湘军，又包围了身在祁门的曾国藩。此时似乎无处不见太平军的身影。江西的太平军由忠王和侍王统率，他们是太平天国运动后期的两个著名领袖。①

左宗棠率部前往景德镇，12月25日在当地遇袭。左宗棠击退敌军，并顺势攻下了附近的浮梁。1861年1月4日，一支太平军从西面进攻左宗棠的部队，同时攻打景德镇和浮梁，再次被左宗棠打败。身在祁门的曾国藩处境十分不妙，有好几周的时间，他只能保证景德镇到祁门的交通线畅通，再增援一下攻打建德的鲍超，除此之外则一无所成。到了3月，太平军的攻势有所减缓，曾国藩于3月12日攻下休宁。太平军侍王的注意力转向左宗棠，3月22日围攻乐平。由于太平军此时在饶州相持中占据上风，曾国藩就命令左宗棠移师饶州，并另派一支部队防守景德镇。4月8日，左宗棠在鄱阳湖附近击败太平军，随后向乐平进发。而太平军此时已离开乐平前往景德镇，左宗棠刚到乐平，几乎同时景德镇就落入了太平军之手。侍王随后率军南下乐平，但4月14日被湘军击退，只能返回景德镇。

4月13日，曾国藩发起了对徽州的进攻，但21日即被太平军击败，被迫返回

---

① 《年谱》，第2卷，第38页。

休宁。侍王把附近的全部兵力都集结到景德镇，向乐平进发。4月17日，左宗棠在乐平与景德镇之间克敌，但太平军得到增援，随即把左宗棠围困在乐平。太平军誓于4月22日攻下乐平而未果，23日再次强攻，却被左宗棠击退，伤亡惨重。

与此同时，曾国藩派鲍超增援左宗棠。鲍超一举攻下景德镇。太平军失去了景德镇，又在乐平遭受重创，士气低落，于是大部迁往浙江。曾国藩将总部转移到东流，左宗棠则尾随敌军跨过德兴，一直追至广信。另一支太平军从安徽池州开来，如今忽然突袭建德，威胁景德镇。左宗棠火速折回迎击，于6月14日抵达景德镇。这支太平军随即返回安徽。6月26日，左宗棠收复建德。徽州的太平军撤离，迁往浙江。在安徽境内，安庆至徽州一线以南暂时肃清了太平军。左宗棠留下1000人驻守景德镇，1861年7月9日率余部到达婺源，此地扼守着一条通往江西的要道。他在婺源逗留到同年11月。

左宗棠的第一轮战役就此结束。从他1860年10月抵达乐平以来，他招募的这支小部队和太平军作战共20多次，其中有好几次属于大型战役。据《年谱》作者记述，左宗棠战无不胜，只有极偶然的一两次，他大概曾遭受了微不足道的失利。这是他首次亲上战场，而他是在一种缺乏尚武精神的教育体制中培养出来的士人；考虑到这两点，再将这一轮战役与镇压太平军十年来的军事行动相比，可以说他的战场表现特别出色了。

据称太平军此番在江西炫耀武力的目的，是为了迫使湘军从安庆撤围。他们认为曾国藩会召回围困安庆的部队，以援助曾国藩恢复江西的局势。因此太平军派出了一支部队攻击安庆城下的曾国荃部队；同时主要部队则大举进犯江西，处处阻击曾国藩，但全都没有足够的军力赢得决定性的胜利。由于官军此时分隔在长江两岸，战争一开始太平军就已夺得先机，因此太平军应能够在长江北岸立即集结主力，在曾国藩还没来得及增援其弟曾国荃之时，就一举击溃围困安庆的部队。在战争中，有时候直奔目标才是上策。

曾国藩没有派出增援部队，而命其弟独力完成围困安庆的任务；自己则稳坐祁门，把他在长江南岸的部队集结在一起，尽可能集中兵力以赢取局部性的胜利。左宗棠如何在作战行动中起了决定性的作用，如何在祁门一次次救曾国藩脱险，在此不再拨冗详述。即使左宗棠当初率领他的小部队去了四川，曾国藩大概还是能够与太平军相持一段时日，直到其人马困乏地离去。太平军的这轮袭击，看起来不比他们对江西的另外几次进攻更为猛烈。他们的特点就是不会在一个敌军坚决抗击的地方与之相持，也从来没有为某一目标打持久战。倘若说左宗棠在他的初次征战中，在战场指挥中发挥了一些个人特色，那么迄今为止他的表现还未能引起朝廷关注。

他的小部队与官军近十年的作战相比，显示出了很强的机动性。这说明一支部队的进退自如，在一定程度上取决于其统帅的能力。有好几回，左宗棠都情愿跟太平军在战场上直接对峙，也不愿在城墙的保护下打防御战。他表现出强烈的进攻精神，天性不愿被动防御，而要先发制人，掌握战场上的主动权。

尽管曾国藩不喜欢左宗棠的个性，但个人偏见并不妨碍他起用左宗棠，凡是对镇压太平军有功的人，他都会好好加以利用。他乐于承认左宗棠的功绩。他不喜欢这个人，但他欣赏这个人的表现。他上奏皇帝时高度评价左宗棠，在他的举荐之下，左宗棠得到了朝廷的进一步擢升。

左宗棠在婺源期间患了痢疾，饱受其折磨。对将军而言这种病很要命，因为它会反复发作，让人精力下降、体力不济，严重妨碍他们指挥战斗。

1861年8月，咸丰皇帝在热河驾崩，英法联军占领北京以后，他就再也没有返回京城。左宗棠还是默默无闻之时，他就开始留意此人；而当曾国藩首次表示要在湘军中起用左宗棠时，他就欣然同意了。咸丰皇帝去世后，年幼的同治皇帝继位，朝廷内部为争夺摄政大权斗得天翻地覆。于是这个皇朝的维系，一度有赖于长江沿岸的忠臣，是他们在竭尽全力保护朝廷；而那些在宫廷内你争我夺的满人根本不管国家的安危，也不打算重新树起天子的威望。

9月30日，左宗棠的至交、湖北巡抚胡林翼在武昌去世。这20多年来，他深知左宗棠的为人和才干，对其极为信任。左宗棠身陷险境、孤立无援时，是胡林翼为他挺身而出，使他脱离险境。而曾国藩授命左宗棠组建部队，也完全是因为胡林翼的竭力劝服。胡林翼去世，左宗棠因此深感悲恸，我们完全可以理解。对曾国藩来说，这也是一个重大损失。在与太平军的多年交战中，曾国藩一直试图占得上风，而胡林翼就是他最坚强的后盾。在筹建部队、募集军饷的过程中，曾国藩困难重重、举步维艰，全靠胡林翼的鼎力相助。没有他早年的援助，曾国藩的湘军就难以为继。

能忽略左宗棠的诸多缺点，看到其品性的优异，这样的人寥寥无几，而胡林翼就是其中之一。他称左宗棠为"诸葛亮"，此人是中国人最喜爱的英雄，中国人把他作为衡量伟人的准绳。左宗棠非常喜欢别人如此称呼他，并以"当世诸葛亮"自称。在给好友私下写信时他有时会署名为"亮白"。郭意城是左宗棠的朋友和共事者，左宗棠在湖南招募部队时，胡林翼曾给他去信。胡林翼的信中写道：

季丈自募五六千人，自不可少，然事颇不易办，人实不易知也。来示言季丈用人不疑，有误用之人不肯自承为误，可叹哉！是为诸葛孔明之一蔽。鄙人今春不欲与季丈抬杠，恐伤其气。实则应谏之事、应抬之杠均俟之异日也。然横览七十二州，更无才出其右者，倘事经阅历，必能日进无疆。十一日廷旨，欲以督办四川军务寄之。季公督办四川，鄂、湘受福，润可千里；襄办两江，善良保全，气类感通。蜀乱始生，吴乱已极，功效又大不同。林翼有私爱于季公，此事竟不能为房、杜矣。请觅之新亮，迅速函复为要。①

左宗棠不负所望，胡林翼在有生之年得以目睹，他将左宗棠比作诸葛亮是所

---

① 《八贤书札》，第63页。

言不虚。左宗棠在江西的征战表现出色，无疑让胡林翼心花怒放。

1861年9月5日，曾国藩攻克安庆。他早就考虑收复安庆一事，以此为湘军挺进南京做好必要的准备。如今他把总部迁往安庆，准备围攻太平天国的首都。11月初，左宗棠从婺源转移到广信以保卫江西，防止太平军从浙江进入。他写信给曾国藩，建议竭尽全力把太平军阻截在江西以外，以保证江西对湘军的供给。左宗棠在婺源时经历颇多挫折。1861年8月31日他写信给郭意城，从信中可见他当时所面临的重重困难，也能一窥他的性格。信的部分内容如下：

索饷之说，兄向所不谙（惟筹饷较他人差强耳）。"疲缠"二字，不欲人之加诸我，亦不以加诸人。自十余岁孤陋食贫以来，至今从未尝向人说一"穷"字，不值为此区区挠吾素节。敝军饷项已欠近五个月。涤公不得已以婺源、浮梁、乐平三县钱粮、厘金归我，实则浮、婺皆得之灰烬之余，乐平则十年未纳钱粮，未设厘局，民风习悍，甲于诸省，仍是一枯窘题耳。兄前在湘幕时，凡湘人士之出境从征者，无饥溃之事，且有求必应，应且如响，故浪得亮名。今亮孰如古亮耶？

天下事未尝不可为，只是人心不平，无药可医。阁下谓相信者心，相保者大局，果如斯言，不特东南之幸，亦乡邦之幸。特恐人心之不同，如其面耳。抵婺后，意外获一大捷，以饥病二千余之众，破贼二万余，穷追至浙界乃止。还营后，卧病呻吟者又增数百。忠哉，我军！

兄生平境遇最苦者有二：道光二十八年，柳庄耕田遭淫雨之害，谷尽生芽，典质罄尽，而一家十二口，无不患病者。尝吟杜老《同谷歌》"男呻女吟四壁静"之句，戏语孺人曰：吾欲改"静"为"空"，始与此时情事相肖也。现拥兵七千数百，情事宛与当年牛衣相对时酷肖，特无孺人在侧慰我寂寥耳。……

所论名士一节，未知何许？大约处之有二法：先主之于许靖，夫子之于少正卯是也。吾湘似尚无此。若徒发空论，敢为大言，置之不理，等诸见怪不怪可矣。

第五章　左宗棠征战江浙

李逆秀成回窜江西，烽火直逼生米渡，闻鲍军到浮，乃折退奉新。江西上座自顾不暇，更何有兵会剿？企盼春霆得数好仗，则无他虑，然亦不敢必也。敝军月内外兵卒稍愈，当有动作。第非有旬日之粮可裹，则虽神兵，亦难不食而飞耳。

奉常之补，圣恩优渥。恐事寄日重，转益不堪。弟当为我虑之，乃有奢望，何耶？一肚皮话，暂尚不敢说，不忘新妇止燎之戒也。

求将固难，求统将尤难。有好统将则将之，贤者固得其力，不贤者亦得掩其短而著其长，一定之理。兄上年成军时，先于吁公说不调现成营官，所取之才，多非上等，即中等亦不多，弟所知也。现在数十战，与吾湘凤称能战者比，亦不多让，此故可思李金旸若竟隶我麾下，何至断送头颅乎？书至此又且住笔，恐弟疑我之骄，又有一番规劝话头耳。①

我们无从得知左宗棠如何为部队觅得给养，很可能是湖南官府援助了他一笔资金。《年谱》并未说明他在何处增募士兵，使部队军力增加到7000人，也未指出新兵加入部队的时间，但可以肯定他们都是湖南籍。在11月及12月的大部分时间，左宗棠都在广信按兵不动。太平军肆意纵横浙江各地，朝廷开始催促左宗棠采取行动，以援助浙江。曾国藩奏请皇上，把徽州、饶州、广信一带的所有部队全归左宗棠调遣。左宗棠得到授命，开始管辖浙江军务。

1861年12月27日，左宗棠正式奉诏督办浙江军务。②12月29日，太平军攻克杭州，浙江全省实际上都落入了太平军之手。在这种形势下，曾国藩举荐左宗棠任浙江巡抚。1862年1月初，左宗棠临危受命，出任巡抚一职。一般情况下，只有通过了科举殿试、并在随后的任职期间表现突出的官员，才有资格担任这样的高职。左宗棠当时给儿子写信，信中说他已有十个月未曾攻克一座城市，心中十分苦闷，要求他的家人不应为他的擢升而欢喜，反而应为他的无功受禄而感

---

① 《八贤书札》，第52—55页。
② 《年谱》，第2卷，第44页。

到羞愧。①

从左宗棠督办浙江军务至出任浙江巡抚这段时间内，他起草了一份长长的奏折，详述了全国大局和浙江的具体形势。按照中国人一向谦卑的传统习惯，他在奏折开头照例强调自己无法胜任该职务。他指出浙江全省事实上都在太平军掌控之中，要把其驱逐出浙江很费脑筋，需持久战，还需觅得一大笔经费。他的计划是与太平军进行野战，直接在空旷的野外交手。他对大局的分析比较乐观：江西和湖北已肃清太平军，安徽北部的作战连连告捷，太平军的主力集中在江浙两省。在安徽南部，他认为池州至徽州一线是关键，部队应向宁国与广德前进。在浙江，湘军应先为衢州解围，以保证浙江西部的安全，再向长江下游推进；而福建调遣来的军队应占领浙江南部。为了顺利进行这一作战计划，必须保证通往江西的道路通畅，以保障供给的运输。他特别提到浙江的局势，在奏折中写道：

查浙江军务之坏，由于历任督抚不知兵，始则竭本省之饷以济金陵大营、皖南各军，图借其力以为藩蔽，而于练兵选将之事漫不经心。自金陵、皖南大局败坏之后，又复广收溃卒，縻以重饷，冀其复振。卒之兵日增饷日绌，军令有所不能行，以守则逃，以战则败，恩不知感，威不知惧，局势愈益涣散，遂决裂而不可复支矣！臣奉命督办浙江军务，节制提镇，非就现存兵力严为挑汰，束以营制不可；非申明赏罚，予以实饷不可；非另行调募，预为换补不可。然欠饷日久，则有不能汰遣之患；饷需不继，则有不能调拨之患；经费不敷，则有不能募补之患。

名为节制提镇，实则营官、哨长亦且呼应不灵，不得其臂指之助，而徒受其迫促之扰。虽有能将，无饷何以驭兵？虽有谋臣，无兵何以制贼？此事之应办而不能办者。奉旨令江西抚臣筹解臣军饷十万两，以速师行。现在江西悉力供支曾国藩大军，台库荡然，实形拮据。抚臣毓科于臣军饷事颇肯留心，然江西已积

---

① 《年谱》，第2卷，第46页。

第五章　左宗棠征战江浙

欠十余万两，其奉旨筹拨之饷，恐一时难以解齐。至庆端前此奏请敕催臣军入浙时，已预将臣军之饷诿之江西，以后只有咨催，公牍私函于臣军饷需从无一字说及。虽奉旨按月筹拨十万两，同军火接济，臣比恭录谕旨咨商，请派实缺司道设立粮台，督臣即派署浙江金衢严道江永康办理。

顷据江永康等禀，翻向臣请领米粮军火子药。明知臣军欠饷已多，军需无出，故意刁难，事同儿戏！臣军入浙以后，饷需茫然，兵勇即有饥溃之时，军火即有缺乏之虑。纵令竭力图维，何从措手？应否请旨敕下部臣，查明各省应协济浙江之款，闽省及各省奉旨拨解援浙军饷各款，赶紧径解广信府交臣后路粮台，以应急需；一面由部臣开单知会到臣。①

左宗棠还指出，现在官军驻守的衢州是扼守江西和福建的要地。他目前能调派的兵力有8000人，还不足以完成作战任务。

中国的战争通常总是遵循一种模式，这种模式对外国人来说有些难以理解，而那些古怪的地名和人名更难以辨识和记忆，使问题进一步复杂化。一般来说，他们的战争多数具有游击战的性质。上个世纪的暴动起义完全遵循这一模式。太平军在南京立足以后，就如同一只巨大的章鱼，向四面八方伸出腕以捕捉食物。它从不付出，只知索取。太平军从南京杀出杀进，通常都是满载着掠夺而来的财物归来，而南京从未给其军队供给。太平军杀到哪里，哪里就是他们获得供给之地。除了可能会从南京获得一点精神鼓舞以外，太平军完全没有依赖南京。他们的作战规模超过了西方历史上任何一次的游击战，但其作战性质实际上完全相同，唯一不同的是他们人数更多，而且有围城战。而官方镇压太平军的战争，直到1860年为止，在某些地区是直至战争结束，都是采用大致相同的作战模式。

对中国的军事行动影响甚大的一个因素，是城市普遍建有城墙。这个国家各地都建有城池，总共有几百座之多，直到今天城墙还保存得相当完好。倘若城

---

① 《年谱》，第2卷，第45页。

内的人民能够积极抵抗，一般而言，凭起义军的装备很难将其攻克。县级以上的城市都建有城墙，中国人长期养成了习惯，总是把粮食储存在城中，以备饥荒之需。因此，只要城内的官员廉正有为，这座城市就有可能一直坚守下去。这些城墙只要修缮完好，就固若金汤，对付最近才在中国出现的攻击性武器是绰绰有余。中国人研究出一套保护城池的战术，除了饥荒与叛变以外，大多数情况下都能有效防守。中国人最擅长的战术就是守城。在历史长河中，中国时常有战争爆发，他们逐渐对城墙所产生的依赖，为其他民族所罕见。他们极其相信城墙，这深深地影响了他们的战争观。城墙的本质注定是用于防御，它使国民的军事思想也着重于防守。在西方世界，进攻才是硬道理；但在中国的军事思想中，进攻的理念似乎一直不受重视，而且他们一直都在修缮城墙，看来以后也不会重视进攻。

暴动时期，乡村地区陷入混乱之中，很快就被起义军全部占领，但有城墙的城市一般可以坚守数日。只有在这些城市开始陷落的时候，才会真正惊动官府。即便到了那时，官府为了恢复秩序而采取军事行动，但其行动仍是滞后的。暴动地区周围的城市会加固城防，官府会努力解救被围困已久的城市，收复那些陷落的要地，随即收复战略地位次之的城市，最后再以这些城市为中心向外扩散，最终才收复乡村，恢复乡间的秩序。太平军的发展势头迅猛，一旦他们有所行动，朝中上下便乱作一团。在长江流域，自长沙以下每座城市，在这场战争中都被太平军攻占了不止一次，只有南昌和上海除外；而在长江流域以外，太平军也一次次攻占了多座城市。而上海能幸免落于太平军之手，也并不是朝廷的功劳，而是因为外国军舰在此驻守。大城市还稍微抵抗一下，但县城几乎都对太平军有极深的畏惧情绪，纷纷缴械投降。随后朝廷集结兵力，试图收复大城市，而太平军的铁蹄则几乎肆意踏遍了全国的每个角落。

随着左宗棠在战场上的出现，中国人的作战指挥产生了一种崭新的理念。他极为注重交通，因为他认为部队进发后，靠沿途各地供给是很不稳妥的。在他所

第五章 左宗棠征战江浙

率军参与的所有战役中,他都竭尽所能,尽量不需要战争地区为部队供给,减少对当地民生资源的消耗。他收复失地之后,就会尽力把敌军挡在外面,让此地的居民从战争的摧残中逐渐恢复。从他对付太平军的作战行动中我们可以看出,他的目标是限制敌军的活动范围,迫使其聚集一处,以便一举歼灭,阻止他们四散奔逃至全国各地。他并非每次都能成功,但这是他的作战目标。他认为最有效的军事举措,莫过于目的明确的猛烈进攻。他有天生的军事才能,对整个战场的局势了然于心,同一时代没有任何中国人能出其右。

他统领的军队分布于徽州、婺源、景德镇、乐平与广信。当他全力收复浙江之时,如何防止太平军从祁门和婺源进犯江西,是他所面临的难题。他命令来自福建的部队进军浙江南部,占领温州、处州、松阳与龙泉等城市。浙江南部和沿海地区的形势还不太明朗。但太平军的主力似乎不在广信至象山一线以南地区。不过这一带土匪猖獗,他们趁着太平军扩张之机在乡间大肆烧杀劫掠。浙江南部处于谁的控制之下并不清楚,有可能是土匪、太平军或天地会,反正不是官府。浙江南部都是荒山野岭,人口较为稀疏,没有什么颇具规模的城镇,因此也没有什么财富吸引太平军前往掠夺。太平军的重兵集结在从宁波到杭州的北部沿海,以及钱塘江流域,特别是杭州湾与太湖之间一带,那是物产丰饶之地。

太平军大举进犯遂安与开化一带,明显是企图阻隔左宗棠的部队,想要取道婺源进入江西。左宗棠派出一支精兵前往白沙关,截断了浙江和江西之间的要道。1862年1月18日,他在大庸岭击败太平军,迫使他们退回浙江。他把主力置于婺源,左翼在徽州,右翼在广信,后方部队则在浮梁、景德镇和乐平。并不清楚谁负责管辖祁门驻军,但左宗棠曾多次增援祁门,由此可推断祁门也在他的指挥范围之内。左宗棠的主力在婺源,其供给来源主要却是广信,这看起来相当不便。不过左宗棠并不打算在婺源久留,他计划越过山岭进入浙江,在那儿广信作为供给基地就很方便了。倘若太平军从安徽前来进犯,广信所处的位置最远,而且它扼守着浙江和江西之间的主要通道。

2月13日，左宗棠从婺源出发，前往开化。太平军在开化以北修筑了一道栅栏，并以主力集结在此地防守。2月18日，左宗棠率其主力从正面发起了进攻，同时派出一支队伍绕道敌后进行攻击。太平军先是放弃了栅栏的防线，随后又弃城而逃，左宗棠于同一日夺取了首个浙江的城市。①浙江的太平军由侍王李世贤统率。他坐镇金华，左宗棠夺下开化后，他马上派出大批军队赶往衢州周围作战。左宗棠不久就收到了朝廷的命令，吩咐他立即前往衢州，并要随后赶往严州驱逐太平军。朝廷似乎认为他唯一的任务就是马不停蹄地行军，一座又一座城市地奔走。左宗棠对这道旨令的回复煞是耐人寻味，信的内容显示出他不喜欢别人干预他的作战计划，哪怕这个指手画脚的人是至高无上的天子。他的部分回复内容如下：

逆贼每遇坚城，必取远势包围，待其自困而后陷之，频年东南贼踪验之，历历不爽。办贼之法，必避长围、防后路，先为自固之计，然后可以制贼而不为贼所制。臣若先入衢城，无论不能固江、皖边围，亦且不能壮衢城声援，一堕逆贼长围诡谋，又成粮尽援绝之局。故决计率亲兵营由婺入浙，先剿开化之贼，以清徽郡后路。饬所部老湘营由白沙关渐进，扼华埠要冲，以保广信而固衢城。幸三次克获大捷，开化肃清，婺源无警，饶、广两郡相庇以安，而杨逆又屡为徽军所创，败溃宵遁，臣军可无须远赴徽援，尤非意想所及。臣虽未亲赴衢郡，而开化贼巢扫荡无余。臣军现驻开化县城、马金街两处，正可兼顾衢城，未敢稍事迁延，自干重戾。

臣奉谕旨督办浙江军务，又奉恩命巡抚浙江，浙事成败利钝，臣一身任之，无可诿卸。②

---

① 《年谱》，第3卷，第1页。
② 《年谱》，第3卷，第2页。

左宗棠从开化前往遂安，3月6日一举攻下遂安，据称共歼敌1万人。此战后不久他收到友人夏炘的来信，信中把他和其他带兵上阵的将领做了一番对比。夏炘在对比中直截了当地指出，其他官军作战与太平军无异，攻下一座城市后马上继续开拔，对城里的居民关怀甚少，甚至是漠不关心。官军刚走，太平军又来占领，城中居民吃的苦头可想而知。但左宗棠的作战方式则不是这样。他离开乐平以后，哪怕是一座城市也未曾落入太平军之手，在他的部队控制的地方，当地居民就可安居乐业，太平天国运动以来很久没有人能过上这种安稳日子了。夏炘提醒左宗棠，告诫他不要忘记后方，不要推进太快，以免太平军再次破坏那些已收复的地区。

左宗棠在遂安的大捷显然促使他改变了想法，他想要改变原定计划，以确保衢州不会立即面临太平军的威胁。他上奏皇上，奏折中写道：

查浙省大局披离，恢复之效未可骤期，进兵之路最宜详审。浙省列郡仅存衢州、温州，其湖州一府、海宁一州孤悬贼中，存亡莫卜。此时官军从衢州入手，则坚城林立，既阻其前，金、严踞贼，复扰其后，孤军深入，饷道中梗，断无自全之理。无论首逆李世贤正图窥犯衢州、江山，臣军已由遂安回援，目前不能舍衢前进也。金华介衢、严之中，城坚贼众。臣军若由金华进攻，则严州之贼必由淳、寿一带潜出包抄，亦非善策。善弈者置子四旁，渐进中央，未有孤立贼中而能善其后者。似臣军救浙，必须依傍徽郡，取道严州，较为稳妥。①

而皇上在随后的谕旨中批准了这个计划：

左宗棠所筹依傍徽郡，取道严州之策，自系实有见地。即着相机迅解衢围，

---

① 《国史本传》，第6页。

即图进取，毋令贼踪躐阻，并勿蹈轻进之失，方为妥善。①

然而，计划不如变化快，左宗棠很快就发现必须更改方案。太平军在遂安吃了败仗以后，侍王就从金华派出了大量兵力，穿过衢州，占领江山、常山，并扬言要攻取广信，进犯江西。于是左宗棠在遂安留下一支队伍驻守。3月18日，他率部队开往浙赣边境。3月20日，他在常山击败敌军，21日又在招贤退敌。他的部队给养开始不够，于是他暂缓进攻江山，等待给养运来。4月13日，他发动了对江山的攻击。太平军并未怎么抵抗就放弃了县城而逃。左宗棠迅速占领该县，冲向敌后，差点捉到了侍王。太平军往南面的石门逃去。左宗棠尾随太平军，4月16日将他们从石门赶走，但17日太平军反攻回城。左宗棠设法稳住局势，21日再战夺回石门。22日太平军再次反攻，被左宗棠击退。23日侍王开始退回金华。他的部队在龙游、兰溪和寿昌一带活动。②

左宗棠此时已做好准备，要将太平军从衢州附近击退。此时他接到消息，太平军一支主力正从安徽前往遂安。4月30日，左宗棠移师开化，并派刘典率部前去探太平军的底细。太平军的兵力显然不如报告的强大，他们退回安徽，逃往宁国。5月至6月，左宗棠都在集结分散在浙江各地的部队，进行整编。他把主力放在湘军，但有必要按照湘军的模式整编其他军队。6月末，他在衢州境内向太平军发起进攻。此时太平军已包围衢州数月，在城墙之外还修筑了很多防御工事。7月1日，左宗棠攻下30处壁垒，迫使太平军从衢州撤围。

官军在其他战场也接连告捷。1862年曾国荃部逼近南京城下，开始对太平天国的大本营发动最后的围攻。5月，在英法联军的协助下，官军收复宁波。但浙江北部的湖州在被太平军围城两年以后沦陷。在这两年期间，守城官员赵景贤英勇杀敌，誓与城市共存亡，这在清朝官员中非常罕见。如今太平军抓住了他，和

---

① 《国史本传》，第6页。

② 《年谱》，第3卷，第3—4页。

第五章　左宗棠征战江浙

所有落入太平军之手的清朝官员一样，他面临的是死亡，太平军把他押送到苏州处决。倘若朝廷有更多像赵景贤这样的官员，太平军就很难步步得逞，在中华大地上横行无忌了。

左宗棠的下一个作战目标是严州。这座城市位于新安江和钱塘江的交汇处，扼守着新安江至徽州之间的道路。左宗棠曾考虑翻过山岭，取道寿昌，但他最后还是决定沿钱塘江而下。此行的第一个障碍在衢州以东不远的龙游，此处太平军派了重兵把守。7月初，左宗棠向龙游进军，但是侍王集结了重兵攻击遂安。左宗棠担心太平军会从遂安和婺源进犯江西，于是派出4000人增援遂安，又派了一支队伍前往常山和马金街，以增强那里的兵力。

7月14日至16日，侍王集中力量攻打遂安，却被官军击退，只能退回金华。左宗棠对龙游的进攻起初颇不顺利，但在8月逐渐扭转局面，包围了这座城市。9月22日他发动突然袭击，却大败而归。23日兰溪来了大批太平军增援龙游。左宗棠并未等着被动挨打的局面出现，他主动向太平军的援军出击。据《年谱》记载，他一马当先，杀入敌阵长达四小时之久。敌军受挫，退回兰溪。在龙游附近的战役中，也许是在9月23日的战斗里，据禀报左宗棠手下有两名将领——林福祥和米兴朝临阵脱逃。左宗棠逮捕了两人并上奏皇帝，请求把这两个人处死。皇帝准奏，于是这两个将领立即被斩首处决。

9月，左宗棠从宁波向杭州方向进军。协同他作战的有美国人华尔率领的军队，人称"常胜军"；还有一支组织类似的中法联军"常捷军"，由法国军官指挥；另外还有从英法军舰派出的队伍。9月21日，官军攻下了宁波附近的慈溪，但是"常胜军"的创建者华尔在此战中阵亡。

华尔全名弗雷德里克·汤森·华尔，他才能出众，英勇过人。半个世纪以来，所有外国人谈及华尔时，都不无遗憾地称他为"动机可疑的冒险家"，甚至他的那些美国同胞也是如此。有些书里提到"常胜军"的功绩，但其中只提了提华尔的名字。甚至在某些详细记述太平天国运动的书中，用了不少篇章介绍"常胜军"，但对华尔却往往是一笔带过。而实际上，"常胜军"之所以取得赫赫战功，指挥官华尔功不可没，这个人具备卓越的领导才能。可以说没有华尔，很可能就不会有这样一支"常胜军"，这支队伍更不可能形成如此有效的战斗力。

1860年，华尔在上海组建了一支200人的队伍，成员全都是外国人，都是乌合之众。他的第一次战役是在松江，结果大败而归，于是他改变了战术。他从此次战役的幸存者中挑出表现最好的士兵，擢升为军官，然后招募中国人组建新军。他既要统领中国士兵，又要驾驭大胆而不守规矩的外国官兵，而他在这两方面都表现得非常出色，新军被他管得服服帖帖。中国人把他的这支军队叫作"常胜军"。他有卓越的组织能力，而且很有谋略。在很短的时间之内，他完全取得了中国人的信任，这对外国人来说是极难做到的。虽说他的出发点是投机，但他却立下了很多功劳。这些功劳足够让他死而无憾，只是他非凡的戎马生涯就此仓促告终，让我们不免觉得有些可惜。

华尔阵亡后，"常胜军"返回江苏。但那支"常捷军"继续在浙江作战，给了左宗棠很大帮助，在肃清浙江北部沿海和攻克杭州的战役中，都立下了大功。这支队伍起初由勒伯勒东率领，1863年勒伯勒东和他的继任者买忒勒相继阵亡；最后由德克碑继任。①

左宗棠继续在龙游周围作战，但收效甚微。10月17日他在汤溪附近发动突袭，却大败而归。这些战役中官军的伤亡，《年谱》绝少提及。对于汤溪之战，书里仅记载所用阵亡抚恤金超过7000两银子。11月1日，左宗棠攻克塔岭，此地扼守龙游。8日他再次发起对龙游的进攻，被敌军击退，伤亡700人。他从一名俘虏处得知，侍王已离开金华，到了江苏溧阳。也许正是他的北上，让安徽南部的太平军屡屡发动攻势。不久前鲍超曾攻下了宁国，现在又被击退出城。太平军的另一支队伍又威胁着徽州。此时左宗棠的部分部队由蒋益澧率领，他是浙江布政

---

① 威廉·詹姆斯·黑尔，《曾国藩与太平天国》，第259页。

使，级别仅次于巡抚。

安徽局势不妙，让身在安庆的曾国藩极为焦急，他致信蒋益澧，要求其率部挺进安徽，增援鲍超。左宗棠向徽州派出了增援，但没有让蒋益澧同去。曾国藩为此事写了好几封信，但左宗棠不让蒋益澧离开龙游。最后左宗棠给曾国藩写了一封信，信里说浙江需要蒋益澧镇守。这封信并未改善曾国藩和左宗棠之间的关系，曾国藩给左宗棠的回信就是一个绝妙的例子，为我们展示了中国人在这种情况下的措辞礼节。

芗泉军之不能援宁，弟亦深知之。前接重九日惠缄，即不复思芗泉来皖。及至鲍、张粮路梗绝之时，又不克自持而书缄奉商，不仅此次然也。弟当军事危迫之际，明知事不能行，每每不自持而陈说及之，胡润帅昔年亦多不自持之时，独阁下向无此失，从未出决办不到之主意，未发强人以难之公牍。故知贤于弟等远矣。①

最令曾国藩担忧的是南京城下的局势，此时太平军正对进发到那儿的曾国荃部进行猛烈攻击，已持续46天之久。随后太平军放弃了为南京解围的努力，转而拥入安徽南部。左宗棠不得不暂时停止浙江的军事活动，大力增援徽州，此时太平军已兵临绩溪。1862年12月19日，得到增援的徽州驻军击退了绩溪的敌军。

左宗棠在龙游按兵不动之时，发现严州的太平军疏忽大意，并未做好防守准备。于是他派出一支部队顺流而下，迅速赶往严州。1863年1月2日晚，这支队伍突袭成功，杀敌2000人，一举拿下严州。但安徽的太平军攻下了祁门，威胁着江西景德镇。左宗棠不得不分出部分兵力，派刘典率兵前往景德镇恢复局面。或许是前不久斩首两名逃将起了杀鸡吓猴之效，刘典还未赶到，左宗棠手下的将领王文瑞已从太平军手里夺回祁门。于是刘典即返浙江。②

---

① 《年谱》，第3卷，第7页。
② 《年谱》，第3卷，第8页。

左宗棠进攻龙游的同时，也在围攻龙游与金华之间的汤溪。汤溪的战斗由蒋益澧指挥，攻打几周以后他想改变计划，弃汤溪而转攻金华。左宗棠对他说，三个月以来他在汤溪不曾取得任何进展，也没有按照指令行事；又命他无论如何得攻下汤溪，直到攻克以后才能开往金华。蒋益澧被训斥以后，只能继续进攻汤溪。他制订了一个看起来不太靠谱的作战计划，不过这个计划最后成功了。2月27日，他邀请太平军将领前来谈判，当谈判的太平军将领走出城门时，蒋益澧的部队乘机偷袭，突然冲入城内，在太平军未来得及关闭城门前包围了入口。随后部队拥入城内，歼敌6000人之多。①

28日左宗棠猛攻龙游，一举收复失地。蒋益澧马上向金华进发。但此处的太平军接到汤溪的消息，士气大跌，早已弃城逃往龙游，却不知道龙游也已在官军的控制之中。龙游的太平军余部也不知道汤溪的情况，反而向汤溪逃去。左宗棠的部队已占领了金华、龙游、汤溪三城。他绝不会错过良机，便一鼓作气，给予在三地之间溃逃的太平军致命一击。他的部队从三个方向朝太平军进攻，据《年谱》记载，在随后的战斗里歼敌1万多人。部分太平军仓促逃到浦江，途中与从兰溪逃来的军队合并。刘典立刻攻占兰溪。太平军迅速溃散，防线彻底崩溃。连续七个月以来，左宗棠都与太平军僵持不下，而这短短的四天内，就攻下了汤溪、龙游、金华和兰溪四个城镇，其中金华和兰溪并未遭遇任何抵抗。②

太平军从金华撤出时，也放弃了浙江中部的武义、永康、东阳和义乌，驻守福建的官军控制了这四个地方。3月7日左宗棠攻下浦江。12日诸暨的太平军投降，左宗棠派蒋益澧前去与宁波的官军取得联系，这其中包括"常捷军"。他们在绍兴城下会合，于3月15日攻下绍兴。1863年3月18日，左宗棠攻克桐庐，这样徽州—淳安—桐庐—绍兴线就在他的控制之内了。浙江南部和东部的太平军全部被消灭，他终于进入了进攻杭州的有效范围之内。

---

① 《年谱》，第3卷，第8页。
② 《年谱》，第3卷，第9页。

第五章　左宗棠征战江浙

左宗棠把其总部设在严州，派刘典进攻富阳的太平军，派蒋益澧肃清钱塘江右岸至沿海一带。浙江官府部门已崩溃，如今左宗棠开始重建工作。太平军最有名的将领石达开于1858年穿过浙江，进入福建，而从1860年起，浙江省就一直处在太平军的掌控之下。

恢复重建是当下最急迫的事情之一，左宗棠为此殚精竭虑。无论仗打到哪里，他都要求自己收复失地和重建工作同时进行。重建浙江官府并不是个轻松的任务。每个县都曾被太平军或土匪控制，他们毁坏了官府的文案记录，焚烧了官府的公共建筑，重建工作必须从头开始进行。一些官员当时已逃走，左宗棠废黜了17个府级和道级的官员。很多官员则仍然官复原职，据称该省共有96名知县以上的官员被太平军处死或被迫自杀。①浙江省只有80多个县，因此显而易见浙江的官员大半已被太平军消灭。

左宗棠上奏朝廷，请求任命该省的行政官员，并提交了一份20人名单，里面提到的人都是他急需使用的人才。财政问题还是一如既往的严重。他必须为他的军队募集军饷。而朝廷对该省的补助时断时续，湖南官府定期给湘军一部分资助；除此之外，官府和军用所需的一切物资都必须由左宗棠想办法筹集。

3月下旬，"常捷军"的统领来见左宗棠。官军攻克绍兴后产生了不少麻烦，法国人坚持要百姓强制捐款，把募得的资金作为官府拖欠的军饷和其他津贴发放。《年谱》里提到的这位统领就是德克碑。书中并未说明绍兴问题如何解决，只记载左宗棠与德克碑相处得相当融洽。

当初"常胜军"首领华尔阵亡后，李鸿章曾就如何安排"常胜军"的问题与华尔的继任者商谈，而那位继任者的好高骛远、不切实际让李鸿章大伤脑筋。而"常捷军"统领德克碑的性格则完全不是如此。左宗棠第一次与德克碑会面，便议论说这个法国人还穿着法国军服，言行举止就跟在法国军队里一样。他认为

---

① 《年谱》，第3卷，第14页。

既然德克碑为中国政府效力，在拜访巡抚这样的正式场合，就应该身着中国官员的服装，言行遵循中国官员的礼节。我们不清楚左宗棠有没有告诉德克碑这样的想法，但两人第二次会面时左宗棠非常满意，他看见德克碑穿上了中国官员的服装，还剃掉了胡子。他们达成了协议，详细规定了"常捷军"与官军之间的关系。左宗棠是个考虑周全的人，他对两方之间可能出现的权限问题都做了仔细划分。于是在随后的18个月里，处于左宗棠管辖下的"常捷军"没有出现任何纠纷。①

左宗棠原则上不主张聘请外国人统领中国的部队。他尤其反对把中国人整编到外国军官统领的部队里面，这些部队与中国官员统领的部队相比，其士兵的薪饷、配给、武器装备都优越得多。左宗棠认为这样安排对自己手下的官员是一种侮辱，而且也让他们更难管理部队。"常捷军"攻克绍兴时有2500人，此后左宗棠不让其再增募兵员，他认为这样做对自己的部队有害无益。"常捷军"的薪饷要比官军高得多，且能按时发放，军中的士兵能吃饱穿暖，且装备精良，使用最先进的外国武器。这样所有的士兵都想加入"常捷军"，也容易让其他部队的士兵三心二意。不过，左宗棠并不赞成朝廷遣散"常捷军"的建议，他认为这些士兵遣散后会加入匪帮或太平军，所以把他们留在军中加以利用是上策，直到全省能恢复一定秩序为止。

对一个男人来说，对冒险活动的热爱足以驱使他每日拿自己的生命做赌注，然而中国人没有这样的观念，他们可能不理解这种想法。左宗棠和当时其他的官员一样，认为这些参战的外国人唯一的目的就是想要钱。不过他从来没有打算愚弄这些外国人，他们的薪饷总是按当初协定的按时发放。这支部队遣散后，好多法国人追随他去了福建，有些甚至还去了甘肃。左宗棠由衷地夸奖这些法国人的效率，特别称赞他们操纵大炮的技术高超，在与他们的接触中还了解了一些别的

---

① 《年谱》，第3卷，第11页。

战略战术。

3月末，左宗棠拿下新城，开始进攻富阳。太平军很重视此地，进行了顽强的抵抗。《年谱》一书中很少提及各支官军的人数，但对这场战役书中指出左军总人数为3万，其中包括已收复的各个城镇驻军。① 4月初，安徽南部的太平军再度活动频繁，声称要从祁门和徽州地区进攻江西。曾国藩仍然留守安庆，但看起来他主要把精力放在了保持长江通畅上，以支持其弟围攻南京。作为两江总督，江苏、安徽和江西都在他的管辖之内，此外笼统说来，所有镇压太平军的军事力量都算是归他安排。而他部署在安徽的军队兵力不足，根本无法把南部的太平军赶走，太平军在那儿自由进出，如入无人之境。

太平军对安徽和江西的威胁日益严重，左宗棠派刘典前往大川口，以防太平军越过徽州，沿新安江而下进入浙江。他又派出另一支部队增援江西的浮梁。太平军开始在祁门地区集结兵力，刘典向浮梁进发。4月27日，他在祁门附近击败太平军，据称他的部队有8000人在此战中阵亡。而这次胜利并没能肃清这一带的太平军。太平军派出了1万兵力，与刘典的部队对峙数周，阻止其进入江西。

5月初，太平军从杭州再次向左宗棠发动进攻。5月8日至20日，太平军不断进攻新城。左宗棠亲自坐镇新城，又派蒋益澧率部和"常捷军"渡过钱塘江下游，控制钱塘江和杭州之间一带。1863年5月初，左宗棠擢升为闽浙总督，并继续兼任浙江巡抚。这大大扩展了他的权力范围，让他可以大展身手。他把供给基地从广信转移到衢州，也开始越来越多地依靠浙江宁波地区和福建的供给。他对江西的依赖大大减轻，但仍然保留该省驻军，刘典也仍旧留在景德镇一带。7月和8月上旬，刘典与太平军数次交锋都取得胜利，基本清除了此地的太平军。刘典于8月下旬返回浙江。左宗棠对其兵力的分散十分警觉。他致信李鸿章，声称自己要控制的地区太广，他的处境非常不妙。②

---

① 《年谱》，第3卷，第13—14页。
② 《年谱》，第3卷，第15页。

1863年的整个夏季，新任闽浙总督经历了严峻考验。围攻富阳的军队疟疾盛行，左宗棠自己也又一次遭到病魔的袭击。军中士兵一个接一个地倒下，连部署防守的人员也几乎不够，左宗棠不得不暂时中止所有的作战行动。而太平军方面也动静全无，他们大概也和官军一样，受到疟疾的侵扰。如今台湾也属左宗棠管辖，那里发生了严重暴动，他不得不从福建派出大批兵力前往台湾以挽救局面。他并不信任福建部队的士兵，对其官员更是放心不下。在给福建部队部署任务时，他不厌其烦地强调，要把暴动分子和老百姓严格区分。他要求部队不得压榨百姓，这样民众才不会觉得官军连土匪都不如。他主张部队要重新取得民众的信任，如果百姓都认为官甚于匪，那么部队就辜负了重任，只能成为国家的累赘。①

直到9月18日，左宗棠面临的局势才有了转机，他可以发起对富阳的进攻了。"常捷军"协同作战，他们的大炮在此役中功不可没。进攻持续了两天两夜，9月20日拂晓时分太平军撤离富阳，退回杭州。左宗棠乘胜追击至下游，一直打到杭州的太平军防线。他从新城派出了大批兵力增援，他们翻山越岭，驱逐余杭的太平军。余杭距杭州约32千米。太平军极为重视余杭，他们修筑了从余杭到杭州的防御工事，由康王汪海洋指挥防守。左宗棠认为汪海洋是太平军中最能构成威胁的将领之一。

10月第一周周末，左宗棠的进攻取得了重大进展，他的部队从三面包围了余杭，在余杭到杭州一线都部署了兵力与守军对峙；他已驱逐了杭州以南郊区的太平军，在其北面、东面和南面都占据了上风。就在这个紧要关头，安徽的太平军再次牵制了左宗棠，他们动向不明，无法确定他们的计划是进犯江西，还是攻打浙江，侵扰官军的后方。左宗棠派出部队增援祁门，命令刘典再次奔赴徽州。刘典在徽州附近重创太平军，迫使他们向北撤回宁国。

---

① 《年谱》，第3卷，第15页。

第五章 左宗棠征战江浙

曾国藩命令身在芜湖的鲍超南下南陵，同时请求左宗棠向安徽南部增援。左宗棠回绝了。他告诉曾国藩，这几个月来，他一直致力于把太平军挡在江浙两省之外；他正在杭州与太平军激战，无法抽出兵力，此外他还得继续防范太平军进入浙江；而鲍超手握重兵，应对安徽南部的太平军足矣。左宗棠如今也贵为总督，可以采取强硬态度。他对曾国藩在作战中的部署越来越挑剔，他觉得太平军正在全国肆虐，因此屯兵南京城下毫无意义。他认为在这一作战阶段攻下南京，很可能只是让太平军分散到其他战场而已。在他看来，只要天王还驻守南京，就应该利用这一点牵制太平军，逐渐把太平军从四周逼至南京城内，然后一举击溃。

这个方案看似非常理想，但从整个作战部署来看，却无法实施。官军是否有足够的兵力阻止太平军突围逃窜，这一点很值得怀疑。即使兵力充足，但各个部队之间显然缺乏协调。曾国藩、曾国荃、左宗棠和李鸿章的部队，以及官军的各支队伍都在各行其是，使这个方案无法实施。最高统帅曾国藩也无力执行这样的计划。倘若左宗棠为最高统帅，可以肯定他不会对南京部署长达11年的围攻，而是把各地的太平军逼入南京以内，再发动最后的歼灭战。

然而，曾国藩执意要夺取南京，他听任太平军四处逃窜。也有人怀疑，左宗棠与李鸿章取得赫赫战功开始令他担忧，生怕他们抢过了其弟曾国荃的风头。曾国荃一直守在南京城下，而南京就如同一份大奖，攻克它的人就会拥有极大的荣耀。人们传言，太平军在南京城内贮藏了无数的珍宝，绝对值得派出部队去攻城。曾国藩对此并非毫不动心，他不愿召集其他部队协助攻打南京，便显示了他的企图。后来他派出了"常胜军"增援湘军，非常详细地指明了奖金的分配，此时他的意图终于暴露在众人面前。

由于多种原因，"常胜军"并未被派往南京。而后来李鸿章能够轻易协助围攻南京时，他却精明地找出借口推搪，没有前去增援，于是曾国藩兄弟都对他充满了感激之情。据黑尔记载："李鸿章放弃增援，他此举的动机也许很复杂，但确保了曾国荃独立拿下太平军的中心，赢得其梦想已久的荣誉，也让曾国藩对他的谦让与圆通非常感激。"①而当曾国荃终于攻克南京之时,并未找到任何珍宝,等着他的只有荣誉。

1863年秋,左宗棠拒绝了曾国藩的要求,没有派兵前往安徽增援,这几乎相当于违抗军令、以下犯上。曾国藩是最高统帅,本应由他全盘部署整体作战计划,再安排手下行事,并独力承担战争的成败责任。在这种情况之下,下属的拒绝配合作战将有损最高统帅的部署。倘若两人互换位置,我们有理由相信,左宗棠绝不会允许下属以任何借口推搪。然而,我们还必须考虑到当时的具体局面。官军组织实际上非常松散。每个省份主要力求自保,各个总督管辖地区也自然是如此,这种习惯由来已久。

尽管曾国藩是最高统帅,但他的权力范围并不明确,不一定有权命令其辖区以外的部队服从作战部署。无论这是否超出其权限,实际上他也没有下达这样的命令,只是请求其他省份的协助与合作。他似乎很愿意以理服人,以恳切之情打动下属。统帅倘若听任下属违抗指令,当下属打了败仗之时,全军就会陷入危机之中。像拿破仑这样出色的统帅,就因为不断容忍下属犯错,而导致了滑铁卢之战的惨败。然而我们并不能因此而判断左宗棠拒绝服从一事。他没有听从曾国藩的吩咐往安徽南部增兵,这是否延长了战争时间,或严重妨碍了曾国藩的计划,这都无法证明。而除了攻下南京,曾国藩是否有更为全局性的作战方案,这也很值得怀疑。总体而言,左宗棠对这场战争无疑更有全局观念,考虑的也周详得多。然而我们也不妨再一次指出,总督曾国藩从来不认为自己是一位大将,他以文官和学者自居。

当刘典在杭州地区巡察浙江防线时,他的双亲之一去世。按照中国既定习俗,他必须弃官服丧。左宗棠派黄少春接替了他的职务。太平军很快就来考验这位新任将领的勇气。10月20日,从宁国开来的太平军主力忽然出现在浙江边界,

---

① 威廉·詹姆斯·黑尔,《曾国藩与太平天国》,第288—289页。

第五章　左宗棠征战江浙

他们由昌化翻过山岭，进犯浙江临安，左宗棠的部队用了两周时间才把他们打退，撤回安徽。太平军的目标是进攻余杭城下驻守的左宗棠部队。

1863年12月20日，左宗棠把总部迁往富阳。五天后他前往余杭视察驻军。他致信给友人说，他仍然未从疟疾中康复，身体虚弱得无法骑马，只能坐轿。他巡视完余杭以后，便决定集中兵力对其重点进攻。他手下的三位得力大将——蒋益澧、杨昌濬和黄少春召集了各自的部队前往余杭。1864年1月3日，左宗棠从三面发动进攻。战斗持续了一整天，太平军成功拦截了各个方向的左宗棠部队，左军伤亡惨重。此后的一个月时间，左宗棠把重兵调往杭州，只在余杭留下足够牵制太平军的兵力。1月10日，他率部完成了对杭州的包围，并派出部分兵力去沿海协助江苏的官军作战。2月4日，他决定再次对余杭发动总攻，此战又大败，还损失了一名大将余佩玉。左宗棠的军队逐渐把太平军围得水泄不通，太平军的抗击也更为拼命，不过却是垂死挣扎。

1864年初，太平军发现其已被左宗棠围困在南京到杭州的一处狭地之间。身为江苏巡抚的李鸿章，在如今由戈登统率的"常胜军"的协助下，逐渐将太平军驱逐出江苏东部。1863年12月6日，太平军遗弃了苏州；1864年1月5日，太平军又在奉贤大败，撤出杭州湾北岸的平湖、乍浦与海盐。在安徽，官军已收复宁国。

在南京，曾国荃率领5万陆军，协同彭玉麟所率的1.4万名驾驶战船而来的水师，正在加紧围攻。鲍超控制着宁国和芜湖。他的部队与安徽南部的各部队加起来，共计有3万左右的兵力。李鸿章在江苏部署了约5万兵力，其中有3000至4000的"常胜军"。此外他还得到了英国人和法国人的有力增援，他们在上海积极协同作战，打击太平军。左宗棠的部队此时大约有4万兵力，其中包括2000至2500名"常捷军"，但他的兵力很分散，从江西景德镇直到杭州都有分布，实际上其作战范围比其他所有人加起来都要大。此时仍处在太平军控制之下的有南京、句容、溧阳、常州、广德、嘉兴和杭州。左宗棠在杭州城下作战，又操心着太平军会横扫安徽南部，进犯江西或浙江西部。李鸿章从苏州向常州及太湖以南的嘉兴推进。鲍超防守宁国,曾国荃加紧围攻南京。

左宗棠认为广德的战略地位十分重要,它是太平军的一个集结点,倘若他们最终决定放弃南京至杭州一带,那么就随时可能在此集结,然后从安徽直下江西。他致信曾国藩,建议联军攻打广德,他会从徽州派出精兵协同作战。曾国藩没有同意。

李鸿章攻下无锡,请左宗棠派部队协同他攻打常州。种种迹象表明,几位杰出统帅之中,唯有左宗棠高瞻远瞩,预计太平军在南京至杭州一带被击溃后,将逃散到其他战场。恰巧在这时,左宗棠收到皇上旨意,命他对当前局势发表见解。左宗棠禀奏说,南京的敌军力量大体上正在迅速削弱,但他们仍然控制着句容—溧阳—广德一线。当他们从南京逃离以后,就会在广德与江浙的其他部队会合,形成一股强大的力量,直奔别的地方而去,他们的目的地很可能是江西和福建;而分散在各地的官军无法及时集结力量拦截他们。他表明,自己曾三次致信曾国藩,提醒他除了屯兵南京城下,还要注意其他方面的军事部署。他认为倘若军队只守住一地,或者只以控制几个要地为任务,那么很快就会陷于被动,而忘了要去主动进攻。太平军立刻就会利用他们的被动,随意纵横各地,这样一来战争则永无结束之日。他力主各军队应立刻联合攻打广德。①

看来曾国藩与左宗棠的关系是越来越剑拔弩张,这段时间左宗棠给曾国藩写信措辞激烈,语带不满,暗指对方用人不当,错失良机。曾国藩回信说:

昔富将军咨唐义渠中丞云:"贵部院实属调度乖方之至。"贵部堂博学多师,不仅取则古人,亦且效法时贤。其于富将军可谓深造有得,后先辉映,实深佩服。②

---

① 《年谱》,第3卷,第18—19页。
② 《清朝野史大观》,第8卷,第74页。

第五章　左宗棠征战江浙

左宗棠读到这封信，即刻暴跳如雷，此后再也没有给曾国藩写过私人信件。

2月初，有一支来自广德的太平军主力从昌化进入浙江，左宗棠奋力驱逐他们，确定了太平军将开始突围逃走。他马上向严州、开化、遂安、淳安和衢州增援，决心把太平军阻拦在浙江境外。另一支太平军穿过遂安地区，取道开化，进犯江西。不久，又有一支太平军在慈溪集结。左宗棠认为太平军正准备从南京突围并前往广德集结，随后开进福建。他派黄少春率大批兵力前往严州，防止敌军取道徽州至严州一线。与此同时，他召回在家服丧的刘典，命令其在湖南招募8000士兵，前往江西驻守。

与此同时，左宗棠对杭州的围攻丝毫没有松懈，又协同江苏的部队攻打嘉兴。他反复向杭州发起进攻，但只取得了局部胜利。3月24日，官军收复嘉兴，左宗棠的一些部队完成任务，等候新的派遣，于是左宗棠决定合攻杭州。3月31日，他从杭州各个方向发动总攻。太平军拼命抵抗，当日下午风暴来袭，让他们获得了短暂的喘息。但官军很快又恢复了进攻，一直持续到晚上。午夜时分，太平军忽然打开南门，从城内冲出。于是部分太平军成功地逃脱了官军的包围圈，从北面突围而去。1864年4月1日，左宗棠夺回了其辖区的省会。此地可称得上是生灵涂炭，满目疮痍。①

太平军失掉杭州以后，康王放弃余杭，向北撤退。左宗棠率部追打康王，一直追到武康。随后他回到杭州，派杨昌濬和蒋益澧前往武康和德清，与那里的太平军作战。4月9日和10日，官军收复这两座城池。太平军分别从余杭、杭州和嘉兴逃出，在湖州集结。但他们并未在湖州逗留。侍王率领首批部队取道广德、徽州和婺源，进犯江西。康王很快跟随而去，率部取道广德、徽州、遂安和开化进入江西。天王的兄长福王留守湖州，可能是为了掩护从南京逃出的部队。南京城内的太平军都知道败局已定，唯有出逃，只有天王还蒙在鼓里。太平军从湖州到

---

① 《年谱》，第3卷，第22页。

安吉修筑了一道坚固的防御工事，在这道防线之后，一拨拨太平军部队开进安徽和浙江交界的深山老林里躲藏，然后拥向南方。左宗棠如此重视广德，看来是颇有见地的。

左宗棠继续对太平军步步紧逼，现在他已将大部分太平军驱逐出浙江，他们在省内只剩下一个最北端的据点。但太平军死守着安吉至湖州一带，似乎决心把左宗棠的部队阻截在浙江境内。戈登的"常胜军"已渡过太湖，与鲍超的部队联合，从宁国发动攻击，攻打溧阳。此地太平军原有1.5万兵力驻守，设置了多道防线，且供给储备充足，但还是被官军攻克。[1]于是太平军被拦腰切断，一分为二，如今他们分别控制着南京—句容—常州线与湖州—安吉—广德线。

收复溧阳之后，戈登和李鸿章在常州城下合围，4月30日攻克常州。几千名太平军取道溧阳而逃，没有遭到当地驻军阻拦，随即攻下广德。他们在广德重整部队，然后南下江西，途中进攻开化五日。常州之战是"常胜军"参加的最后一场战役，战后不久即被解散。此时李鸿章派部队前往湖州增援左宗棠。李鸿章的淮军从北部进攻，左宗棠的部队从南面进攻。

一拨拨太平军从江浙伤亡惨重的战场撤离，在江西大量集结。他们大批逃亡，深陷绝望与仇恨之中，不顾一切地杀红了眼，肆虐着这个不幸的省份。有的太平军逃到了湖南边界，但湖南人是太平军眼中的克星，他们不敢进犯该省，于是撤回，逃往福建。曾有三年江西一直处在左宗棠的保护之下，但近年左宗棠的精力已转移至驱赶回撤江浙的太平军身上。现在太平军正从江西的战场逃亡，且永无返回之日；而他们的人数大大超过了左宗棠当初奉命抗击的兵力。倘若他是独力完成镇压太平军的任务，也许他会拦截这些逃亡的太平军，但他现在身为闽浙总督，正全力肃清浙江。大概他也感到自己已开罪曾国藩，因此不愿他顾，情愿让曾国藩独力照管他自己的辖区。此外左宗棠也已另建供给基地，对他而言，

---

[1] 布尔格·迪米特里厄斯，《中国简史》，第303页。

第五章 左宗棠征战江浙

江西的地位已不如早期战役中那么重要。

鲍超奉命阻止太平军从安徽南部逃走，但他不足以胜任这个职责。他是个勇猛的战士，然而水平仅限于率领部队冲锋。关于此人有个故事，传说他原来在家乡四川四处流浪，为生计所迫，起了轻生之念。一天他走进客栈，叫了一桌丰盛的食物，打算大吃大喝一番，然后服毒自尽。一个店小二察觉了他的企图，撞倒了他手里的那杯毒药。鲍超自杀不成，痛哭流涕。客栈老板对他起了同情之心，注意到他格外健壮，便建议他去从军。老板给了鲍超一点盘缠，送他上路。鲍超接受建议当了兵，因为英勇过人，被逐步提拔为将领；不过他大字不识，连自己的名字也不太会写。

左宗棠派兵部署，阻止逃跑的太平军进入浙江西部，同时加紧对湖州的攻势。他把太平军逐出安吉，在夏季逐步围困了湖州。据卫三畏记载，湖州的太平军有近10万人，他们不顾一切，拼死守城，顽强抵抗湘军和淮军的夹击。湖州城墙之外不远处修筑了坚固的防御工事，还有一道又一道防线等着官军。直到7月末，官军才合围了该城。8月8日、9日和14日，左宗棠对湖州城南面的防线发动猛攻，却都被太平军击退，伤亡惨重。据《年谱》记载，14日进攻失利后，官军已无喘息之力。要是你知道这地方8月份的天气如何酷热，你就能想象得到左宗棠部队所承受的痛苦。然而左宗棠无意让部队休息，他率领部队继续进攻。

8月17日，左宗棠开始新一轮的进攻，战斗持续十天。此战用上了"常捷军"的大炮，大炮威力无穷，有力协助了官军的进攻。在富阳、杭州和湖州进行的战役，令左宗棠从此十分信赖使用大炮。27日，湖州城内多处起火。1864年8月28日，左宗棠以迅雷不及掩耳之势夺取湖州。据卫三畏记载，近一半的太平军得以逃脱。[①]他们逃往广德，随后南下江西，其中有天王的儿子洪天贵福，他继

---

① 卫三畏，《中国总论》，第2卷，第621页。

任为太平天国幼主。正如左宗棠所料，广德成了太平军集结地，为其逃亡助力。最后一批太平军离开江浙时，它才被遗弃。

7月19日，也就是攻陷湖州六周之前，官军对南京的围攻以血腥告终。天王终于意识到太平天国大业无望，6月1日，他召来了一些亲信，询问他们中国历史上有没有皇帝被生擒的先例。众人沉默不语。随后他服下毒药——据布尔格记载他是吞金自尽的，几小时后咽气。他被秘密埋葬在宫中，他的儿子，一个15岁的男孩"嗣位"称"幼天王"。宫中并没有公布这个幼主登基一事，生怕天王的死讯会引发恐慌、动摇军心。

南京城陷落之时，忠王李秀成死守王宫，奋战到底，最后护着幼主杀出一条血路，逃到城外。他们在乡间逗留不久后失散，忠王被捕。他被押往曾国藩的总部，关了数日，其间他写下著名的《太平天国始末》一文，俗称《忠王自述》。8月7日，曾国藩下令将其处斩。但据说曾国藩允许他自杀，只是从尸体上砍下头颅，做出官方处斩的样子。太平天国的幼主逃往广德，随后到了湖州。①他与残余的太平军一道逃出湖州，前往江西。9月24日，他险些在玉山被捉。1864年10月25日，席宝田率领的队伍最终在柳溪村抓住了他，此地在江西边界的石城附近。按照久已有之的习俗，起义者必须押往北京处决，但洪天贵福是在南昌被处死的，据说这是皇上为了照顾曾国藩的感受。

太平天国幼主洪天贵福从南京脱逃一事，导致了曾国藩与左宗棠的关系最终决裂。

官军攻下南京时曾大量屠杀太平军，此后曾国藩接到报告，说太平天国幼主已被消灭。曾国藩信以为真，并且上奏了皇上。过了几天，左宗棠从秘密线报里得知幼主洪天贵福已成功逃往湖州。左宗棠认为消息可靠，亦禀告皇上。朝廷又把这份奏折转给了曾国藩，要求其解释。曾国藩读了左宗棠的报告，勃然大怒，

---

① 《年谱》，第3卷，第25页。

认定左宗棠企图破坏他的名誉，以此向皇上邀功。他也写了一份奏折，怒斥左宗棠，坚持说洪天贵福已死。曾国藩回复的报告也转给了左宗棠，令其做出解释。左宗棠读到曾国藩的指责以后怒不可遏，他写了一份很长的奏折回复，从湖南时期到围攻南京，猛烈抨击曾国藩的部署，宣泄了长久以来与这位大总督的积怨。这份报告的措辞相当严厉。

曾国藩和左宗棠是全国最为杰出、最位高权重的汉人官员，天子无疑乐于看到两人爆发矛盾冲突，尤其两人都是湖湘子弟。左宗棠的回复随后也转给了曾国藩。而皇上这下非常肯定，曾左两人是不可能联合起来威胁朝廷的，于是圆滑地劝说他们俩忘记此事。然而他们双方都对此耿耿于怀，两人就此决裂。不过，如今洪天贵福被捕，证明曾国藩宣布他的死讯显然是过于草率①，为了不再令他难堪，就在南昌处决了这个太平天国的幼主。

而像李鸿章那样性情温和的人，就绝不会这样和大总督曾国藩作对。倘若是他处理此事，便会让洪天贵福被消灭于南京一事载入史册，并很可能私下致信曾国藩，极其委婉地指出他的消息有误，这样就能赢得曾国藩无尽的感激之情。但左宗棠这样的人的字典里从来没有"圆滑"这个词。他一向直言不讳，无论与任何人论事，无论对方级别比他高多少，都要辩个明白。而且，曾国藩此前一次次尖刻的言辞已经伤害了他的自尊。对于地位日益重要的湘军而言，两人的失和令人遗憾，这两位最伟大的统领之间已经形成了永久的隔阂。此事并没有对李鸿章构成什么损害，他在围攻南京时期所表现出来的圆通，已经赢得了曾国藩的感激。李鸿章随后步步高升。他成为湘军的统领，在19世纪最后的20年内，他的党派成了朝廷的中流砥柱，发挥着最为重要的作用。

几千名逃走的太平军在江西集结。尽管南京已被官军控制，江苏、浙江和安徽的太平军已肃清，但这场起义运动还远未平息。在左宗棠的扶持下，杨岳斌

---

① 《清朝野史大观》，第7卷，第74页。

出任了皖赣军队的统领，刘典是他的副将。在曾国藩最初组建的军队里，杨岳斌只是一名非正式任命的武将。他操控战舰的技术非常娴熟，在长江水师中逐渐声名远播，成为了一名杰出的将领。他不是士大夫，但他英勇过人，也很有指挥才能。与太平军在江西对峙时，他屡屡告捷，又收复了江西北部的大片地区，遂被提拔为陕甘总督。从非正式的军官步步晋升为总督，这在清朝是空前绝后的。

蒋益澧追逐太平军从湖州南下，与来自浙江的几支精兵联手，于1864年9月18日在徽州包围了3万太平军，成功逼降。他从这支太平军手中缴获了7000支外国制造的来复枪。这年秋天，太平军逐步被逐出江西，他们拥入福建。刘典率领8000名湘军，协同大批江西部队推进至江西与福建交界，配合左宗棠平定福建的局势。左宗棠很快意识到福建内部有许多棘手问题，急需他去解决。于是他攻占湖州以后，立刻靠陆路及海路往福建调遣军队。他命令陆军在延平集结，又令乘船的军队前往福州和泉州。

左宗棠一心想全力对付福建的太平军，他上奏皇上，请求解除他兼任的浙江巡抚一职。他举荐蒋益澧继任为巡抚，擢升杨昌濬为布政使。皇上很快同意了任命。左宗棠开始重整福建省的财政事务，统一厘金的收取。如今厘金成了最盛行的税种，只要进入该省的货物交了税，在省内的其他所有地方都可免税。左宗棠免除了百姓所欠下的赋税和各项杂税，设法在一定期限内免除个人的田赋，以鼓励百姓休养生息，重新耕种荒田。他还重新调整了省内的盐税。福建全省的重建计划开始制订，指引官员工作的计划也开始准备。

在多年的战争中，杭州遭受了空前的破坏，重建工作任务艰巨。而左宗棠在占领杭州以后，就开始清除城内因战争留下的各种残骸，修缮街道、桥梁、沟渠和公共建筑，让城内困苦的百姓看到官方重建该城的决心。他认为大力促进废墟之上的重建工作，能让民众获得安全感，而官府有责任采取措施让百姓重拾信心，使他们感到自己重建家园的努力不会白费。他在担任浙江巡抚期间，在最后几份奏折中曾写道，他认为官府减少浪费比制定新规重要，执政中人的作用比法律重要。①

　　攻下杭州后，皇帝陛下赏赐左宗棠一件"黄马褂"，这是清朝官员梦寐以求的荣誉。浙江之战结束时，他被封为"伯"，头衔相当于西方的伯爵。而曾国藩在收复南京后被封为"侯"。其弟曾国荃及李鸿章也被封为"伯"，并赏戴双眼花翎。最后一份荣誉并没有赐予左宗棠，直到一年多以后，他消灭了福建和广东的太平军后才获得。

---

① 《年谱》，第3卷，第29页。

第六章　福建之战及太平天国的覆灭

1864年11月26日，左宗棠离开杭州，前往福建。他沿着当初进入浙江的道路慢慢往前走，沿途在严州、兰溪、金华、龙游、衢州及其他一些城镇都有短暂停留。两年多来，他曾沿着钱塘江流域，从在江西边界与太平军激战，逐步向前推进，直至杭州。从地图上看，这条路线并不算遥远，但它比华盛顿到里士满那段路还要稍长——在同一时期，那段路是美国人关注的焦点。

一路上，左宗棠不断停下来，与遇到的一些村民交谈。他看到各地都是民不聊生，百姓生活困苦，深感悲痛。他还注意到乡下的情况比城里要坏得多。曾经丰饶而热闹的乡村，如今全是荒芜一片，没有人烟。"不闻鸡犬之声"，他记载道。他对省里盗抢猖獗的现象十分担忧，而这在相当程度上要归咎于他手下官员的不作为。他坚信倘若为官者能善待百姓、治理有方，就能杜绝盗抢和暴乱的发生。我们没有证据能断言左宗棠的部队没有在浙江犯事，但他在场时极少发生这种情况。应该说他的部队对百姓的侵扰，比任何一支官军都要少。在整个战争期间，他命令手下的士兵协助百姓抢修城镇中的建筑，而不收百姓分文；又常常帮助农民修葺倾倒的居所和毁坏的灌溉沟渠。左宗棠清楚军人的首要任务是作战，不过他乐于让士兵在战争间隙干些必要的活儿，他的士兵们很少休息。

浙江遭受的毁坏情况，在著名的德国地理学家、旅行家李希霍芬的笔下有详细的描述。他1871年经过浙江，当时是该省逐出太平军约七年以后。他写道：

第六章　福建之战及太平天国的覆灭

这里的山谷尽管土地肥沃，却是一片荒芜。不远处有一片树林，树林下一座座房屋若隐若现，这些刷成白色的房屋颇有庄严之感。走近一看，才知道并不是房屋，而是一片废墟。这片山谷曾见证了此地的富饶，如今却荒无人烟。只有零星几座房屋立着，不幸的人们住在里面，他们的贫困与这片土地的丰饶形成了强烈的对比。

我提到的几座城市——桐庐、昌化、玉田、宁国，都是满目疮痍，每个城市都只有那么十几座房屋还有人居住。这就是太平军13年前肆虐时带来的破坏。通向县城的道路现在都成了窄窄的小道，许多地方被近五米高的杂草完全覆盖，或者长满了很难穿过的灌木。山谷里曾经人丁兴旺，一个个大村庄就是最好的证明。那些用凿好的石头或砖块建造的房屋有两层，造型优美，显示这里的居民不仅安居乐业、过着富裕的生活，还有追求美的情趣。如今山谷中的田野，以及山边种稻的梯田，都疯长着野草，显然这片瘦土上已无法长出其他植物。大片的老桑树林一半因无人照料而枯萎，说明过去这里的居民主要从事养蚕业；而其他地方则布满了老栗树。

这些地方的人口与财富遭到的极大毁坏，超出了人们的想象。然而在这个国家，这种现象还只是冰山一角……[①]

1864年12月14日，左宗棠来到福建北部的浦城。由侍王和康王统领的太平军占据了整个福建南部。侍王坐镇漳州，其部队部署在福建南部各地。康王驻扎在江西与福建的交界，大致控制着福建西南部。据称太平军共有20万兵力。此外省内的各支匪帮也加入了太平军。福建多年来盗抢猖獗，匪帮的人数有可能近乎太平军的数量。传说侍王在漳州买到了大批外国武器。他本已有相当数量的新式装备，加上这次的购置更是如虎添翼，不由得令人忧心他成了比浙江时期更为可怕

---

① 《李希霍芬信件集》，第75—76页。

的敌人。

左宗棠把总部设在延平。刘典率领一支由湖南人和江西人组成的精兵，从边界沿东南方向进入福建。由海路入省的部队则去增援福州、泉州和厦门。由于左宗棠十分担忧太平军企图由海路前往台湾或者成为海盗，于是江苏派出8000人的水师，协助保卫沿海地区。这些部队开往厦门附近的海澄和漳浦。延平又派出一支纵队，南下穿越福建中部。看起来是刘典率先发动了攻击。他的部队突然开入福建进逼康王，使其撤向海边，其速度之快出乎左宗棠意料。

左宗棠担心二王联合在沿海建立据点，局面就会变得很难控制。这很可能就是刘典暂缓进攻的原因，而此时左宗棠竭尽全力保卫沿海地区。一小撮太平军攻占了漳浦，水师从海上发动攻击，把他们驱逐出此地。左宗棠在漳浦稳住阵脚后，马上派出一支纵队从漳浦北上漳州。左宗棠仍然留在延平，他在此地逗留了四个月之久，显然是为了做好充足准备，防范太平军突袭福建北部。

1865年4月11日，从泉州开出的纵队在赤岭击败了太平军，杀敌4000人。左宗棠往海澄和漳浦调集了更多的军队，向漳州的侍王进一步施压。5月9日，左宗棠来到福州，但他并未在省会久留，几天后就赶往前沿阵地。5月15日，官军突袭漳州，一举夺取该城，侍王在漳州失手后，其部队似乎已经溃散，残部逃往康王的军中。侍王几乎成了光杆儿司令，在福建南部东躲西藏了好几个月。太平军在广东的平和与大埔集结。5月19日和21日，他们在平和战败，余部逃往大埔。5月23日，清军水师夺取云霄，福建沿海的太平军已被全部拦截。1865年5月30日，左宗棠在漳州设下总部。

如今太平军分布在大埔以西、福建与广东的交界两侧。6月及7月的部分日子里，左宗棠致力于加强沿海的守卫，为下一步作战做好准备。福建南部都是山区，山路崎岖，部队行军困难，在夏季更是举步维艰。7月，太平军被迫从大埔突围，他们拼命向江西进发。刘典从汀州南下，在武平击败太平军，把他们驱逐出江西。7月30日，他们来到广东镇平。有证据显示，当时广东官府调动了一些

第六章　福建之战及太平天国的覆灭

部队抵御太平军,但他们并不在左宗棠的统领之下。《年谱》中并未提及这些部队所做出的贡献。左宗棠决心在镇平包围太平军,然后一举歼灭。整个8月他都在调兵遣将,试图包围镇平。太平军来到镇平时,侍王终于回到军中。传说他和康王大吵了一架,大约一天以后在睡梦中被康王的亲信用刀刺死。① 侍王是忠王的表弟,忠王曾指挥江苏的太平军作战,也是左宗棠在浙江时当地太平军的统领。

左宗棠对镇平的围攻失败了。9月,他取得了一些局部胜利;但9月27日太平军拼命出击,突围而去,此战太平军又损失了1万兵力。他们逃往南面,左宗棠紧追了六天。10月3日,太平军在兴宁停留,大败左宗棠的军队。然而太平军发现广东民众对其恨之入骨,情愿毁掉储备的粮食,也不愿意让其获得。兴宁之战后,他们转而北上,一直来到江西边界的长宁。左宗棠在这里击败了他们,太平军被迫南下广东连平。自8月1日以来,左宗棠一直把他们拦截在福建省外,他实际上是在其辖区之外作战。

11月,左宗棠被任命为广东、江西、福建三省官军的最高统帅。他奉旨出任时身处福建西南的永平。而太平军在连平显然也觉察到当地人的敌视,于是再次做最后挣扎,日夜兼程逃往沿海。左宗棠赶到平和,集结部队拦截。1866年1月10日,太平军占领嘉应,继续向汕头以北的潮州进发。左宗棠派兵增援潮州以阻截敌人。太平军在潮州被击败,撤回嘉应。他们已断无胜利的可能,身处仇恨他们的民众之中,又被无情的对手追逐。

左宗棠很快准备就绪,将给予敌人最后一击。1月15日,他率部来到大埔,派刘典前往嘉应。18日刘典击败太平军,朝嘉应逼近。26日他包围该城,发动猛攻。此战中刘典的部队被击退,但太平军的名将康王阵亡。左宗棠动员一切力量,于2月6日亲率部队来到嘉应城下。梅江在嘉应急转向北,而嘉应城就座落在梅江北岸的急转之处。这座城附近的河谷都是陡岩峭壁,西边一片悬崖,根本无

---

① 《太平天国始末》,第12卷,第20—23页。

法攀登。要给予敌人最后一击，这无疑是个理想之地，而左宗棠有充足的兵力完成这个任务。

1866年2月7日，左宗棠从三面对嘉应城发动攻击。太平军死守该城，但城墙被攻破，他们只得退入狭长的平原。这正中左宗棠下怀，他步步紧逼，将太平军逼至悬崖。太平军企图突围，但左宗棠往各个方向都部署了大量兵力，截断了他们的退路。据《年谱》记载，此战歼灭1.6万太平军，另有6万余人放下武器投降。投降的人里有734名军官，马上被处决，其余的就地释放。无人得以逃脱。[①] 在左宗棠亲自率兵上阵的战役之中，这是一次最显著的胜利。太平军其他的部队逃回了广西，他们在那里继续抢掠，作恶多年。但嘉兴之战是太平天国运动中最后的一场大战，这场运动自此消亡。

无论中外文献，对这场史无前例的起义运动及其引发的各种后果，都缺乏完整而客观的研究。中文的有关资料浩如烟海，无疑让外国人望而却步，打消了筛选资料进行全面研究的念头。至于中国人，他们大概迟早会进行这样的研究，事实上也已整理出了不少资料文献。太平天国运动所涉及的人口之多，为历史上的起义运动罕有，很有必要客观评述这场运动的各个主要阶段。但如同所有大规模的运动一样，人们没有在客观的基础上对其做出充分评价。

外国人早期写的评论，很自然集中于外国人如何参与镇压这场运动，尤其是戈登将军所统率的"常胜军"所起的作用。于是外国人很容易就形成了一种观念，以为太平天国运动实际上是外国人镇压的。但我们必须考虑到，这场运动持续了大概14年之久，让五个人口密集的省份完全成为废墟，也让很多其他地区遭到了破坏；太平军的铁蹄一度踏足了中国全部的18个省份。那么一支仅仅存在了四年的武装力量，兵力从未超过6000，作战区域从未超过距离上海150多千米的距离，是绝不可能成为镇压这场运动的决定性因素的。

---

① 《年谱》，第3卷，第40页。

第六章　福建之战及太平天国的覆灭

在整场战争之中，中国人都没有充分利用海港作为作战基地，据称是朝廷依赖外国人，指望外国驻军保卫其主要港口，对付太平军。确实，中国政府在这方面对外国势力有所依赖，尤其是在上海，他们的愿望也没有落空。然而，中国人本身对海防的这种消极态度，很大程度上是由于直到太平天国运动时期为止，中国人并没有意识到海域在国家事务中的重要性。而太平军比朝廷方面更缺乏对海域价值的认识。中国并不是以海洋立国，如今这个古国才刚刚开始意识到制海权的重要。中国历史上所有的起义运动中，起义军一旦被逼至沿海，就只有面临被歼灭的命运。倘若沿海地区没有外国人，朝廷的作战方式将不会产生什么根本变化。至少直到上个世纪为止，制海权在历史上的影响，西方要比中国大得多。

本书详细叙述了镇压太平天国运动的战争，并不是为左宗棠邀功，证明赢得战争是他的功劳。尽管他为保卫朝廷做出了巨大贡献，但并不等于说只是靠他赢得了胜利。在过去70年内，中国人都认为是靠曾国藩赢得了这场战争，而根据相关的研究，没有理由推翻这一结论。但左宗棠显然比曾国藩更能意识到部署军事行动的重要性。

部署军事行动固然关键，同时我们也要有更深的考虑，充分认识到实际作战的重要性。不要忘记，太平天国运动发起之时，北京朝廷在应对实际局势方面是如何迟缓的。对于军中强有力的汉人统领，满族人一贯持怀疑和畏惧的态度。吴三桂已为满族人制造了足够的麻烦，于是他们从中吸取了教训，此后便想方设法阻止这样的人从汉人官员中崛起。

清朝立国的所有战役都是由满族将军指挥，但太平军的崛起，让朝廷受到了吴三桂叛乱以来的最大威胁，此时朝廷很快意识到没有一位满族将军能担负起保卫大清的重任。满族人不得不逐渐承认，汉人官员对他们忠心耿耿，而唯有依靠他们，才能使清朝统治得以维持。但后来满族人对汉人官员的依赖逐渐发展到一定程度，是秉性和才干有如左宗棠这样的人，才能促使皇上调整心态以应对新形势。

1853年，一个如左宗棠这样飞扬跋扈的人，尽管对皇上无比忠诚，在北京朝廷眼中却无疑比太平军更有威胁。曾国藩以他的圆滑、耐心和忠诚，在朝中做了大量工作，使一些才能出众的汉人官员得以晋升，这些人包括左宗棠、胡林翼和李鸿章等。倘若没有曾国藩，这些人就难以得到重用。这些人接受的是中国传统教育，他们不会产生其他想法，质疑这个王朝是否值得效忠。他们的所作所为符合儒家理念的最高准则。满人如今已意识到，儒家的忠君理念能有效地维护其统治。不管汉人官员有何不足，他们的忠诚毋庸置疑，能在镇压起义运动中起到关键作用。不过，尽管他们对朝廷表现出了无比的忠心，满人仍然一直坚持分权的策略，这不可避免地导致了战事的延长。

南京攻克以后，在如何犒赏的问题上，满人的短视就充分暴露出来。据说咸丰皇帝临终前曾吩咐，要立攻取南京者为王。咸丰皇帝驾崩三年以后，他的愿望才实现。而此时太平天国的国都终于陷落，朝廷必须决定如何犒赏有功者。大清的皇族在动乱中畏缩不前，既没有流血牺牲，也没有运用足够的才智救本朝于危难之中；拯救皇朝的重任是其他人担起的，如今大清的两位皇太后和满族王爷便商议该如何赏赐他们。他们提及先帝的口头承诺，但慈禧太后认为分封汉人为王不太明智，决定不再分封一王，改为赏赐几个级别稍低的头衔。因此曾国藩没有被封王，而是被封为一等侯。①朝廷没有兑现先皇的承诺，这让曾国藩抱憾终生。最后一个汉人王爷吴三桂给大清带来的阴影，仍然笼罩在紫禁城上空。

外国人对这场起义运动的态度，明显影响了它的持续时间和最终结局。1860年以前，很难证明外国人为清朝带来哪些帮助，或者说正好相反。起初，海外盛传这些太平军是基督徒，于是在英语国家博得了民众相当的同情。而法国人并不同情他们，因为法国传教士都是天主教徒，太平天国显示的基督教精神属于新教。英国人在南京曾对太平天国展开调查，但是他们发现它并没有任何立国之

---

① 《清朝野史大观》，第4卷，第49页。

第六章　福建之战及太平天国的覆灭

策，于是不予置评，并宣布保持中立。美国人也如法炮制。而不少热爱冒险的外国人乘船来到中国沿海时，突然擅自离船上岸，为太平军效力。

太平军有途径买到外国武器，在1860年前后，他们大量购置这些武器，其装备甚至超过了官军。但过了些年，身在中国的绝大多数外国人都意识到，太平天国的所谓基督教教义，即便在思想最宽容的教徒看来都不着边际，有悖基督教精神，因此对他们的同情也渐渐消失。

1860年第二次鸦片战争结束，英法联军占领北京，此后各国列强对太平天国的态度发生明显变化。英国人和法国人公开声明支持清政府。这一态度的转变是多种因素导致的，其中最有利的因素大概是看到俄国人已提出可以积极援助清政府。清政府谢绝了俄国的建议，无疑这是由于朝廷已得到英法两国的援助，其安全有了保障。在这场战争的最后阶段，英法两国为清政府征收关税，为中国人提供了部分作战的经费。他们在上海和宁波一带出动了军队和军舰。他们派出自己的官员，为华尔创建的中外联合部队"常胜军"效力。他们向清政府出售武器和供给，大概还租借了一部分船只给清政府使用，并且基本上禁止其国民向太平军出售这些物资。即使清政府不是凭借这些援助打赢了战争，我们也应该说它无疑加快了战争结束的步伐。

不过，太平天国的灭亡，还是出于其自身组织的缺陷。它完全缺乏积极领导。太平军刚踏入长江流域之时，深受当地百姓的欢迎，但他们并没有好好利用这种号召力。倘若他们能在这个人口密集的地区，制定顺应民心的策略；对这些被唤醒的民众，能激发他们的巨大能量并加以利用；那么他们无疑就会得到上天的垂青，大清王朝也将发现上天已收回成命，自身气数已尽。然而正相反，随着太平天国运动的推进，其获得的民众信任越来越少。现有证据显示，这场运动经过了非常仔细的策划，且组织严密，用了12年之久做好充分准备，而在这期间竟然并未惊动朝廷。但其组织中的三个关键人物，在太平军还未打到长沙之前就牺牲了。他们的作用无人能取代。太平天国从此没有再出现过一位真正能高瞻远瞩的领袖。这场声势浩大的运动，涉及了如此之多的人口，拥有千载难逢的机会；然而在占领南京之后，在这片以盛产治理之才而著称的土地上，竟没有产生一个具有政治头脑的人物，真让人百思不得其解。

这场规模巨大的起义运动结束多年以来，人们一直在苦苦思索：为何曾国藩之流会支撑一个摇摇欲坠的满人政权？他手握大权，为何不推翻清朝，建立一个汉人的皇朝？究其原因，是因为逆反行为不符合儒家的理念，而正是儒家思想将这些人培育成栋梁之才。

有个有趣的故事可以印证这一点。太平天国运动时期，有个汉人豪杰，名叫彭玉麟。他是读书人，却从未参加过科举考试。湘军组建初期，他投奔曾国藩，为曾国藩指挥长江战舰立下功劳，并因此而闻名于世。有一回，曾国藩坐船经过彭玉麟驻守的港口，并在此停留。彭玉麟派了亲信，把一封密信交给曾国藩，这封信函封得严严实实。信送到时，曾国藩正在甲板上，他回到舱内拆阅信件。信里没有署名，但从字迹能看出是出自彭玉麟之手，内容只有12个字："东南半壁无主，老师岂有意乎？"曾国藩吓得脸色煞白，慌忙把信纸塞进嘴里嚼烂。当时在场的只有他的至交倪人垲，曾国藩对他说："不成话！不成话！雪琴还如此试我！"[①]

在江浙之战的后期，最著名的太平军领袖是忠王李秀成。他后来被关押在曾国藩的总部等候处决时，曾写下一篇文章评述太平天国运动，此文通常称为《忠王自述》。曾国藩对此文做了大量删改，其中有过半篇幅在曾国藩有生之年都未曾公开。在没有公之于众的文字里，其中有忠王总结天王未能推翻清朝统治的原因。

李秀成给出的理由如下：

天王不能慧眼识人。

他过分依赖宗教力量的保护，而没有充分发挥自己的才智和能力。

---

① 《清朝野史大观》，第4卷，第81页。

第六章 福建之战及太平天国的覆灭

他起用的人都不能胜任其职。

他不信任手下将领,尤其是忠王。

他被自己的两位兄长左右,此二人极其无能。

他没有处理好南京的粮食供应问题。

在忠王即将击败官军和外国联军的重要关头,天王将其从松江召回。

忠王提议撤离南京时,天王大怒,斥其不忠,并信誓旦旦地说:"天佑我国。"

天王对其将领存有猜忌之心。他把忠王从松江召回,并不是出于保卫南京的需要,而是担忧其在江苏取得重大胜利。

在南京局势完全无望时,天王仍然拒绝撤离,也禁止百姓出城。得知百姓的食物断绝时,他说人们可吃草为生。因此民众对其丧失信心,纷纷离他而去。

显而易见,倘若这样一个人坐上王位,国家也就没什么希望了。假如说清朝腐败无能,已走向衰落,那么这个想要取而代之的人更为糟糕;而中国只能在这两者中任选其一,不得不付出惨痛的代价。

嘉应之战结束后,左宗棠回到福建,开始整顿省内的行政事务。官府的状况非常糟糕,腐败的现象比比皆是。左宗棠废黜了大批官员,起用一些已在其他事务中表现不俗的官员取而代之,又整顿财政制度,制定恢复措施。省内流窜着各个匪帮,左宗棠对其进行了严厉打击,使人们有了久违的安宁之日。早在太平天国运动之前,各地的动乱已让人们不得安宁。左宗棠现在一心想着中国要有一支现代海军。他为海军造船厂选定地址,并立即着手筹建海军,他所做的一切本会给他的祖国带来莫大的利益,但可惜后来并未获得足够重视。1866年6月,左宗棠为筹建海军专门写了一份奏折,显示了一个高瞻远瞩的中国人如何看待目前祖国面临的问题。奏折内容大致如下:

窃维东南大利,在水而不在陆,自广东、福建而浙江、江南、山东、直隶、盛京,以迄东北,大海环其三面,江河以外,万水朝宗。无事之时,以之筹转漕，则千里犹在户庭，以之筹懋迁，则百货萃诸廛肆。匪独鱼、盐、蒲、蛤足以业贫民，舵艄、水手足以安游众也。有事之时，以之筹调发，则百粤之旅可集三韩，以之筹转输，则七省之储可通一水，匪特巡洋缉盗有必设之防，用兵出奇有必争之道也。况我国家建都于燕，津、沽实为要镇。自海上用兵以来，泰西各国火轮兵船直达天津，藩篱竟成虚设，星驰飙举，无足当之。自洋船准载北货行销各口，北地货价腾贵，江浙大商以海船为业者，往北置货，价本愈增，比及回南，费重行迟，不能减价以敌洋商。日久销耗愈甚，不惟亏折货本，寖至歇其旧业。

滨海之区，四民中商居什之六七，坐此阛阓萧条，税厘减色，富商变为窭人，游手驱为人役，并恐海船搁朽，目前江浙海运即有无船之虑，而漕政益难措手。是非设局急造轮船不为功。从前中外臣工屡议雇、买、代造，而未敢轻议设局制造者，一则船厂择地之难也；一则轮船机器购觅之难也；一则外国师匠要约之难也；一则筹集巨款之难也；一则中国之人不习管驾，船成仍须雇用洋人之难也；一则轮船既成，煤炭薪工需费不訾，月需支给，又时须修造之难也；一则非常之举，谤议易兴，创议者一人，任事者一人，旁观者一人，事败垂成，公私均害之难也。有此数难，毋怪执咎无人，不敢一抒筹策以徇公家之急。

臣愚以为欲防海之害而收其利，非整理水师不可；欲整理水师，非设局监造轮船不可。泰西巧而中国不必安于拙也，泰西有而中国不能傲以无也。虽善作者，不必其善成；而善因者，究易于善创。如虑船厂择地之难，则福建海口罗星塔一带，开槽浚渠，水清土实，为粤、浙、江苏所无。臣在浙时，即闻洋人之论如此。昨回福州参以众论，亦复相同。是船厂固有其地也。

如虑机器购觅之难，则先购机器一具，巨细毕备，觅雇西洋师匠与之俱来。以机器制造机器，积微成巨，化一为百。机器既备，成一船之轮机即成一船，成一船即练一船之兵。比及五年，成船稍多，可以布置沿海各省，遥卫津、沽。由此更添机器，触类旁通，凡制造枪炮、炸弹、铸钱、治水，有适民生日用者，均可次第为之。惟事属创始，中国无能赴各国购觅之人，且机器良楛亦难骤辨，仍须

第六章 福建之战及太平天国的覆灭

托洋人购觅,宽给其值,但求其良,则亦非不可必得也。如虑外国师匠要约之难,则先立条约,定其薪水,到厂后由局挑选内地各项匠作之少壮明白者,随同学习。其性慧凤有巧思者,无论官绅士庶,一体入局讲习;拙者、惰者,随时更补。西洋师匠尽心教艺者,总办洋员薪水全给;如靳不传授者,罚扣薪水,似亦易有把握。

如虑筹集巨款之难,就闽而论,海关结款既完,则此款应可划项支应,不足则提取厘税益之。又,臣曾函商浙江抚臣马新贻、新授广东抚臣蒋益澧,均以此为必不容缓,愿凑集巨款,以观其成。计造船厂、购机器、募师匠,须费三十余万两;开工集料、支给中外匠作薪水,每月约需五六万两,以一年计之,需费六十余万两。创始两年,成船少而费极多,迨三、四、五年,则工以熟而速,成船多而费亦渐减。通计五年所费,不过三百余万两。五年之中,国家捐此数百万之入,合虽见多,分亦见少,似尚未为难也。如虑船成以后,中国无人堪作船主……则材技之士争起赴之,将来讲习益精,水师人材固不可胜用矣。①

左宗棠无疑希望能在福建亲自督管海军的筹建,但1866年秋他被调任为陕甘总督,奉命前往西北。这对他来说是沉重的打击。他一心一意要整顿和重建沿海的福建与浙江两省,大力促进中国海军的发展。他对自己的执政能力充满自信,对治理其辖区也有全盘谋略。而新的任命只意味着又要打仗,陕西和甘肃两省已被回民起义者占领了五年之久,局势十分危险。但皇上不能容许曾国藩、左宗棠和李鸿章这样的人物在安逸之地逗留,唯恐其会逐渐被权势所诱惑。

1866年12月,左宗棠即将离开福州。他一直工作至出发前的最后一刻。他告诉别人,在福州的最后40天里,他写了30份奏折和40多封信,指导闽浙两省的公务。据《年谱》记载,左宗棠动身启程的那一天,百姓纷纷拥上街头,请求他不要离开。他不得不推迟行程,第二天才悄然而去。

---

① 《国史本传》,第11—12页。

第七章　捻军起义

太平军曾有一次著名的北伐，就在他们向北京地区进发的前后，一支队伍在其影响下揭竿而起，人称"捻军"。1853年开始，他们的队伍不断壮大，大肆劫掠，令朝廷十分难堪。他们在黄河沿岸活动，包括河南、安徽北部、山东和直隶南部。在整个太平天国运动时期，他们不断地侵扰这些省份。由于种种微妙原因，他们从未和太平军联手作战。深究起来，大概其中一个因素是由于捻军都是北方人，而北方人对南方人素来怀有敌意。太平军的成员则几乎全部来自长江以南。曾国藩一直担忧捻军会加入太平军。1860年秋英法联军撤出北京后，他曾敦促朝廷派出著名的蒙古将领僧格林沁亲王以对付捻军。僧格林沁与捻军作战四年多，战区包括河南南部、安徽北部、山东西部和直隶南部。僧格林沁对捻军的镇压进展不大，1865年5月，他在山东曹州附近中伏身亡。

捻军的特殊之处在于，他们似乎没有立国的企图，并非要推翻朝廷，也并未在任何一地巩固势力。他们全部骑马，以刀矛作战，几乎没有枪炮。因此他们无力夺取城镇，但他们能侵扰各地物资的运输，搅得乡下百姓鸡犬不宁。由于骑马作战，他们的灵活性非常强。官军奉命围剿他们时，他们行动神速，让官军疲于奔命却一无所获。倘若他们已被包围，就会四散奔逃，重新在远处某个地方集结。他们的头目很多，其中最杰出的一个叫张宗禹。太平军失守南京后，很多士兵溃逃到长江以北，加入了捻军。此时开始，捻军使用的枪炮数量有明显增加。他们很少吃肉，甚至完全吃素，以进食核桃般大小的面团为生。他们随身携带这

第七章 捻军起义

些面团,把它们放进清水或肉汤中煮熟来吃。他们从不洗澡,只是想法弄出一身大汗,再用粗糙的毛巾擦干身体。

僧格林沁死后,朝廷命令曾国藩指挥作战。曾国藩并不太情愿受命,但只得在1865年6月离开南京,率领3.1万人前往山东,其中9000名是湖南士兵,2.2万名是安徽士兵。他被任命为最高统帅,统领直隶、安徽、山东三省的全部军队。①在此后的一年半时间里,他一心试图镇压捻军,把太平天国时期的许多手下召集回来协助剿匪。但是,他也没有取得显著进展。

1867年初,左宗棠获得恩准返回南京,把指挥作战的任务交给李鸿章。皇上赐给李鸿章一枚钦差大臣的官印,有了这枚官印,他在其管辖范围以内发号施令,就相当于皇上谕旨。他不仅是钦差大臣,还被任命为湖广总督,由其弟在武昌代行其责。同年年初,捻军在湖北北部被官军打败,北进河南。然而他们很快又向西活动,直奔陕西而去,而当地正爆发了回民起义。朝廷大为震惊,唯恐他们加入起义的回民之中。

左宗棠从福州动身去上任陕甘总督的途中,在江西南昌接到皇上的旨令,敦促他尽快赶到,因为捻军已逼近陕西。他于1867年1月31日抵达汉口,从福建跟随他而来的部队晚到一个月。左宗棠意识到当务之急是要镇压捻军,然后才能对付回民起义。然而,他似乎认为捻军不能成事,尤其是朝廷已出动全国所有最出色的将领来镇压他们,可见消灭捻军为期不远。他在汉口的时候,一心为对付陕甘回民的战役做好准备,并没有认真考虑捻军的问题。他知道镇压回民起义的任务并非一时之功,需要数年时间才能完成。在过去几年的作战中他已获得丰富经验,明白战前准备的重要。

左宗棠在汉口停留了近两个月,到处购置装备,安排给养事宜。各项物资中左宗棠最急需的是大炮。还未到汉口之前,他已开始筹划如何供给。他派人事先

---

① 威廉·詹姆斯·黑尔,《曾国藩与太平天国》,第299页。

去汉口进行准备工作,他抵达汉口之时,许多事情已经安排就绪。汉阳的兵工厂在他的指令下造出了一大批大炮、炮架、臼炮和炮弹。他拥有第一支克虏伯炮队的时间并不清楚,但很可能是他在汉口时期下令置办的。他非常喜欢外国制造的大炮,意识到在中国其他装备都无法与之相比。不过他坚信中国人自己会制造出更为适用的武器。他雇了很多外国的机械师来协助他。

据梅斯尼记载,他在汉口有一家兵工厂,为左宗棠制造了很多装备。他为若干台12磅(约5.4千克——译注)炮弹的大炮制造了炮架,还造了好些霰弹、炮弹和臼炮。他声称左宗棠对其十分赏识,要带他一道前往甘肃。①他说左宗棠任命了他,但是由于英国领事反对而作罢。

左宗棠还是一个穷困书生的时候,就对西部地区深感兴趣。他想方设法找来描写甘肃和新疆的书籍,把它们都读了个遍。他仔细地研究了中国在中亚地区的征战,尤其是康熙、乾隆在准噶尔与喀什噶尔的战争。据《年谱》记载,左宗棠在童年时期就对长城以外的辽阔西部产生了浓厚的兴趣。他抓住一切机会了解这片地区,每次遇到曾为西部效力的人,无论是官员还是流放者,他都会问这些人若干有关西部的问题,例如那儿的道路、河流和山脉等。倘若他获得了什么新的信息,就会马上记录到他的笔记里。他搜集了一些有关西北各省和中亚地区的信息,这些资料以后对他非常有用。

他在汉口给皇帝写的奏折当中,有一份概述了他对西北局势的初步估计,禀告了他为平定这一地区将要采取的措施。他在奏折中写道:

……窃维臣由闽启行,时念旧部分驻两省,得力将领除蒙恩简放实缺外,均已奏委署理要缺填将,若檄调随征,则闽浙顿觉空虚,殊为可虑。虽各员告请西征,概未敢许。其所携以同行者,仅三千余人。奏请刘典帮办军务,亦仅令选

---

① 《梅斯尼杂录》,第6卷,第44页。

募旧部三千人。初意南人用之西北，本非所宜，只可多挑营官、哨长之才，入秦后，再将陕甘现存各营兵勇分别汰留，而匀拨胆技稍优弁勇充当亲兵护哨，编列成营，以倡勇敢之气。庶臣部行粮可资节省，而陕甘饥军亦可渐有位置，两得之道也。

又，臣军频年转战东南山泽之乡，无须多用马队，每次上口采买，为数本属无多。当由闽拔队之时，以岭峤险阻，水陆数易，所有战马驱以随行，必形疲乏。故遂留之闽中。原拟抵鄂后派弁上口采购；至鞍韂一切，又须在陕西制买。故前此预先陈明抵鄂、抵西安后，均不能无少耽延也。昨抵黄州，接见守令，始知捻逆大入鄂疆，汉、黄、德一带均形震动。复奏寄谕：窜陕捻逆又已扰及南山。传闻贼踪蔓延甚广，万骑纵横，鄂、陕官军均不得手。臣于二十六日相度营地，暂于汉口镇北桥口地方安扎六营。二十八日入驻新营，一面飞催刘典迅速选募成军，来鄂会队。并增调各营，于原拟六千人外再加募六千，合成一万二千人，均限一月到鄂。惟马匹无从购觅，托官文代为搜索，亦仅得马二百八十余匹而已。谕旨敕臣由鄂入秦，先剿陕逆。此时臣军步队仅三千余，马队尚未习练，双轮、独轮车式尚未动工制造。所拟以制贼者步队、马队、车营，而皆无以应手，仓卒就戎，必贻后悔，臣不敢不慎也。

方今所患者，捻匪、回逆耳。以地形论，中原为重，关陇为轻；以平贼论，剿捻宜急，剿回宜缓；以用兵次第论，欲靖西陲，必先清腹地，然后客军无后顾之忧，饷道免中梗之患。

……

甘省回多于汉。兰州虽是省会，形势孑然孤立，非驻重兵不能守。驻重兵，则由东分剿各路之兵又以分见单，不克挟全力与俱，一气扫荡。将来臣军入甘，应先分两大枝，由东路廓清各路，分别剿抚，俟大局勘定，然后入驻省城，方合机局。是故进兵陕西，必先清关外之贼；进兵甘肃，必先清陕西之贼；驻兵兰州，必先清各路之贼。然后饷道常通，师行无梗，得以壹意进剿，可免牵掣之虞……已复之地，不令再被贼扰。当进战时，即预收善后之效。民志克定，兵力常盈。事前计之虽似迟延，事后观之翻为妥速。

自古边塞战事，屯田最要，臣已屡陈其利矣。汉宣帝时，先零羌反，赵充国锐以自任。其所上屯田三疏，皆主持久之义。宣帝屡诏诮责，充国持议如初，卒收底定成效。可知兵事利钝，受其事者固当身任其责，至于进止久速，则非熟审彼己长短之形，饥饱劳逸之势，随机立断不能。此盖未可以臆度而遥决者也。

臣频年转战东南，于西北兵事未曾经历；所部均南方健卒，于捻、回伎俩并无闻见。若不慎之几先，加以迫促，诚恐所事无成，时局亦难设想。明臣孙传庭催促出关，卒以致败，可为前鉴也。伏恳皇上假臣便宜，宽其岁月，责臣以西陲讨贼之效，不效则治臣之罪，以明军令。臣惟勉竭驽钝，次第规画，以要其成。剿捻、剿回均惟事机所在，若兵力未集，马队未练，屯务未举，车营未成，则无所借手以报君父。臣虽身任咎责，无补时艰。此则耿耿愚忱，有不能不预为披沥者。

左宗棠在汉口时，他的家人从长沙来与他相见。据《年谱》记载，他与妻子的诀别场面非常悲伤。妻子佯装快活的样子，而左宗棠内心翻涌，不能自已。他的兄长也赶来看他。这位兄长体弱多病，意志消沉，左宗棠很放心不下他。他和家人最后一次共进晚餐，诵读了一些哥哥写的诗歌，又开怀畅饮。侍从们看到统领的异样表现都非常惊讶，他们从未见过左宗棠随意轻松的样子，还沉湎于诗歌和美酒之中。左宗棠从此以后再也没能与妻子和哥哥见上一面，他平定甘肃的时候，两位至亲都离开了人世。①

对左宗棠有过一番研究的布尔格描述道："他还是个厌恶女人的家伙，并不清楚是天性如此，还是习俗所致。但事实在那儿摆着：他很多年前就把妻子送

---

① 《年谱》，第4卷，第19页。

回了娘家，并且从此以后也没续弦再娶；甚至他的老母亲，在这个崇尚孝道的国家，也只能留在村子里，为儿子的冷酷无情而悲伤。"①

这位杰出的历史学家却出了差错，他对左宗棠的私生活产生了误解。左宗棠给妻子写了大量的书信，平时也频频提及她的名字，显示了她在左宗棠心中占据了重要的位置。而左宗棠的母亲呢，事实上在左宗棠16岁时就在湖南老家去世了。在同时代的中国人看来，左宗棠是个十分重视家庭的男人。由于家世所迫，他不得不在妻子娘家住了好几年，但此后他一直供养着他们，让他们过着优裕的生活。他没有沉溺女色，但要说他"厌恶女人"就言过其实了。左宗棠是个富有实干精神的男人，有着极强的责任心，他的心思都放在了筹划战争、治理国家这些大事上，无暇与女人调情嬉戏。

捻军在湖南西部和陕西东部肆虐，让朝廷甚为忧虑。左宗棠接到北京的谕旨，命令他立即北上。1867年3月，他离开了汉口。他带了1000名亲兵和一小队骑兵，除此之外随行的部队有7500人，分为三支队伍，分别由刘端冕、周绍濂与杨和贵统领。他命令这三支队伍通过荆紫关进入陕西。左宗棠本人的前进速度则似乎比较缓慢。他在德安、樊城稍作停留，沿着湖北的边界北上潼关。

左宗棠于1867年7月19日抵达潼关。刘典的部队就驻扎在此处，刘松山驻扎在陕西东部，他统领的部队已经跟捻军作战了两年多。捻军在陕西为数甚众，左宗棠决定堵住其前往河南的道路，把捻军拦截在陕西。他命令当时驻扎在陕西南部的队伍前往渭河，阻止捻军南下。山西省的官军奉命守住黄河沿岸，防止捻军进入山西。朝廷唯恐捻军会与起义的回民联手，但左宗棠似乎并不为此而担忧，他的作战计划就是要把捻军驱赶到回民中间。他非常清楚所有发动起义的队伍都喜欢独来独往，大概觉得这才是消灭捻军的最好做法。这一年夏秋两季，他的行动都非常谨慎。陕西已成一片废墟，只要阻止捻军回到其原来活动的东部大本

---

① 布尔格·迪米特里厄斯，《中亚问题》，"左宗堂"一章，第383页。

营，就不必草率进攻。

捻军进入陕西活动，实际上是帮了左宗棠的忙。这些起义者如今分为两路，东部的一路在山东被李鸿章紧追不放，而西部的一路就在陕西境内。东捻军到同年年末时被歼灭。西捻军在10月及11月非常活跃，突袭北面，远达绥德。他们并未加入回民军，而是于12月初沿黄河西岸南下。他们的意图明显是想进犯山西。《年谱》记载，他们在宜川集结，踏着结成冰的河水进入山西。

左宗棠必须有所行动了。他留下刘典指挥陕西的部队，自己率领刘松山部和郭宝昌部渡过黄河。他试图包围捻军，但却发现这支起义军和太平军大不一样。他们风驰电掣地越过了山西南部，进入河南，而此时左宗棠才刚刚出发。左宗棠对此失利感到非常屈辱，他在给皇帝的一份奏折中，请求朝廷给予他最重的惩罚。他被罢免所有的官职，剥夺所有的荣誉，但仍然是作战行动的总指挥。由于李鸿章在山东西部和河南北部都部署了兵力，显然捻军渡过黄河南下会遭遇重重阻碍，因此他们最有可能选择北进直隶。

左宗棠派刘松山从北边的一条山路翻山进入顺德府，想要从北面攻击捻军。左宗棠率其他部队追至河南。他经过怀庆，在卫辉地区与起义军有过几次交手。捻军随即北上，行动飞快，刘松山还未赶到顺德府，他们已掠过此地。但刘松山在捻军后头紧追不放，而身在卫辉的左宗棠也率领部队快马加鞭地追赶。李鸿章的部队沿着京杭大运河从山东北进。捻军进入保定府近郊，与朝廷仓促集结以阻止他们北上的部队对峙，此时他们离北京不到130千米。

表面上看，北京驻守了数万名八旗军，其中大多数还是骑兵部队，歼灭捻军应该是小菜一碟。可是北京已经陷入一片恐慌之中。显然，皇帝对他的满族武士缺乏信心。皇上归咎于他的重臣，谴责他们放任这些匪徒进逼北京。满族的直隶总督官文、河南巡抚李鹤年及李鸿章都被罢免全部官职。左宗棠是早已被免职了。

2月初左宗棠抵达获鹿。他很快就在保定府东南面遇上了捻军，连战七场全部告捷，把他们驱逐到滹沱河以南。左宗棠和李鸿章之间的作战明显缺乏协调。

第七章　捻军起义

左宗棠的部队从山西南部长途跋涉而来，此刻无疑已人困马乏。捻军渡过滹沱河以后，左宗棠并没有追击，于是捻军在3月末逃到了京杭大运河东部的东光与吴桥，此地在山东与直隶的交界附近。战争开始拖延，直至多年不遇的春洪暴发，使作战被迫中止。捻军被洪水困于一地，陷入绝境；而清军统帅之间的矛盾尽人皆知，他们各行其是，捻军若能利用这一点还尚有希望。

1868年8月，捻军渡过京杭大运河以西，很快就被逼至洪水泛滥的徒骇河边。著名的捻军头目张宗禹逃跑时溺水身亡，他的部队全军覆灭。据称这就是捻军的结局。这场战争以全歼捻军胜利结束，皇上龙颜大悦，恢复了各将领的所有官职和名誉。据梅斯尼记载，捻军中的很多士兵被左宗棠和李鸿章收编到自己的部队，归李鸿章统领的那一部分捻军后来被称为"李羊"。

左宗棠抵达天津，逗留几日后前往北京。他得到了两宫太后的召见，皇上特许他骑马进入神圣的紫禁城。按照惯例，慈禧太后主持召见。她问了左宗棠很多问题，包括他的作战和其他各种事务。最后她回到回民的问题上，忽然问左宗棠要多久才能平定陕甘两省。这意外的一问让左宗棠吃了一惊，他迟疑不答。太后追问是两年还是三年，都被左宗棠迅速否决了，太后对这个问题紧抓不放，最后左宗棠坦率地说："要五年。"慈禧的声音里透出了惊讶与恼怒："什么？五年！竟然要这么长时间？"

左宗棠回答，回民问题严峻，而他能力有限，他需要时日来完成如此重任。后来有些官员嘲笑左宗棠，说他自以为五年内能平定回民起义是异想天开。在他们看来，太平天国运动威胁朝廷有14年之久，而捻军的铁蹄在各省肆虐长达16年，而回民起义亦已有六年，绝对无法在五年内平定回民起义。左宗棠说他对太后的这一问题完全没有准备，逼问之下，不得不信口回答说"五年"。如今他骑虎难下，不得不尽力兑现承诺。[①]

---

① 《年谱》，第4卷，第48—49页。

左宗棠利用在京的日子催促朝廷发放西北作战急需的资金。他意识到自己面临的最大困难就是缺少经费。10月1日，他上奏皇上评议陕甘两省的局势。奏折的主要内容如下：

其所以异于诸省者，地方荒瘠，物产非饶，一也。舟楫不通，辇迁不便，二也。

各省虽遭捻逆、发逆之害，然或旋扰旋复；或腴区被扰，瘠地犹得苟全；或冲途被扰，僻乡犹能自固。陕甘则回汉错处，互相仇杀，六七年来并无宁宇。新畴已废，旧藏旋空，搜掠既频，避移无所，三也。

变乱以来，汉回人民死亡大半，牲畜掠食鲜存，种艺既乏壮丁，耕垦并少牛马，生谷无资，利源遂塞，四也。

兵勇饷数，各省虽赢缩不同，然日食所需，尚易点缀，以粮价平减，购致非难故也。陕甘则食物翔贵，数倍他方，兵勇日啖细粮二斤，即需银一钱有奇，即按日给予实银，一饱之外，并无存留，盐菜、衣履复将安出？五也。

各省地丁、钱粮之外，均有牙厘、杂税、捐输各项，勉供挹注。陕西厘税每年尚可得十万两内外，甘省则并此无之，捐输则两省均难筹办。军兴瘠久，公私交困。六也。

各省转运虽极繁重，然陆有车驮，水有舟楫，又有民夫足供雇运。陕甘则山径崒确，沙碛荒远，所恃以转馈者，惟驮与夫。驮则骡马难供，夫则雇觅不出。且粮糗麸料，事事艰难，劳费倍常。七也。

用兵之道，剿抚兼施。抚之为难，尤甚于剿。剿者，战胜之后别无筹画；抚则受降之后，更费绸缪。各省受降，惟筹给资遣散，令其各归原籍而已。陕甘则衅由内作，汉回皆是土著，散遣无归，非筹安插之地，给牲畜籽种不可。其未及安插之先，非酌筹口食之资不可。用费浩繁，难以数计。八也。

陕甘用兵颇多，为时又久，乱后荒瘠殊常，购粮不易。各军每于人烟稍密、种植稍多地方，随宜安扎营垒。始犹借称保护庄稼，给钱办粮，继则捐派民间，不给价值,甚且搜掠殆尽,民不敢争。以致转徙流离,变而为匪;或被逆回蓄养,苟且偷生,甘为从教之人党恶助逆。章奏中所称甘省饥民、土匪大率此类居多……议开屯以省转馈,抚辑以业灾民……将欲奠此一方,永弭后患……①

这就是陕甘的形势,左宗棠的奏折简洁有力,并无任何夸大之处。左宗棠请求除目前的军费开支以外,朝廷每年增加350万两银子的军费,再另拨一笔重建经费。户部决定一共给他增加100万两军费,但不同意拨给重建经费。当时左宗棠肯定意识到户部要比捻军更难对付。10月4日,他动身前往西安时,一定是心事重重的样子。消灭捻军后不久,他就命令部队返回陕西,其中一部分进入山西,等待发动镇压回民起义的总攻。1868年11月26日,左宗棠抵达西安,立即投身作战准备当中。

---

① 《年谱》,第4卷,第49—50页。

第八章　中国回民与回民运动之初

几乎从穆罕默德的时代开始，中国就有了这位先知的追随者。在这一新的宗教流行之前，阿拉伯地区和东南亚之间已有交流，沿海建立的通商路线，一直到现在的广州市。阿拉伯商人在沿海城市和东印度诸岛几乎无人不识。有可能是这些商人中的一部分最先信奉了伊斯兰教。但根据中国的回民历史学家所说，中国早在隋朝（581—618年）就有真正的回民存在，这个说法倒是值得怀疑的。穆罕默德（约570—632年）大约在610年才开始公开传教。618年就有一两个早期的信徒来到中国，这个可能性不大。不过，到了唐朝（618—907年）初年，中国的先知信徒已人数甚众。

第一次大批信徒来到这个国家的时间大约是757年，当时回纥是个伊斯兰教国，其国王应肃宗皇帝之邀，派出4000名伊斯兰教士兵，援助唐朝镇压叛乱。唐朝平定叛乱以后，这些士兵选择留在中国，他们娶中国人为妻，繁衍后代，在这片土地上扎下根来。

唐朝末年，大量穆斯林从中亚拥入中国；到宋朝（960—1279年）仍有这种现象，不过人数稍减。到了元朝（1271—1368年）年间，中国与中亚的伊斯兰教国家交往极其自由，数万名穆斯林在蒙古人的军中服役，此外还有一些穆斯林抓住机会来中国做生意，他们人口众多，分布在全国各地。到了明朝（1368—1644年），穆斯林的地位与其他中国人无异，他们的人口迅速增长，特别是在甘肃、山西和云南三省。中国人在宗教问题上以宽容著称，他们对各种宗教思想兼容并

第八章 中国回民与回民运动之初

包，对回民也一视同仁。回民可以参加国家的科举考试，而且有相当一部分被授予官职。中国认识穆斯林上千年，在1644年之前，从未有中国回民暴动或起义的记载。在唐、宋、元和明四个朝代，回民都从未有起义的迹象。

清军入关后掀起战争，此时的回民似乎大力支持明朝统治。这无疑激怒了满人，也很大程度上影响了此后满人对待回民的态度。从清朝统治之始，回民就开始起义，且从此双方的战斗不止。1648年甘肃爆发了第一次回民起义，回民在兰州杀死了巡抚和提督。1650年，甘肃东南部的巩昌府回民起义。这些起义都被有力镇压了，此后直到1781年之前，都没有发生大规模回民起义。

1781—1785年回民起义，此时乾隆在位，他严厉镇压起义事件。此前他对回民一直采取怀柔政策，据称他甚至开玩笑地说过考虑信奉伊斯兰教。乾隆统治的最后20年发生的回民起义，让他受到了教训，他由此憎恨回民，特别是甘肃省内的回民。倘若乾隆此时还年轻，那么全国的回民可能都免不了要遭殃。此后的80年，西北的回民一直没有什么动静，直到1862—1877年的大规模的回民起义起义。

中国的回民来源各不相同。越接近中亚地区，他们的种族特征就越明显。在中国东部的省份，回民与一般的汉人并没有显著区别。越往西部，回民所具有的突厥人和蒙古人特征就越明显。中国的回民主要说汉语，或者是各种中国方言。在甘肃西北部，有一支撒拉族人，他们说的是突厥的一种方言；而新疆塔里木盆地的回民也说突厥语。新疆北部的回民有些说汉语，有些说突厥语和蒙古语。各地回民并没有联合起来，这些族群和语言之间的差异是很重要的因素。

他们没有团结起来的原因，除了族群和语言两者的差异以外，宗派不同也是重要因素。

根据左宗棠的叙述，在1781年有两位毛拉（先生）从新疆西部来到甘肃，一位叫马明心，另一位叫苏四十三，他们宣称受到真理启示，吸引了不少信徒，引发了回民之间的暴力冲突。朝廷不得不介入此事，随后回民各派纷争不断，持续了四年之久。然而左宗棠认为乾隆皇帝并未彻底杜绝后患。尽管他镇压了新教，但到嘉庆年间（1796—1820年），又有两名毛拉复兴了新教，一个姓穆，另一个叫马二。到了回民运动之时，新教已有大批信众，左宗棠声称他们分布在伊犁和吉林之间，北京也有好几千人。

回民运动时的新教首领是马化龙，此人是马二之子。起义运动的中心是金积堡，这是黄河西岸的一个回民城市，在宁夏以南约80千米处。这个地方成为回民聚居的中心已超过了千年之久。马化龙并非凡人，他拥有极大的力量，能让信徒唯命是从。新教还有一个特别之处，其教徒相信马化龙能赦免罪过。左宗棠进一步论述道：

> 臣于金积各犯解讯时，细心推鞫，有供称马化龙能知未来事者，如远客来访，必预知同伴多寡之数；从前官军攻剿宁、灵，马化龙父子兄弟悉众抗拒，预言官军将退，回民无事之类。有供称马化龙时露灵异，疗病则愈，求嗣则得之类。有供称马化龙于投入新教之人，向其自陈过犯，罚挞皮鞭，代为忏悔，即可免罪之类。①

左宗棠认为马化龙是全国最有瞒天过海之术的骗子，他的动机完全是为了谋利，他利用自己在甘肃回民中的强大号召力来敛财，积累了大量财富。

我们很难统计1862年回民运动时陕西、甘肃和新疆的回民人口，但可以间接估算。左宗棠称，陕西回民十中有九死于战争、饥饿和贫穷。②而据一位研究者估算，当时甘肃的人口从1500万减少到100万，回民的人口则减少了2/3。③但这个估算显然有误，因为当地的回民人口无疑远多于汉人，倘若所有的汉人都被杀

---

① 《年谱》，第3卷，第2页。
② 《年谱》，第5卷，第33页。
③ 布鲁姆霍尔，《中国回民》，第155页。

第八章　中国回民与回民运动之初

死——当然事实并非如此，而回民减少的人口只有2/3，那么甘肃存活者的比例就会高于1/15。倘若甘肃在战前的人口是1500万，而所有文献资料都显示，回民运动结束时甘肃人口刚过100万，那么甘肃回民的死亡率就与陕西回民相同，都是9/10。

1860年以后，不再有大批回民迁入西北，恰恰相反，西北地区有不少人迁徙到中国其他地区。布鲁姆霍尔对中国回民做过非常仔细的研究，他在1910年前后写下相关书籍，书中估计当时陕西、甘肃和新疆三地的回民，人数至少有302.6万，最多不会超过640万。我们会注意到，与其他研究者相比，640万这个最高值相对来说是比较保守的估计。考虑到当时的各种因素，很难相信1910年的回民人口与1860年相比能恢复远不止1/3。如果把布鲁姆霍尔估计的1910年回民人口数取平均值，那么保守估计，1860年陕西、甘肃和新疆三地的回民数应为1500万左右。

太平天国运动及与英法之间的战争，使朝廷的懦弱、无能与腐败完全暴露，大清王朝正在迅速瓦解。

1860年，一大股土匪，有人说是太平军，进犯陕西南部。该省驻守的军队抵抗无力，官府开始组建一支民兵来驱逐入侵者。在这支民兵中，汉人和回民被编入不同的队伍。很快双方就发生了争执，都指责对方在作战中没有尽责。这些汉人和回民是否曾打过什么大仗，都是很值得怀疑的。这些打着太平军旗号的入侵者几个月后离开了此地，但他们照例带来了动乱，让当地土匪猖獗。民兵组织继续承担保卫地方的职责。汉人逐渐相信回民曾秘密协助太平军。双方的关系非常紧张，而随后一件微不足道的小事竟成了导火线，引发了一场冲突。

1862年春，陕西东部华州地区的一些回民，砍伐了汉人村子附近的几根竹子，他们并没有征得竹林主人的同意。于是汉人向当地知州投诉。回民说砍下竹子是为了修筑回汉共同的防御工事。知州不敢责罚砍竹者，但据说却提议屠杀竹林附近某村的回民，结果引发了大规模的反抗。

1862年5月末，华州地区的回民全都揭竿而起，发动了一场起义，驻守的官军全部被击败，几日之内全省烽烟四起。尽管陕西的回民属于少数族群，但汉人恐慌一片，几乎没有抵抗。

这次起义的一个显著特点是缺乏领袖。只是民众一拥而上，领头的人作用仅局限于当地。起义没有任何纲领、计划、组织或政策。该省官府束手无策，此时朝廷正在全力对付太平军、捻军和云南起义，无暇他顾。这场运动遍及全省，地方官府最多能做到守住城市，再没有兵力派往附近乡村。

让局势更为复杂的是，西北地区的驻军超过一半是回民。西安一支由相当数量回民组成的守军离开了该城，加入到起义的回民里面。这引发了朝廷的恐慌。满人将领多隆阿曾在曾国藩手下立下赫赫战功，如今奉命调离曾国藩的部队，奔赴陕西平定起义。他劲头十足，开始执行命令，但他的军队的兵力还不足以完成任务。回民开始大批集结，这些回民队伍中开始出现领袖人物。多隆阿很快就不得不缩小作战范围，被逼至建有城墙的西安近郊。

回民起义运动发展迅猛，向西扩展至甘肃。到1863年末，甘肃除有城墙的城镇外，完全落入回民之手。运动又从甘肃扩展到新疆，乾隆于1760年在新疆恢复了中国的统治权，此后100年来中国在当地的统治从未遭受严重挑战。中国在这个地区施行的政策大致比较宽松，回民和汉人之间并不像陕甘两省那样敌对。这个地区的驻军全是回民，各地部队中只有零星的满族和蒙古族士兵。朝廷在新疆的首府设在固尔扎。

甘肃发生的事件很快让西部的回民人心惶惶，他们相继在哈密、巴里坤、乌鲁木齐、玛纳斯和吐鲁番起义。乾隆所建的固尔扎新城约有7.5万人口，这座城被彻底夷为平地。至1864年末，从潼关到帕米尔一带，只有一些城镇还在朝廷的控制之内，整个新疆处在一片混乱之中。

陕西的战争进展缓慢，官军偶尔从城中发动突击。朝廷对起义运动的镇压没有取得任何进展，多隆阿于1866年被起义军击毙。

1864年，朝廷派杨岳斌至兰州出任陕甘总督。此人曾是曾国藩水师的一员，

第八章 中国回民与回民运动之初

在长江流域的战役中声名远播。他在那儿大战太平军,英勇过人。他并非读书人出身,但被破格提升至总督。然而,他无疑水平有限,只适合任僚属。在长江流域协同陆军,指挥水师作战,他是无人能敌的。但作为陕甘总督,只听命于远在北京的皇帝,无人对他发号施令、出谋划策,他就不知所措了。不久他即被免职。

满人将军穆图善接任了总督一职,他原是宁夏的八旗军统领。按照安德鲁斯的描述,穆图善智勇双全,[①]但左宗棠却认为他两者皆无。在左宗棠看来,穆图善懦弱无能,被回民领袖愚弄。穆图善的确保住了兰州,也许是由于他安抚回民的努力,才没让各支回民军被某位首领联合到一起。不过,一座座城镇落入了回民军之手,最后只有北部的甘州、省会城市兰州及东部的平凉得以保存。局势如此糜烂,据说甘肃西部城市西宁陷落,竟然三年以后才报告给北京朝廷。[②]显然倘若穆图善稍作抵抗,也不会受到降职之罚。1866年秋,左宗棠被授命为陕甘总督,穆图善被降为甘肃巡抚。

从左宗棠被授命为陕甘总督,直到他抵达西安,已过了两年多。其中有一年半的时间,他忙于与捻军作战。但他从潼关渡过黄河、亲自率兵上阵与捻军对峙时,他委派了刘典将军替他负责陕西的战斗。随后在他力荐之下,刘典被任命为陕西巡抚。左宗棠在陕西、河南与直隶追赶捻军之时,刘典也并非无所作为。他在陕西南部驱逐了起义军,又肃清了东起潼关、西至甘肃边界的淮河流域,使从东面进入西安的道路安全得到保障。陕西北部仍然被起义军占领,他们在陕甘边界一带人多势众。

此时很难充分了解甘肃的局势。除了平凉、兰州和甘州,全省都被起义军所控制。兰州与其东部还经常能交通;而尽管黄河以下直到包头一线,其河道几乎就在回民中心金积堡城下经过,这段路也仍然保持畅通无阻。

[①] 安德鲁斯,《中国西北的伊斯兰教势力》,第81—83页。
[②] 普尔热瓦尔斯基,《蒙古》,第2卷,第124页。

甘肃的伊斯兰教势力有四大中心。西北部的金积堡是新教的中心，其领袖是马化龙。第二大中心是兰州西南面的河州。河州回民多数信奉老教，其领袖是马占鳌。第三大中心是兰州以西的西宁地区，这里的主要领袖是马尕三。第四大中心是甘肃西北的肃州，其领袖是马文禄。西宁和肃州的回民多数信奉新教。然而，在整个回民起义运动中，四大中心并没有协同作战。甘肃的两个主要领袖是马化龙和马占鳌，但两人关系并不好。各势力之间只在偶然情况下相互援助，且并未取得显著效果。

马化龙是起义军当中最杰出的领袖，但他的地位十分微妙。毫无疑问，他鼓舞并资助了回民起义运动，又推动起义运动发展长达七年之久。然而在朝廷看来他却是个友好人士，支持大清王朝的统治。种种证据表明，穆图善在宁夏时与他有密切交往，且非常信任他。无疑，这就是兰州的河道多年来保持畅通的奥秘。马化龙两面讨好是出于何种动机，是这场回民起义留下的一个大谜团。

甘肃各地落入了回民军之手，新疆的局势与甘肃大致相同。新疆的主要起义中心是哈密、乌鲁木齐和玛纳斯，但三者之间各行其是，也毫不关心甘肃的事态。伊犁河谷的局势一样糟糕，当地回民内部起了激烈冲突，以至于俄国人伺机而入，侵占了整个河谷。

从陕西到帕米尔的起义运动风起云涌，出现了许多可乘之机，但只有塔里木盆地有回民立国，出现了政治实体。阿古柏在那儿建立了"哲德沙尔"汗国。

第九章　镇压陕西和甘肃东部的回民运动

1868年11月26日，左宗棠抵达西安，马上开始为平定陕西做最后的军事准备。陕西省局势大致如下：陕北除几座城镇以外，全部被回民军和各个起义军控制。这些起义军由不同的头目率领，据说超过10万之众。在甘肃东部，以及东至凤翔、邠州和鄜州，回民军的部队超过了20万人。陕北的朝廷驻军仍然控制着宜川、鄜州、延安和榆林。长城中的一段处在陕西和蒙古边界，榆林就在这段长城之下，由满人将领金顺驻守，此人后来在左宗棠手下作战，立下汗马功劳。渭河流域由左宗棠直接统领的总计有70营部队，他另有50营的人马在山西集结，由刘松山统辖。他的部队兵力共计约6万人。

按照左宗棠的作战计划，他将派出大部队以增强宝鸡、凤翔、陇州和乾州的驻军兵力，命他们守住渭河，阻止回民军沿渭河进入陕西中部，此时他就率主力部队肃清陕北。他计划派出四路部队挺进陕北。张曜与刘松山部队从保德渡过黄河，大致沿长城向西南进军，减轻金顺在榆林的作战压力，然后继续向西南开进。刘松山在汾州以西渡过黄河，夺取绥德，沿着横跨陕北的通商之路西进。郭运昌从同州北进，通过宜川，到达延长，然后西进延安。第四路部队在宜君集结，由三名将领分别率领。他们向北进发，穿过鄜州，进入甘泉，一支队伍从鄜州转向西进，另一支驻守甘泉，还有一支从甘泉西进。

左宗棠常常被其同时代的人责怪，那些人多数身在北京朝廷。他们指责左宗棠毫不振作，行动过于缓慢。李希霍芬1872年在西安活动，甚至他也记载道："截至目前为止，普遍传闻左宗棠的作战明显效率低下，行动迟缓，缺乏干劲。"①

1868年11月末，左宗棠抵达西安。次年1月16日，刘松山在汾州以西渡过黄河，向绥德挺进。大约同时张曜从保德过河，向榆林进发。南面的两路部队出发日期并无记载，但按照惯例，四路部队都应在1月15日前后出发。考虑到陕西地形的复杂，以及中国当时西部交通的不便，而左宗棠抵达前线才七周，就可以从几处相隔如此之远的地方调派四路部队，这样的将领显然不缺干劲。

在绥德附近集结的起义军被刘松山击败，损失6000兵力。他们放弃绥德，向西逃亡。刘松山紧追，重创逃敌，起义军伤亡惨重。他们止步镇靖堡，向逼至跟前的刘松山投降。这支起义军的主要首领是一个姓董的回民，他的儿子董福祥随后成了起义军的一位新领袖。刘松山赦免了所有投降的人，1869年1月30日镇靖堡归降。

与此同时，张曜驱逐了榆林的起义军，继续向前进发，与刘松山部会合。他们前进至定边，这里的其他几支起义军也效法镇靖堡投降，其中包括董福祥。据《年谱》记载，2月5日，有10多万归降的回民请求刘松山大赦，刘松山同意了。②董福祥加入官军，为大清皇帝立下汗马功劳，因1900年率部攻打各国使馆区而声名远播。

刘松山此战大捷，但这只是表面上的胜利。很多投降的起义军很快侵扰他的部队的交通线，有些则南下对抗左宗棠的另两路部队。刘松山留下一支队伍驻守定边，自己率领主力返回靖边。他从靖边东进至安定，此地位于战区的中心，他在此扫荡了陕北的起义军，和北上的部队协同作战。而这场战争中最艰巨的任务，似乎是由郭运昌这一路部队承担。

---

① 《李希霍芬信件集》，第105页。

② 《年谱》，第4卷，第54—55页。

第九章　镇压陕西和甘肃东部的回民运动

从地质学的角度上说，陕北和甘肃在远古同属一个山区，表面沉积着上百米厚的黄土。这种沉积土的特点之一就是具有腐蚀性，被腐蚀后会垂直开裂。因而在黄土覆盖的地区，每一条溪流和每一道沟谷旁都是一堵坡度垂直的黄土墙，墙高往往达60米。在河流和流量较大的溪流两侧，土墙逐渐向上倾斜，形成层层阶地。原有的山脊和山峰都已风化。因而所有的道路都随山脊或山谷起伏，而山脊很少，山谷很多。山谷里的道路先随溪水而转，又沿着沟谷延伸，通常宽不过几米，两边都是高达上百米的悬崖峭壁，延绵数千米。

此地是起义军展开游击战的理想地区，而对闯入的进攻部队来说，由于他们并不熟悉这种独特的地貌，就会遇到重重障碍。

离开了宽阔的溪谷，哪怕没有敌军的出现，夜间的行军也变得十分危险。郭运昌往往没有走山谷和峡谷的路，行军路线与其成直角，且所经之处是地势较低的地方，没有走上少数的几条山脊。因此他的行军速度十分缓慢。从宜川出发的第四路部队较为幸运，北上至甘泉都是大道，这条大道从西安延伸至榆林，已使用了三千多年。

四路大军对起义军展开有计划的扫荡，步步紧逼。在多次交战之后，起义军被迫从陕西撤退，进入甘肃。1869年5月15日战争达到高潮，从甘泉而来的魏光焘部队在保安围困了数千名起义军，一举肃清。到6月1日，陕西境内稍具规模的起义军部队都被肃清。然而，左宗棠手下的部队扫荡陕西之时，他自己却麻烦缠身。

3月22日左宗棠在乾州建立总部。3月25日，刘松山的湘军部队发生严重兵变。这次兵变由驻扎在绥德地区交通线的部队发起。据说这些部队分布在道路两旁，许多回民军的密探前来煽风点火。他们对湘军说，你们离家千里，吃尽苦头，还要往西去；越往西走，越是艰难。兵变波及到清涧的部队，这里叛变的士兵杀害了将领高连升。刘松山匆忙从安定赶到兵变之地，果断行动，很快恢复了部队的秩序。

然而，在他平定兵变之前，就有消息传到了北京，且严重夸大其词。有消息说，左宗棠所统领的所有军队要不都已叛变，要不即将叛变。有御史上奏皇帝，认为倚仗南方人的部队征战西北不切实际，应该遣散所有部队，然后募集北方人作战。

曾国藩立即干预此事。他与左宗棠关系平平，但刘松山是他的爱将，他极力为之辩护。他也逐一驳斥了每条有关湘军的不实之言。他向皇帝保证，这次兵变并不是一次严重事件。左宗棠奉命写一份详尽报告，而此时他已可以禀奏皇帝，事件已全部平息。77位兵变的首领被处决，几支军心不稳的部队解散，其士兵分别编入其他忠诚度较高的队伍。然而，这次事件给左宗棠的很多敌人提供了可乘之机，他们对此念念不忘，总是伺机中伤他。

高连升的死讯让左宗棠非常悲恸。某日午夜已过多时，他仍在大营中奋笔疾书，撰写一篇有关高将军的悼文。此时一只小鸟飞进营中，在他旁边歇息。有个传令兵抓住了这只小鸟，到户外放走了它。几分钟后它飞了回来。传令兵又把它抓到户外，小鸟却咬住传令兵的手不放，似乎不愿离去。左宗棠为此心潮起伏，他在写给友人的信中说，他觉得那是高将军的在天之灵来看他。[①]

很快，困难接踵而来。左宗棠有120营部队，其每年的支出需要460万两银子。其中有150万两，即约1/3是运输费用。按照户部的命令，这些经费由若干省份分担，倘若有任何省份延迟或不予提供，左宗棠也奈何不得。他对陕甘两省以外的地区没有任何权力。为解决经费问题，他请求朝廷任命一位钦差大臣常驻西安管理经费。朝廷派袁保恒到西安，负责接收所有资金，并监管陕西的支出；而甘肃的支出由左宗棠监管。钦差大臣是全国最高级别的官员，但他的权力仅限于朝廷委任时指定的职责范围。

袁保恒不管行政和军事，只负责财政，相当于财政代理。但他代表皇帝行使职权，倘若某省没有为陕甘部队提供指定的作战经费，而他要求该省官员为此做

---

① 《年谱》，第5卷，第4页。

第九章 镇压陕西和甘肃东部的回民运动

出解释,那么这就是严重的事件了。无视总督的要求不太要紧,但钦差大臣的命令就绝非儿戏,不得马虎应付。

左宗棠把回民军逐出陕西后,便准备向甘肃进发。1869年6月28日,他把总部迁至甘肃边界的泾州,开始为攻打回民军大本营的关键之战做准备。他把攻下金积堡中心视为第一要务,决定集结重兵逼降那一带的回民军。他对马化龙其人不存任何幻想,但他确定此人就是甘肃境内所有回民军的首领,于是决定先对付他。马化龙很快就会发现,他所面对的这个对手比杨岳斌、穆图善可怕得多。左宗棠计划兵分三路西进甘肃,一路沿渭河而上,一路走旧的官道,沿西安、泾州、平凉、静宁、安定、兰州一线进发,另一路从陕北前往金积堡。其中来自陕北的一路兵力最强,是战役初始阶段的主力。

官军控制着甘肃东部的秦州、灵台、泾州、平凉、庆阳、宁州、正宁与合水,而在陕西西部和北部,所有城市都有重兵驻守。交通要道有三条,南面的一条从西安沿渭河向西,中部是从西安开始的官道,北部自山西汾州开始,穿过绥德直到靖边。《年谱》没有说明左宗棠在甘肃投入多少兵力作战,但由于他必须留下大量驻军,又要防卫很长的交通要道,因此作战兵力无疑大大减少。他能冲锋陷阵的兵力很可能不超过3.5万人。

为实施这个作战方案的总体部署如下[①]:

刘松山沿长城一线的道路前进至灵山和金积堡。张曜和金顺率一支骑兵沿黄河东岸而下,直达磴口,渡过黄河在宁夏以南作战。

中路部队又分成三支,魏光焘率一支西进庆阳,刘端冕率另一支驻守合水,雷正绾和黄鼎从平凉地区推进至固原。

吴士迈在秦州阻截回民军,防止他们顺渭河而下进入陕西。

马德顺驻守灵台,其部队作为后备,遇到紧急敌情时支援三支中路部队或吴

[①] 《年谱》,第5卷,第8—9页。

士迈部。

左宗棠从甘肃的地方部队调遣几营开往徽县，此地在甘肃东南部、秦岭以南，以防回民军越过山岭进入渭河河谷。

左宗棠用了整个夏天为这场大战做准备。也许是夏季暴雨使甘肃东部的道路泥泞难行，这几个月各路兵力进展迟缓。发起攻击的重任落在刘松山身上，他于1869年9月2日开进花马池。9月6日，他发动进攻，次日即在花马池以西击败一支回民军。他没有夺取灵州，其原因不明，从灵州经过后于9月12日占领吴忠。马化龙设法让洪水淹没金积堡附近地区，派出回民军侵扰刘松山部与陕西的通路。刘松山被困于吴忠近一个月。种种迹象显示，马化龙在运用智力向左宗棠和刘松山施压。他人脉很广，甚至在北京也有人支持他，说他并非起义军。他让驻守归化的满族将军上奏皇上，指责刘松山。甘肃巡抚穆图善向皇上告发刘松山，说他屠杀百姓，杀害降兵，迫使热爱和平的回民起义：

忽接马朝清（即马化龙——译注）函开，提督刘松山带领大兵突抵吴忠堡，率行抢杀，有不分良莠之意，难免已降回民猜疑，聚众滋事……则金积堡与灵州均唇亡齿寒，自不免群生惶惑，铤而走险，势所必致……左宗棠剿而后抚，亦未必能坚固回民之信。臣虽将交卸，不敢知而不言，除飞饬胡昌会督同马朝清仍行妥为开导弹压本地回众，毋得妄起猜疑……①

这些奏章都转交给左宗棠过目，他奉命调查刘松山的行动，并向皇上详细禀告。左宗棠看到这些人对他的策略横加指责，不由得暴跳如雷。他并没有费心调查，因为他认为自己对事实情况了然于心。他一针见血地指出，马化龙这个人是全国最具威胁性的人物，他是这次回民起义的首领。他掠夺汉人的财富运至金积

---

① 《年谱》，第5卷，第18—19页。

第九章 镇压陕西和甘肃东部的回民运动

堡,把抢来的汉族妇女分给信众,又迫使汉族男人为其做苦力。宁夏和金积堡方圆几百里之内,几乎找不出一个自由的汉人。数月来他一直在金积堡修筑防御工事,收集武器和弹药。

左宗棠竭力为刘松山辩护,对他赞赏有加:"臣与曾国藩议论时有不合,至于识拔刘松山于凡众中,信任最专,其谋国之忠,知人之明,非臣所能及。"言下之意,似乎倘若他能与曾国藩就某事达成一致,那么此事就绝无差池了。

马化龙宣称,他金积堡的信众本是和平之士,但陕西回民是坏人,把他们煽动了起来,他也无法控制局势。10月初,这些陕西回民对吴忠的刘松山发动猛烈进攻。刘松山反攻回去,全线往南,向金积堡进发。10月27日,他幸运地截获了马化龙写给另一位回民军领袖的信,信中敦促所有回民军部队必须协同作战,对抗左宗棠的部队。这封信的关键之处,是它盖有大印,印章上注明马化龙是所有回民军的统帅。

中国人最看重印章,他们极为重视这封信。它成了马化龙对朝廷阳奉阴违的有力佐证,也说明他就是起义军的领袖。左宗棠派信差快马加鞭带着此信赶往京城,同时命令刘松山发起总攻。这封信和所盖的印章让天子深信不疑,于是传出圣旨,还刘松山以清白,并将马化龙及其信众视为敌人。①

刘松山现在竭力对付灵州,于11月2日夜攻下该城。11月5日,他重新向南部进攻。金积堡位于一小片平原的南部,东、南、北三面环山,西面是黄河。灵河从南边流入山区,被引入整个平原以灌溉田地。这片土地非常丰饶,在回民运动期间供养了庞大的回民人口。此地有灵州、吴忠和灵宁三座城,还有许多村子。整个平原河渠交织,所有的村子都建有防御工事,回民军还设下了重重障碍,封锁了每一条通往金积堡的道路。金积堡是个繁荣的贸易中心,数百名商人来到此地,与蒙古人做茶叶和盐的交易。这是一座回民聚居的城市,没有汉人官员驻扎

---

① 《年谱》,第5卷,第23页。

此地。官员常驻在灵州。

11月及12月，刘松山在作战中取得一些进展，攻下了一个个村子。到年末时，他从北面和东面逼近了金积堡，与之距离不到5千米。金顺和张曜则肃清了磴口之上的宁夏地区，占领了整个宁夏平原。在南部，中路部队在10月时已西进会宁，穿过固原，北上至黑城子。

此地回民大多来自陕西，由白彦虎统领，此人是陕西回民军首领中唯一留名的。他被官军驱赶至西南的狄道。马化龙要求他折返北部协助其防守，以防左宗棠派兵北上增援刘松山。白彦虎与西宁和河州的大批回民军会合，于1870年1月一同向北进发。1月前后，河州回民军的一些小分队向东突进，在泾州和静宁集结，不断侵扰左宗棠的军队。马化龙另派几支部队进入陕北，攻下定边，切断了刘松山从绥德运送粮食的道路。绥德的一支部队奉命出击，恢复通路，同时也派出包头的官员穿过鄂尔多斯给刘松山的部队运粮。

马化龙发现朝廷已与之为敌，刘松山又步步进逼金积堡，他意识到要立刻采取行动了。他号召整个甘肃的回民援助他，而这些信众纷纷响应，揭竿而起。这些回民决心抵抗到底，假如他们有一个才能相当的领袖，就会把左宗棠的军队逐出甘肃。中国的起义军似乎都爱采用围魏救赵的军事策略，当某处据点受到威胁，就派出重兵对远处的敌军据点进行反威胁，以此牵制原据点的敌军。在太平天国运动和回民运动之中，太平军和回民军在危急关头，都极少把自己的强大兵力调集起来围困官军，将之一举歼灭，反而总是采取上述策略以分散官军的注意。

《年谱》记述的各军活动情况错综复杂，要据此归纳出一个作战计划很不可靠，很可能会让人误入歧途，生造出一些子虚乌有的事情。但在此危急关头，马化龙似乎确有计划，他将所有可调用的回民军都集结在陕西，意在使左宗棠把刘松山召回该省。不过到了1月下旬，他开始担心左宗棠的中路军北进，于是下令各路回民军守住各个关口，防止左军从固原翻山向金积堡进发。

左宗棠在甘肃的首要作战任务，就是攻下金积堡的回民中心。他认为他的北

第九章　镇压陕西和甘肃东部的回民运动

路军很快就能攻下金积堡了，而这番对局势的估计却未免过于乐观。他命令雷正绾沿清水河而上，黄鼎则从固原穿过预旺堡，让这两路部队在金积堡之下与刘松山会合。1月及2月初，刘松山已在金积堡北面、东面和南面攻下了设防的村子和道道障碍，逼至城墙之下。在他不屈不挠的精神鼓舞下，他的部队继续进攻，尽管进展不快，但仍步步进逼。

1870年2月14日，刘松山发动突袭，进攻筑有防御工事的马五寨，此地离金积堡南面的城墙约1500米。激战当中，总是身先士卒的刘松山身负重伤。他手下的两名将领看见他从马上倒下，冲上前去扶他，但刘松山叫他们继续作战，不要在自己身上浪费时间。据《年谱》记载，他的士兵们见首领倒下，群情激愤，一拥而上，攻取了马五寨。他们也许的确攻占了此地，但却未能坚守。随着刘松山的阵亡，他的军队再不能凝聚成一个整体，每支小部队各行其是。这支军队丧失了全部的凝聚力，而众多的将领中无人有能力挺身而出，稳定军心，恢复团结。

马化龙最大的敌人已死，他马上利用官军由之而产生的混乱局面，抓紧时机向东面发动猛烈进攻，把左宗棠北路的部队截成两部分。靠北的那一部分部队退回吴忠，陷入回民军的包围之中。而在马五寨的那一部分左军被驱逐到南边。他们试图夺回牛头山，又被击败，向南面逃去，与黄鼎那一路部队会合。与此同时，雷正绾的部队在峡口遭遇回民军反攻，但他们仍然努力向前突进。左军在金积堡节节败退，这极大地鼓舞了回民军，他们猛烈进攻雷正绾的部队，将其围困，左宗棠只好派出兵力营救。

雷正绾、黄鼎和刘松山的一部分兵力全都撤退到固原，回民军则占领了具有战略意义的预旺堡。金顺和张曜尝试从宁夏南下增援金积堡的部队，但他们也被击败，只得向北撤退。这短短的几日，左宗棠遭遇了人生中最大的劫难。他在固原的部队已被击败，只剩残部；另一支部队被围困于吴忠。从固原到吴忠，整个甘肃东部都失去了防卫。马化龙其人天赋异禀，有各种才干，倘若他再添上将帅之才，无疑能把左宗棠逐出甘肃，或许还能赶出陕西，从而沉重打击清朝的统治。此时回民士气高涨，正是最好时机，可在领袖召令之下凝聚成一支团结的军事力量。然而这样的时机很快就溜走了，这场战争从此再未曾出现这样的天时地利。

马化龙命令金积堡地区的部队悉数而出，开往陕西，途经地区有甘泉、鄜阳、韩城与合阳。阻止左军中路向金积堡增援的回民军部队，与河州回民军联合，分散在甘肃东部各地的游击队亦来会合；这一大批兵力通过三水、潼关、浦城、富平、同州和朝邑，最后拥入陕西。回民军对此地的村庄了如指掌，而且大多骑马行军，长驱直入。显而易见，马化龙要回民军这次的行动持续几周，大概他认为如此一来，左宗棠就会匆忙撤出甘肃，增援陕西。有人面对这样的重创，肯定会惊慌失措，但左宗棠不在此列。他并无离开甘肃的打算。倘若有人能向马化龙提些更明智的建议，他就应该乘胜用重兵逼退左宗棠，而非靠在陕西战乱引他转移。

左宗棠从1869年12月3日开始把军队总部设在平凉。回民军向陕西转移，北京朝廷的反应要比平凉的左宗棠激烈得多。朝廷被回民军的一系列反击弄得心慌意乱，命令李鸿章率其训练有素的淮军前去陕西挽救危局。朝廷的此番举措出其不意，显然比回民军的行动更令左宗棠恼怒。虽然并无资料记载左宗棠和李鸿章有何具体过节，但大致可以肯定，左宗棠并不怎么喜欢李鸿章其人。

左宗棠在甘肃部署的兵力不多，几千名回民军冲破左军的防线进入陕西，而《年谱》并未详细描述左宗棠应对这一局面的措施。据记载，他命令正在会宁官道作战的徐占彪返回固原，统领固原的部队向北进攻，开往金积堡。左宗棠又派出两路部队进入陕西，分别由刘端冕和李辉武统领。刘端冕越过庆阳一带，向东推进，击败分散在鄜州和甘泉地区的回民军小分队，转而向北，沿着连接绥德、灵州和宁夏的大道向西，抵达定边，3月末肃清了从黄河到甘肃边界的回民军。李辉武从官道进入陕西，在武功与扶风击败回民军，重新恢复了从左宗棠总部到西安的交通。

第九章　镇压陕西和甘肃东部的回民运动

在南部的道路上，从狄道和河州开来几支回民军的精兵，沿渭河两岸向东扫荡，让吴士迈忙于应战。吴士迈在漳县击败渭河以南的回民军，成功把他们逐出甘肃南部的秦岭。渭河以北的回民军在3月末前后进入陕西，过境陇州、汧阳，在宝鸡打败左宗棠的部队。漳县一战后，吴士迈迅速转移至陕西，于4月14日在汧阳击败回民军，将之截成两段。回民军一段东进浦城和白水，另一段向西北穿过陇州地区，进入甘肃。左宗棠随后又派出张福齐率一路部队前往陕西，沿平凉至西安的大道进发，吴士迈则返回巩昌。徐占彪从固原北进，3月10日重新夺回战略重镇预旺堡。这一地区的绝大多数回民军已前往陕西，徐占彪从固原向预旺堡的推进想必没有受到太大阻碍。

两大拨回民军从甘肃东部横扫而出，他们肯定是在陕西东部的同州与黄河间的某地会合，或在此地呈会合之势，但《年谱》并无记载；里面只提到这些回民军一支支返回甘肃，多数是过境宁州进入固原一带。在宁州的魏光焘和在固原的徐占彪与这些回民军激战，把他们打得溃不成军，残部往西逃到狄道与河州。5月初，陕西回民军零星回到甘肃各地。回民军在2月曾迸发出巨大的能量，军队空前团结，士气高涨，但由于缺乏富有谋略和目标明确的领袖，这一切如今都烟消云散。马化龙错过了他的绝佳时机。

1872年1月初李希霍芬到访西安，他对回民运动的描述，从一些有趣的侧面反映了1870年春的陕西局势。他记述了左宗棠对回民军的全线反击，指出根据当时的普遍报告，那年早春的局势是整个回民运动时期最为糟糕的。朝廷在这一紧急时刻命令李鸿章前往陕甘两省，他率领40营部队从武昌赶来，共计有2万兵力，全部配备外国制造的武器和装备。然而，他还未赶到目的地，又奉命前去直隶处理天津教案。

他（李鸿章）把部队留在陕西，把指挥权交给刘将军，此后刘将军一直负责带领这支部队作战。李鸿章（或者说是他的外国武器）声名远播，回民军看到他的部队开来，立刻不战而退。我遇到的淮军里没有一个士兵曾见过回民军。淮军没有任何伤亡，就立刻在陕西省内清除了全部有组织的起义者，只剩下一些散兵游勇。陕西的回民军主力撤退到甘肃，那里的回民接纳了他们，不过据说两者之间的关系并不太和睦。

从1870年春开始，陕西可以说是恢复了相当程度的安宁……战争现在进展到甘肃，这里如今是战区的中心。我必须指出一个令人震惊的事实：刘将军没能抓住他最有利的时机，只是按兵不动，过去18个月里都驻守于与甘肃接壤的陕西边界。他让左宫保（即左宗棠）独自应付甘肃的所有作战，显然他们两人关系平平；尽管他的军衔比左宫保低，但左军与敌军的斗争如火如荼之际，甚至战斗就发生在附近，他却从未施以援手。

据说左宫保直接指挥的兵力约有200营。号称10万大军（不包括刘将军部），这些兵力几乎全部署在甘肃。左宫保似乎缺乏进取心和干劲，但他是个谨慎而心思缜密的将军。他之所以未能在战场上取得有效进展，是由于他的部队战斗力远远不如李鸿章的淮军，而且原来的装备太落后。后来他们得到了一大批外国武器，但据说多数都被回民军所抢走，左军还未习惯使用这些武器。不久前左军有一批新装备到了甘肃，但回民军拦截了运送的列车，杀死护送的士兵，夺走了那些武器和弹药。①

这位杰出的旅行家在西安停留了大约一周的时间，其间写下了上述他观察到的现象。显然他引用的评论，几乎全部来自李鸿章的军官所提供的信息。因此他对左宗棠印象不佳是不足为奇的。遗憾的是，李希霍芬没能按原定的旅行路线前往甘肃，没有目睹左宗棠指挥作战。在众多描写中国其人其事的作家之中，很少有人能像这位德国人一样，既有非凡的洞察力，又有娴熟的表达能力。假如他去

---

① 《李希霍芬信件集》，第105—106页。

第九章 镇压陕西和甘肃东部的回民运动

了甘肃，他的观察记录将会使人备受启发。

据《年谱》记载，李鸿章于7月刚刚抵达潼关，便立即奉诏北上，从未进入陕西境内。大致可以推断，他的部队至少有一部分是在他之前出发的。同样可以断言的是，在陕西的危局解除之前，他的部队还没有全部抵达此地。李鸿章及其淮军的名字，尽管外国人听了如雷贯耳，平定陕西却无任何功劳。

如前所述，1870年春陕西发生的事情，《年谱》中并未详述，没有足够信息可清楚推知事件的结果。然而根据其中已有的资料，再对照当时的整个局势，我们大致可以做出推断，得知左宗棠对局势的预测，以及他为了重夺战争主动权而采取的措施。可以肯定左宗棠当时的想法。他自信自己在陕西的重兵能守住地位重要的城市；而陕西已成一片废墟，回民军在乡下并不能造成太大的破坏；要他尾随行动神速的回民军进入陕西并围困他们，这肯定是不切实际的；他在陕西只能打通并防卫他的交通线，除此之外再无作为。刘松山死后金积堡地区作战不力，要把回民军逐出陕西，最有奏效的方法就是重新凝聚部队军心，集中全力攻打金积堡这个回民大本营。

左宗棠认定马化龙正是甘肃回民军的最高领袖，只要他能让这个回民意识到他并不打算离开甘肃，相反却是决意要攻下金积堡，那么马化龙自然就会命令他的回民军部队离开陕西，赶到甘肃增援。徐占彪从固原向预旺堡迅速进发，左军被围困在与金积堡近在咫尺的吴忠一路仍顽强抗击，刘端冕亦努力恢复金积堡地区到黄河之间的交通，这已经让马化龙心中清楚，他的部队应在甘肃而非陕西，但他知道一切为时已晚。只有这个假设才能解释马化龙在1870年春的举动，他当时下令回民军迅速撤出陕西。但他们返回甘肃时军心已涣散，对马化龙意义不大。倘若是经验丰富、纪律严明的部队，在经过几番猛烈行动又毫无战果之时，仍可以保持战斗力，但没有系统组织的部队就无法办到了。回民军没有打乱左宗棠的阵脚，却打乱了自己的阵脚。可以说左宗棠在2月下旬对局势的估计，如今已完全应验。回民军对自己的了解还不如左宗棠。

对左宗棠来说，最令他痛心的事情莫过于失去了刘松山。那是一位战功赫赫的将领，在曾国藩最初组建的湘军部队开始成名。他去世时还不到39岁，却几乎持续征战17年之久。据说在太平军进犯湖南时，刘松山与河南南阳一女子订下婚约，但他却忙于作战，没有时间成亲。1868年镇压捻军后，左宗棠马上准他假期，让他去河南成亲。刘松山和他的新娘只待了两周，就奉命即刻去陕西带兵作战，开始向陕北进发。他并不是读书人，且几乎不识字，但他有卓越的领导才能。他征战的足迹遍布湖南、湖北、安徽、江西、广东、福建、河南、山西、直隶、陕西和甘肃，他还被任命为广东提督。左宗棠私底下非常欣赏他，在手下诸将中对他最为倚重。据《年谱》记载，刘松山的死讯传出时，左宗棠这位身经百战的大将也泪流满面。

北路军群龙无首，必须马上任命新的统帅。刘松山的侄子刘锦棠一直跟随叔叔作战，参与了绝大多数的战役，左宗棠举荐了他。刘锦棠的级别比北路军中的几位将领低，为了弥补这一点，左宗棠请皇上授予他一个京城文官的头衔。京官比各省同级官员的地位要高，而文官在任地都比同级武将的身份优越。皇上准奏，于是刘锦棠成为金积堡地区左军的统领。

这个任命还考虑到另外一点。刘松山的部队由湖南人组成，与他协同作战的其他将领则统率着其他省份调遣的部队。湘军有个特性，他们不愿服从外省将领的命令，因此必须顾及他们的感受，任命一个湖南人做统帅。刘锦棠虽然并非科举出身，但其年轻时也是一个读书人。后来他带军作战表现突出，甚至比他的叔叔更加领导有方。左宗棠从官员中选拔大将时很少出现差错，他总是独具慧眼。

从3月到4月，刘锦棠牢牢控制了金积堡的局面，他突围而出，并扩大了战场。这其中一个重要因素是金积堡回民军兵力的大大削减，很多回民军部队那时还在陕西。4月末，马化龙向刘锦棠请求招安，他说春耕时节快要结束，他的回民们必须种粮食了。这件事上报给左宗棠，他回复说马化龙必须先交出所有的武器和马匹。马化龙拒绝了这个条件，于是此事不了了之。5月初，金运昌率援军

第九章 镇压陕西和甘肃东部的回民运动

从陕北赶到，与刘锦棠会合。如此一来战局逆转，官军由防御转为主动进攻。

马化龙故技重演，侵扰绥德的运输通道；然而现在左宗棠牢牢控制了这条道路，回民军未能得手。6月和7月，刘锦棠逐步推进，重新夺取了许多村庄，他的叔叔去年曾攻下这些层层防御的村庄，后来又被回民军占领。在东面，刘锦棠受到激烈抵抗，但他打败了回民军，攻下马八条、马七寨和胡家堡三个村子。金运昌从北面推进，逼至金积堡城墙下1600米之内。

8月，左宗棠从南边调来分别由雷正绾、黄鼎和徐文秀统率的三路军队，封锁了通向金积堡的所有道路。他派出一支重兵前往峡口，命其守住这个要塞，并保证平凉到金积堡的道路畅通无阻。金积堡周围，回民军层层设防的村庄一个个陷落，在金积堡周围作战的部队已经实现合围，把马化龙的大本营围得水泄不通。

金积堡西北面修筑了第二道城墙，内有该城的贸易区东关。9月12日，刘锦棠攻破这一道城墙，一举夺取了这个地区。他烧毁了东关，破坏了3000多个商铺和贸易点。他的部队开始在距城墙约700米处挖壕沟。据说壕沟有9米宽，6米深，沟里注满了水，使回民军无法从城内突围。9月26日壕沟就挖好了，说明部队一直在充分发挥士兵们的劳动力。

在其他战线上，左宗棠现在完全占据了上风。渭河流域的部队已向西进发，6月占领了洮河边的狄道，这座城市的战略地位十分重要。左宗棠命令部队镇守狄道，停止西进。在中部，他扫荡了西至安定和会宁的乡村。他的战线大致跨越了狄道、安宁、会宁、海城和中卫。看起来他已经放弃了跨越陕北的通道，把兵力集结在平凉至金积堡一带。他在这段路上派了30营的部队驻守，以保证道路畅通。所有后备兵力都被调遣到金积堡，到北线作战结束，他在金积堡周围已集结了71营部队。此时每营部队的兵力已大大减少，金积堡城下的部队兵力大概不会比2.5万多多少。他开始越来越多地调动甘肃的地方部队作战，由湖南将领周开锡指挥。这些部队曾在甘肃境内的秦岭山脉以南作战，有些曾增援夺取狄道之战。这些甘肃的绿营军平常有5万多兵力，但如今肯定已大大减少，大概只剩下一半。

左宗棠面临的问题有些棘手,许多甘肃回民投降,接受了招安。他必须看管这些人,也担心他们会不会再次起义。这一时期陕西荒废的土地比比皆是,于是他把这些回民与其他百姓分离而居,把他们安置在一个个回民村里。村子里只有回民居住,另外派一小支驻军,这一做法取得了很大成效。他就安置回民写的奏折不无趣味。奏折的部分内容如下:

再,办回之道,与办发逆、捻逆不同。发逆剃发,捻逆抛弃马械,即与平民无殊。故战胜受抚,给以免死牌票,资遣归家,如其措置得宜,便可相安无事。其无家可归及悍骛不驯者,或暂羁之营中,钤以军令,编管既密,久亦相忘。解散之策行,则贼势孤;安插之地多,则贼群涣。此办发逆、捻逆必由之道也。回则不然。其与汉民积仇既深,婚姻不同,气类各别,彼此相见,辄起杀机,断难孚洽。又种族攸分,状貌亦异,杂一回民于稠众中,令土人遍识,必能认别,百不一爽。回民中岂绝无稍知顺逆、亟思自拔来归者?然久处贼巢,既苦头目之侵陵迫胁;甫离巢穴,又畏汉民之报复寻仇。当死生莫卜之时,靡不依违其间,以求苟免。此解散之难也。

以陕回人数计之,从前无事时,散处各州县地方丁口,奚啻数十万。现计除西安城中土著两三万外,余则尽族西行,陕西别无花门遗种。即合金积、河、狄、西宁、凉州等处现剩陕回计之,丁口亦不过数万。其死于兵戈、疾疫、饥饿者盖十之九,实回族千百年未有之浩劫。区区遗种,既无归陕之望;就甘地安插,而甘民痛定思痛,又不免他族逼处之虞。此安插之难也。迭奉谕旨:"不论汉回,只论良莠。"仁育义正之怀,昭然若揭。回民亦具人心,岂独毫不知感?无如仇衅四结,每苦无处求生,莫知祸之所届。

臣维解散安抚,实办回不可少之着。因于经理屯垦之余,划出荒绝地亩稍成片段者,以处求抚之陕回。现在平凉大岔沟等处,收抚陕回老弱妇女及务农丁壮约数千人,均给以赈粮、牲畜、籽种,课其耕作,与赈抚各属灾黎,招辑屯垦,

第九章 镇压陕西和甘肃东部的回民运动

一律办理,以广皇仁。①

回民军突袭陕西,给左宗棠招来了全国官员的批评之声。对金积堡的围攻到1870年秋时,北京朝廷也开始认为左宗棠的作战没有取得丝毫成效。10月上旬,他接到皇上的谕旨:

陕甘回匪滋事以来,朝廷轸念西陲,大伸挞伐,特命左宗棠为钦差大臣,督兵剿贼,厚集兵力,宽予限期,计每岁拨用饷银不下八百余万两,该大臣于行军、筹饷事宜有所陈奏,无不立见施行,倚畀不谓不重。乃自抵甘以后,虽据迭报胜仗,总未能痛扫贼氛,致金积堡一隅之地,至今日久未下,逆首稽诛,军务安有了期!竭东南数省脂膏,以供西征军实。似此年复一年,费此巨帑,岂能日久支持?该大臣扪心自问,其何以对朝廷?②

左宗棠对此的回复非常克制,显而易见,皇上话里行间的指责深深伤害了他的自尊。他在奏折里详细阐述了金积堡的问题,力证此地并非毫无轻重。他写道,自乾隆时代以来,回民一直在逐步加强金积堡的防御力量,他们在所有通往金积堡的道路上层层设防进行封锁,四周都是筑有防御工事的村庄,沟渠环绕,栅栏道道,使官军举步维艰。

从灵州到金积堡,有400多座设防的村庄。金积堡的城墙坚固,绕城的沟渠注满了水,不可能挖掘地道。除了用有限的几座大炮轰击以外,没有别的办法可以攻破城墙。回民军拼命顽抗,火力强大,致使他的部队死伤惨重,他的得力战将很多都已阵亡。在捷报方面,他说部队打了很多胜仗,特别要强调的是,他对战争和战果的报告字字属实,从未夸大其词。皇上对战争的进展缓慢感到失望,

---

① 《年谱》,第5卷,第34—35页。

② 《年谱》,第5卷,第38页。

这令他愧疚，但他和他的部队已在现有条件之下竭尽所能。

对金积堡的炮轰据称持续了整个12月，但可以肯定火力并不大。左宗棠有几门克虏伯大炮，然而弹药供应有限，且在这一作战阶段他的炮手操作还不太熟练。即便如此，他对这些大炮仍寄予厚望，想通过它们的威力攻下这座城。

为提防甘肃其他地区的回民军援助马化龙，刘锦棠和金积堡城下的其他将领又挖了一道壕沟，完全围住了整个战区。壕沟有9米宽，6米深，注满了水。刘锦棠在多次努力后，终于在靠近东墙的地方筑起了一处炮台，其高度超过金积堡的外墙。1871年1月1日，炮台上架好了大炮。他从这个射击点朝回民军猛烈开火，终于攻破了他们的防线。

1月6日，马化龙带着一名侍从来到城外的壕沟，在刘锦棠大营对面求见。他被带到这名汉人将领跟前，跪倒在地，请求独力承担金积堡顽抗官军的所有罪责，赦免所有回民。刘锦棠召集所有手下将领开军事会议。许多将领一致主张把马化龙当场处决。不过他们最终仍然依照惯例，将此事向左宗棠禀告，交给他决定。马化龙被关押在刘锦棠的总部严密看管，但受到了良好的待遇。同时，官军停止对马化龙的降兵进攻。刘锦棠进入城内，只见满目疮痍，惨不忍睹。能参与作战的壮丁只剩下1000人左右。城内居民都遗弃住宅，躲到了地下的壕沟之中，许多人饿得无力行走。男人坚持着守在岗位上，而妇女儿童则转移到外壕之上，给予食物。金积堡顽抗左军一年半之久，并使左宗棠的声名极大受损，却留下了一个如此惨淡的结局。①

左宗棠无疑急于结束战争。他认为马化龙是所有回民军的首领，如今他肯定希望甘肃境内的所有回民都会闻讯投降。他叫刘锦棠让马化龙给一个回民军的将领写信劝降。马化龙写了几封劝降信，但效果并不显著。共计有约1.9万名陕西回民被送往平凉地区，来自甘肃其他地区的8000回民也迁至平凉，1.2万名金

---

① 《年谱》，第5卷，第42页。

积堡的回民转移到固原地区。回民军交出了4门大铁炮，4门大铜炮，28门小炮，20门轻型臼炮，293支抬枪，180支外国制造的来复枪，1030支短枪，还有2418件兵器。刘锦棠在废墟中初步搜查后寻获200支外国造来复枪，进一步搜查后又找出1000多支。缴获的外国武器如此之多，令这些汉人怀疑有某个国家在暗中援助回民军。但《年谱》并未指出所怀疑的是哪一国。

官军就外国武器的问题，对马化龙严加审问了好几天，但他拒绝透露这些武器的来源。假如按李希霍芬的说法，回民军是从左宗棠的部队里抢来了大量的外国武器，那么此事就不难理解了。然而，倘若这些武器来自左军，那这些汉人应该很快就能识别。也许他们的确看出了这些武器本是自己的，但在禀告朝廷时显然只字不提更为明智。1871年3月2日，马化龙与十几位家人一起被凌迟处死，另有80名他手下的回民军将领被斩首。

整个甘肃东部如今都在官军的掌控之中。左宗棠的战线缩短了几近一半，但甘肃还远未安宁。他必须在宁夏至金积堡一带留下兵力驻守，但其战斗部队的主力可开往别处作战。他动用了71营的兵力攻克金积堡，伤亡十分惨重。《年谱》并未记载伤亡的总人数，但在记述长沙人在湘军作战中所起的作用时，列出了一份23人的军官阵亡名单，这23位是营官和哨长，都是在金积堡之战中牺牲的。①在甘肃北部作战的湘军当中，显然只有一小部分的兵员来自长沙各县；而这个地区参加作战的还有湘军以外的部队。从这个证据以及北路军统领刘松山阵亡的事实，我们可以推断，这的确是一场死伤惨重的大战。

---

① 《善化县志》，第15卷，第1—25页。

第十章　平定甘肃

1870年春初，回民军从甘肃踏入陕西时，左宗棠的官职被连降三级。大约一年后他攻取了金积堡，于是官复原职。然而，他在北方的征战中所取得的最后胜利似乎无人留意。相反，这一年对他的批评声不绝于耳，到了1871年春，他成了众矢之的。各种指责铺天盖地地朝他袭来。一位杰出将领在赢得重大胜利之后，却立即成了人们肆意攻击的对象，这种现象在其他国家也曾发生。

在美国历史上，南北战争的夏洛之战刚结束不久，斯科特将军即奉命到墨西哥城接受法庭聆讯，而格兰特将军则被剥夺了指挥权。人们指责左宗棠在战场上毫无作为，虚报战果，或者以败为胜上奏朝廷。有人说他已年老昏聩，虚耗国家财产，对回民毫无了解，管辖手段野蛮，以至逼得西北的民众起义，不能指望他平定起义。在一片指责声中，只有"侵吞公款"这个罪名没有强加到他头上。即便是对左宗棠最心怀愤恨的敌人，也无法指责他哪怕是从公款中拿了一个铜板来私用。挪用公款的现象总会死灰复燃，这一点东西方并无二致；出现这种现象，也只是普通人的人性所致。

左宗棠对这些批评的声音十分敏感。1871年春初，他给一个叫王子寿的朋友写信说，他深知甘肃之战就是他的死期。他说他健康状况很差，头发全白，牙齿也几乎全掉光了。他知道人们在中伤他，谴责他镇压不力，毫无进展。他并不在意这些风言风语，只是担心自己会在平定甘肃前死去。如果他死时还未能彻底平定起义，他知道有人会破坏他身后的名声，所以请友人替他的一生立传，还他清

第十章 平定甘肃

白。① 在另一封信里，他提到自己的身体状况，说他在江浙之战中染上的疟疾与痢疾老是复发。他知道人们传言他是"廉颇老矣"，无法再为国效力，也有人正盼望着他的死讯。但是，他不会把这些流言放在心上，如今是"国家有难，匹夫有责"，他将为国鞠躬尽瘁。②

这是左宗棠人生中的艰难时期。1870年春，他在甘肃困难重重，爱将阵亡，而雪上加霜的是妻子又于3月去世。病魔缠身，亲友故去，战场受挫，计划受阻，流言四起，一个个打击接踵而来。这对他的精神是一种严峻的考验，然而在重重压力之下，他没有流露出丝毫的慌乱。他有点儿气馁，但意志仍十分坚定。他坚定不移地继续实行攻取金积堡的计划，直至夺下该地为止。他的计划奏效了，他的估计也很准确，马化龙果然是甘肃最具威胁力的回民领袖。消灭马化龙并不等于让甘肃重新恢复安宁，但已经朝这个方向迈出了重要一步，和平的日子为期不远。

1871年初，甘肃南部的地方驻军发生兵变。此事发生在岷州，有5000官兵参与。左宗棠对地方部队向来印象不佳，这次事件更加深了他的看法。他毫不留情地镇压了这次兵变，处决了兵变的首领和那些被怀疑是带头作乱的人，又遣散了好些队伍。当时这些部队的统领是周开锡，但其上任后不久即发生了兵变事件。不少人指责周开锡对手下士兵过分严苛。周开锡要辞去官职，但左宗棠叫他放心，说完全满意他治军的方法，请他务必继续带领部队作战。不过，无论周开锡与兵变事件有无关系，他在军中效力的日子已不多，7月时他在甘肃南部因病逝世。在福建时期，他就与左宗棠并肩作战，左宗棠十分尊重他。

天子再次对这场战争的拖延感到不耐烦，他质疑左宗棠，为何平定甘肃的作战未能迅速推进。他在询问中提及一些战场进展缓慢的证据，都是基于传言和小道消息得来的。左宗棠对这种作战迟缓的指责渐渐变得敏感，他写了一篇长长的

---

① 《年谱》，第6卷，第3页。
② 《年谱》，第5卷，第4页。

奏折回禀皇上。要是在乾隆时代,递交这样的奏折肯定会让他大吃苦头。

左宗棠写道,在甘肃,极难准确获知正在发生的事情。他已经从种种经验中得出结论,报告只要是从他的总部50千米开外传来的,几乎都不可信。在他看来,像北京这样遥远的地方,要从流言和小道消息中获得准确评估,得知甘肃的整个局势,这只能是天方夜谭。他接着写道:

……尤赖朝廷主之于上,浮词无能荧惑圣聪,臣得一意仔肩,得支全陇败坏残局,不致因多所顾忌易其初心。然曾参杀人,慈母投杼,乐羊败敌,谤书盈箧,古已有之。臣固不敢援此以自解。

窃维军事尚质实,忌虚浮。虚浮之弊,起于讹误者有之,起于意见者有之。臣忝预军事十余有年,败仗则报在人先,胜仗则报在人后。已经戡定地方,从无大股窜踞,重烦兵力之事,盖愚拙之效可睹者如此。①

在同一份奏折中,左宗棠提到,朝廷往往就他已多次详尽禀告的战事提出询问,他不免怀疑朝廷对他的奏章只是草草翻阅,甚至根本没看。无论是病魔缠身、家庭有难,抑或是铺天盖地的指责,都不会让左宗棠这样的人改变计划或动摇信心。他肃清金积堡的回民军后,就开始像往常一样,有条不紊地做好周全计划,准备进攻回民军的第二个大本营河州。

河州回民军由老教的首领马占鳌统领。他在战场上同样是相当可怕的对手。战场逐渐向西转移,陕西和金积堡的回民军残部逃到河州,寻求河州回民军的庇护,于是这一地区就集结了大量的回民军。在甘肃东部,到处可见小股的回民军队伍,实际上没有什么办法能阻止他们侵扰左军的后方。只能是在各处战略要地派精兵驻守,尽最大努力阻止这些回民军队伍集结。左宗棠为此派出了相当一部

---

① 《年谱》,第6卷,第6—7页。

分的兵力，而在其延长的交通要道上活动的小股回民军，又进一步牵制了部署在交通要道上的部队。此外，他还在甘肃东部隔离了好些区域，分别安置了几千回民聚居。这些回民随时有可能起义或加入起义的队伍，因此这些地方也需要加派部队看守。

1871年春夏两季，左宗棠的精力主要集中在剿灭东部地区的小股回民军。与此同时，他设法建起一个供给基地，里面的储备可供应数月有余。到了夏末，他基本肃清了后方的回民军，可以集结兵力准备向河州进攻。8月末，他在静宁设下大营，到了1871年9月16日迁至安定。

安定正西方向有一条路通往河州，直线距离有130千米左右。此路行至大约中途，就要在康家岩村渡过洮河，这个村子的位置在洮河右岸。洮河至河州的河谷之上，一座座山峰拔地而起，高约千米。通往河州的路要向西穿越一处陡峭的峡谷，在康家岩和河州中间的峡口处，是壁垒森严的太子寺。

马占鳌一年多以前就清楚，他迟早要迎战左宗棠的军队，于是在通往河州的道路上做好了防御准备。在康家岩对面是一条小山溪的入口，马占鳌在入口两边都修筑了防御工事，且都安装了旧式大炮。距离溪流渡口约6500米处，有一个名叫三甲集的镇子，镇外筑有高墙，此处的峡谷两岸都是悬崖峭壁。这座小镇也设有防线，在渡口与三甲集之间，马占鳌还修筑了三道栅栏连起的防线，穿越了整个峡谷。从三甲集到壁垒森严的太子寺约23千米处，随着小山溪蜿蜒的道路两旁都是陡峭的高山，沿途层层设防。太子寺往东是一座陡峭的山脊，沿大路以北延绵约8千米。在山脊东部顶端，大路分出一条人迹罕至的小道，向北延伸，在太子寺与大路交会。这座山脊叫董家山，是太子寺的要塞，也是通往太子寺的必经之地，回民军派了重兵把守。马占鳌准备在这里迎战左宗棠，拦截他前往河州的汉人军队。

上一年6月，左宗棠的南路军已抵达渭河河谷的源头，越过分水岭，夺取了战略重镇狄道，此地位于洮河右岸，在安定至河州大道约25千米处。当时左宗棠正忙于进攻金积堡，并为进军河州做准备，因此没有让南路军继续西进。

西进之前，左宗棠在金积堡地区部署了5000兵力，又派了9500人驻守中卫、海城、固原、平凉一线。徐占彪的6000人部队奉命从中卫前往甘州解围，并在肃州与回民军作战，防止肃州的回民军去河州增援。徐占彪将军并未随军作战，而是奉命组编一支5500人的部队，这些人大多数选自黄鼎的军队。徐占彪率这支部队从中卫南下，开进安定。到了安定不久，他便返回北部，重新统领自己的部队。

从安定到西安之间的官道，是左宗棠主要的交通要道，沿途的所有城镇都派重兵把守。甘肃东南部的徽县、两当和附近城镇亦有一支大部队驻守。这表明左宗棠的部分供给是运自嘉陵江上游的四川，这支部队是为了防卫这条供应运输通道。《年谱》并无记载左宗棠进攻河州的实际兵力，推断应该在1.5万至2万人之间。

狄道的南路军得到了强有力的增援，1871年9月左宗棠开始率部进发。安定与洮河的崇山峻岭之间有数量可观的回民军部队，左宗棠从安定派出两路兵力，肃清洮河以东的地区。回民军并未怎么抵抗。几次小冲突过后，左宗棠的两路军在康家岩会合。10月1日，左军夺下康家岩，肃清了通往安定的道路。接着就要渡河了。

洮河深不可测，水流湍急，两岸都是峭壁，渡口稀少。河水很深，无法涉水而过，必须搭建浮桥登岸，筹备渡河的船只也花费了一些时间。河水一泻千里，要把浮桥固定在敌军驻守的对岸绝非易事，必须小心行事。直到10月31日，左宗棠才做好准备，开始渡河。他在狄道修建了一座浮桥，派出一路部队渡到左岸，命他们沿河而下，掩护大部队在康家岩主要渡口过河。回民军有两处防御工事封锁主渡口，都被他的大炮轻易摧毁。浮桥被掷往对岸，从狄道而来的部队向回民军侧翼发动猛攻，掩护主渡口，左军开始过河。回民军拼命反击，而左军先前建桥时低估了水流的冲击力。左军只有一部分士兵过了河，浮桥就分离了，船只顺流而下。浮桥断开时，很多士兵淹没水中。洮河的部队被回民军逼退，已渡河的士兵得不到援助，被逼至河中。躲过回民军攻击的人溺水而亡，几乎无人能返回康家岩。牺牲的官兵之中包括两名总兵。于是河州之战以左军大败开场。

倘若左宗棠的炮兵队能稍稍了解大炮在这种情况下的战术价值，洮河渡口的大败也许能挽回一部分。据记载，他有几门德国新造的大炮和很多中国自己最近制造的大炮。左宗棠说他的士兵还不知道怎么使用这种新式大炮，很明显，他本人对这种武器的用途也没有完全了解。当时的人们以为，新炮主要用于攻破城墙、建筑，或者摧毁既定目标。中国人似乎不太清楚，大炮也可用于攻击大批聚集的敌人。

不过，左军大败的主因还是浮桥的断裂，而并非战术上的失误。两周以后，这一点就得到了印证。当时左军又聚集了一批船只，重新造了一座浮桥，左宗棠命令部队在同一地点采取同一方式渡河。他从狄道派出一支精兵，11月13日，浮桥掷往对岸。这一回浮桥连接至岸上，左军经过殊死搏斗，抵达洮河左岸。左宗棠用了大约三天时间扎下根基，又调集了更多部队。随后他开始向三道栅栏封锁发起攻击，这三道封锁拦截了通往三甲集的道路。11月19日，左军包围了三甲集，20日黎明从四周发动猛攻。守城的回民军顽强抵抗，攻城部队数次在城墙之下被击退，直到下午3点左右才攻下了一处进城的入口。到了傍晚，左军占领了三甲集，但马占鳌突围而去，逃到了太子寺。

左军继续进发，在通往太子寺的狭长山谷里前行。两岸陡峭，道路太窄，所以部队前进速度缓慢。26日，回民军忽然后撤了一段距离，左宗棠冲在前面的先头部队遭到伏击，几乎全军覆灭。这次失利让左军放缓了进攻，似乎直到12月才恢复了元气。

1872年1月5日，回民军对左军发动猛攻。回民军被击退，左军乘胜反击，在董家山东部获得立足点。次日，整个山脊被左军攻占。此时筑有围墙的太子寺和通向河州的要塞，都已在左军攻击范围之中。就在这个关头，马占鳌派出几支回民军队伍到沙泥附近渡河，翻过群山向南进攻，彻底破坏了安定至洮河的交通要道。这次行动有效牵制了左军，于是马占鳌往此地派出了更多的回民军部队，不仅切断了左军从安定至康家岩的通道，安定与狄道之间的要道也落入回民军之手。左宗棠连忙从东部派出一切可以作战的兵力，其后的整个1月都忙于肃清洮河以东一带。

2月11日，马占鳌突袭太子寺附近的左军据点，被左军击退。次日，左军试图向前推进，未果。2月15日，左军再度进攻，又被击退，伤亡惨重。据《年谱》记载，左宗棠此时开始担忧，回民军可能会步步进逼，把他驱赶出董家山的战略要地。他下令必须不惜一切代价保住阵地。

1872年2月19日，一阵可怕的沙尘暴席卷而来，中国西北常常发生这种灾害性天气，往往会持续好几天。当天回民军向董家山发动了两次猛烈进攻，但都没有得逞。当晚回民军发动了第三次攻击。此时左军军心动摇而逃。《年谱》只字不提左军逃亡的距离，也没有说明伤亡的人数，但可以肯定死伤不少。书中只提到徐文秀将军在此次作战中身亡，左宗棠为此一共处决了六名军官，又命令部队马上重新发起进攻。

《年谱》作者忽略了左宗棠进军过程的局部战果，但他评论说，作战的总体战果才能决定战局。左军的不屈不挠让马占鳌感到了极大的威慑，他让马俊前去左宗棠大营投降。左宗棠怀疑他的诚意，以为马占鳌是在对他使缓兵之计。不过他还是派了几名军官前往河州一探虚实。军官们回来报告说，马占鳌是诚心诚意投降的，所有的回民首领都头顶经文郑重起誓。为了进一步证明自己的诚意，马占鳌还送他的儿子马安良来到左宗棠处作为人质。左宗棠这一回显然有了和解之意，很有大将风度地放回了那个男孩，让其转告马占鳌，说相信他会信守诺言。3月2日安排好受降的细节，6日马占鳌交出了3000马匹和6000件武器。1872年3月18日，左宗棠的一支部队开进河州，平定甘肃的第二阶段战役宣告结束。①

---

① 《年谱》，第6卷，第13—18页。

第十章 平定甘肃

安德鲁斯根据甘肃的有关文献,描写了河州之战。他写道:

左将军抵达了兰州以东129千米处的安定,就派出部队进攻河州地区的回民军,他本人坐镇安定。两军在狄道地区的小镇三甲集交战。这里的回民军在马占鳌率领之下,打败了汉人的军队,杀害了几千官兵,又有几千官兵在试图渡过洮河时溺水而亡,这条河当时就位于官军后方。

人们现在依然会讲述当日发生的事情。当地的老居民说,洮河的水被血染成鲜红,好些天都不褪色。这是此次战役中的一场大战,与历史记载相反,结果是官军大败。这次大战中幸存的汉人有很多被强征入回民军之中,他们说出了战斗结束时回民军的情形:当时马占鳌召集了他的部队训话,他指出这个地区遭到战乱的破坏,七八年都无法进行正常的耕作,倘若朝廷重视起来,他们是毫无胜算的。当天他们取得了一场空前的胜利,可以以此为基础与左将军和平谈判,如今归降左军是最好的出路。大约过了两日,马占鳌与马安良一起前往安定,向左宗棠投降,此时马安良还只是十几岁的男孩。左宗棠见识过他们的英勇作战,愿意对他们宽大处理,并郑重地以礼相待。他向马占鳌询问了河州地区的回民数量,后者极大地夸大了这个数字,显然是为了向左将军炫耀自己的兵力。根据他提供的数字,左将军给予回民补偿金,后来实际上是给回民每人几千铜钱。甘肃官府从朝廷领取这笔款项后,就按百分之一的面值赎回它发行的纸币。

马占鳌和他儿子的投降,实质上标志着运动的终结……①

马占鳌投降还有另外一个重要因素。西宁的回民军曾大批增援过他,然而在2月19日之后,他们显然认为战事已顺利结束,于是撤回了西宁。马占鳌肯定对金积堡事件印象深刻,他意识到尽管自己在战争中取得了空前的胜利,但左宗棠

---

① 安德鲁斯,《中国西北的伊斯兰教势力》,第85—86页。

攻取河州的意志并没有丝毫动摇。马占鳌是个聪明人，他清楚在左宗棠开到河州之前，尽早投降更有好处。

1872年8月18日，左宗棠开进兰州，此时离他被任命为陕甘总督已过去近六年。尽管马占鳌的投降标志着回民起义主力已灭，但战争远未结束。回民军依然控制着西宁和肃州这两大中心地区。此外，甘肃平定了以后还有新疆，那儿也需要重新恢复朝廷的管治。左宗棠面前摆着艰巨的任务，他要在重建甘肃的同时，调和省内的各种敌对力量，使所有民众和平共处。他已年近60，根据中国人的算法应该是将近61岁了，在他面前还有十年时间，为建设大西北呕心沥血地工作。

9月，他派刘锦棠肃清西宁及其近郊的回民军。刘锦棠没有参加河州作战，他于1871年夏天与5000名退役的湘军回到湖南，又招募了更多的士兵前去西北服役。《年谱》并未记载派往西宁的兵力有多少，而据普尔热瓦尔斯基说，汉人的军队有2.5万人，而在西宁防御的回民军有7万人。这位来自俄国的大探险家1872年夏秋两季正在西宁以北的地区探险。刘锦棠在开进西宁途中并未遇到多少阻力，几次小战过后，他就包围了西宁。1872年11月19日西宁易手，左宗棠完成了其在甘肃的第三个作战目标。

在普尔热瓦尔斯基的笔下，曾描写了西宁之战的一些有趣的侧面。官军有四门来自欧洲的野战大炮，其威力让回民军惊恐万分。他写道：

每门大炮由六头穿丝衣的骡子拉着，无人敢上前，生怕一下就被炸死。这些大炮使用的是汉军最常用的葡萄弹和小炮弹。

他继续描述官军攻破西宁一段城墙的情形：

在这个节骨眼儿上，官军接到了皇帝成亲的消息。围攻西宁的战役马上推迟，士兵们搭起戏台，庆祝这件大事。官兵开始开宴会、放烟火和看大戏，欢

第十章 平定甘肃

庆活动持续了一周,其间绝大多数的官兵都烂醉如泥,或者沉溺于鸦片之中。而那些尚未征服的敌军还近在咫尺。只要回民军派出100个稍有胆识的士兵混入其中,就能趁夜晚之际发动进攻,杀掉1000个汉人士兵,将其余的一举击溃。但是防御西宁的回民军都是胆小鬼,连几个勇士都找不到。他们很清楚,只要汉人占领了这座城镇,他们就不会有好下场,但是他们却没有破釜沉舟,好好利用这个千载难逢的好机会。这就是东方人士气衰竭的一个例证……

我们不要忽略一点,这位杰出的探险家笔下记载的只是听说的事情,并非亲眼所见。回民军是否曾有击溃官军的良机,这一点很值得怀疑。刘锦棠不是那样疏忽大意的将领。同治皇帝在1872年10月16日成亲,官军很可能为此大张旗鼓地庆祝了一番,但不至于像普尔热瓦尔斯基所以为的那样完全松懈而失去防范。至于他笔下西宁回民的最终结局,基本上是如此。

左宗棠在兰州逗留了一年,继续肃清西宁和肃州地区的回民军。除此之外,他还彻底重组了甘肃的地方官府,重新划分了各县和各府的边界。他在甘肃境内实施了回民分治的长远政策。安德鲁斯写道:

左宗棠用实际行动证明,作为陕甘总督,他是一个优秀而能干的管理者。他进行了一些明智的改革,做了大量工作,让该省在多年动乱之后能尽快恢复。他其中一项明智的政策,就是对回民分离而治,让回民在其聚居地繁衍生息至今。甘肃人对他充满敬意,深情地怀念他……[①]

早在左宗棠未到达兰州之前,他就决定在兰州城里建一座兵工厂,主要是为征战新疆做初步准备。克服了重重困难之后,他终于设法从欧洲获得了一些先进

---

① 安德鲁斯,《中国西北的伊斯兰教势力》,第86页。

设备，然后运到兰州——这可绝非易事。他从宁波、福建和广州招来机械工人，在兰州的这一年里成功让兵工厂开始运作，生产出来复枪、大炮和炮弹。左宗棠自己评价说，这些武器装备开始不免粗糙，但能管用。来自广州的熟练机械师赖长被任命为兵工厂总管，级别相当于少将。

后来左宗棠又弄了一些机器到兰州，开了一家毛纺织工厂。这是一家小规模的工厂，他说这只是试验性的，如果训练出纺纱织布的工人，就可安装一些大型机器。西北盛产羊毛，左宗棠打算在甘肃发展毛纺织业。他自信中国人也可像欧洲人一样，能够生产出上好的羊毛布料，从而免去进口的麻烦。甘肃到处都是原材料，正是发展这个产业的好地方。他吩咐身在上海的代理商胡雪岩，让他采购一台打井机和一台蒸汽挖泥机运到甘肃。挖泥机用于在平凉府开挖灌溉渠。他又在兰州建起了一座造币厂，除了铸造铜钱，还生产面值10分的银币，这种银币在甘肃流行开来，以至于供不应求。

左宗棠是个干农活的好手，对此他本人一直深以为傲，他特别注重促进甘肃的农业发展。他为回民和汉人都兴办了学校。由于书本都在战乱中丧失殆尽，他就在西安建了一座印刷厂，自掏腰包木刻刊印了"四书"的全本。他坚信人们应从儒家思想里汲取智慧，坚持让回民在他兴办的学校里学习孔孟之道。他还致力于促进兰州城的建设，让这座城市的面貌焕然一新，在这位伟大的总督离任很久以后，兰州城仍然吸引了众多旅行者前来。

他的兴趣广泛，涉猎的事物远远超出了总督的职责范围。他对俄国不断蚕食中国的土地感到深深的焦虑，对日本正在进行的变革非常关注。俄国人于1871年占领了伊犁，理由是这片地区正处于混乱状态，又知会中国政府说，他们的目的只是为中国代管，只要中国人可以维持该地的秩序就会归还。1873年初，总理衙门致信左宗棠，询问他对伊犁问题有何建议。左宗棠的回复大致如下：

上年曾两奉钧谕，并与俄使辩论各节及折稿，谨聆一是……俄人久踞伊犁之

第十章　平定甘肃

意，情见乎词，尊处持正论折之，实足关其口而夺其气。

惟自古盛衰强弱之分，在理而亦在势。以现在情形言之，中国兵威，且未能加于已定复叛之回，更何能禁俄人之不乘机窃踞？虽泰西诸国亦知此为不韪，不敢遽肇兵端，然既狡焉思启，必将不夺不餍，恐非笔舌所能争也。

荣侯深入无继，景都护兵力本单，后路诸军久成迁延之役，兵数虽增，仍多缺额，且冗杂如常，并无斗志，望其克复要地，速赴戎机，实无把握，并虑徒增扰累，以后更无从着手。甘、凉、肃及敦煌、玉门，向本广产粮畜，自军兴以来，捐派频而人民耗，越站远而牲畜空。现在仅存之民，已皮骨俱尽，屯垦之地，大半荒芜，年复一年，何堪设想！宗堂所以有从内布置、从新筹度之请也。

就兵事而言，欲杜俄人狡谋，必先定回部，欲收伊犁，必先克乌鲁木齐。如果乌城克复，我武维扬，兴屯政以为持久之谋，抚诸戎俾安其耕牧之旧，即不遽索伊犁，而已隐然不可犯矣。乌域形势既固，然后明示以伊犁，我之疆索，尺寸不可让人，遣使奉国书与其国主，明定要约，酬资犒劳，令彼有词可转。彼如知难而退，我又何求？即奸谋不戢，先肇兵端，主客劳逸之势攸分，我固立于不败之地。

俄虽国大兵强，难与角力，然苟相安无事，固宜度外置之。至理喻势禁皆穷，自有不得已而用兵之日，如果整齐队伍，严明纪律，精求枪炮，统以能将，岂必不能转弱为强，制此劳师袭远之寇乎？

就饷事而言，西征诸军各有专饷，如肯撙节支用，无一浪费，无一冗食，或尚可支。今乃以拥多兵为名，不战而坐食，惟知取资民力，竭泽而渔，不顾其后，往事之可睹者，已如斯矣！欲从新整理，非亟求实心任事之人，重其委寄，别筹实饷，于肃州设立总粮台，司其收发，并将各军专饷归并为一，相其缓急，均其多寡应之不可；非核其实存人数，汰其冗杂疲乏不可；非定采办价值、差徭款目不可；而尤非收回各军专奏成命不可。此亦宜及早绸缪者。

要之，目前要务，不在预筹处置俄人之方，而在精择出关之将；不在先索伊犁，而在急取乌鲁木齐。衰病之躯，智虑耗竭，何敢侈陈大计？既蒙垂询及之，不敢不毕献其愚。①

在一封谈及日本的信件之中，左宗棠指出了日本人正在迅速西化，特别是他们的海军。他强烈主张要和日本建立自由而不设限的合作关系，并且在通常情况下要加强和西方各国的交往。他相信中国有必要向前发展，积极和外国人接触，坚持维护国家之间的平等，维护中国的威望。②左宗棠从未忘记他在福建创办的海军工厂，他一直关注着其发展状况。他屡次向朝廷上奏，说明创建一支现代化海军的重要性。他甚至建议福建官府截留大笔本应汇送至甘肃的军饷，用于推进海军的建设。他的活动范围和广泛兴趣，说明他的精力确实旺盛得惊人，我们不要忘记他已年过60。

肃州是甘肃回民军的最后据点。他们的要塞一座座陷落，每倒下一座，侥幸逃脱的人就纷纷逃往其他据点。即使在河州，也有很多人不满马占鳌的投降之举而逃往西宁。西宁被攻下之后，许多人逃窜到西宁以北地区，大通一时成了回民活动的中心。这片山区正下着大雪，作战困难重重，但刘锦棠向北进逼，并不给回民军喘息之机。

1873年3月，西宁回民军首领马桂源投降，被押往兰州，在当地处死。同年春，整个陕甘地区的回民军余部出现在肃州地区，有好几千人。1871年秋末，徐占彪重新率领那支曾奉命从中卫去甘州解围的6000人部队出发。1872年，他从凉州进发至甘州，在攻占河州之后得到了一些增援，于是推进至肃州地区。同年秋，他与著名的陕西回民白彦虎苦战了一番。白彦虎此人非比寻常。从陕西到喀什噶尔，他一直在与左宗棠的部队作对。他与左宗棠相持了十年，却从未试图驻守一座城市，从来不落入左军的包围圈之中，总是在左军完全封锁之前就逃之夭

---

① 《年谱》，第6卷，第33—35页。
② 《年谱》，第6卷，第12页。

第十章 平定甘肃

夭了。他见对西宁的合围势在必行,于是离开此地,向北侵扰徐占彪部。

1873年2月,左宗棠开始大规模地向肃州地区调派兵力。金顺从宁夏西进肃州。张曜驻守在凉州以北的镇番。宋庆、杨世俊、陶生林和其他将领走官道向前进发,途经凉州、甘州和高台。这条大道自汉代以来,就是中国向中亚地区输出军力的主干道,中国通过这条干道发挥其对中亚地区的影响力。同年春,徐占彪已封锁通向肃州的道路,切断了左军的所有供给运输。5月,宋庆抵达肃州,此时左军的兵力足以围困该城。肃州的城墙特别坚固,四周围绕着宽宽的壕沟,深逾12米。城的东面有一座筑有围墙的附城,名叫东关。

肃州在中国的城市之中独树一帜,是没有西城门的。7月13日,徐占彪将军把附城的城墙炸开一个宽约30米的大洞,试图攻取该地。但他对这次进攻的准备不足,未能安排士兵快速跨越壕沟,被回民军击退。随后他命部队用泥土和石块填平了一大段壕沟,筑起了一条通向城墙缺口的堤道。7月30日,他在金顺和宋庆的援助之下,对东关发起了猛烈进攻。回民军似乎关闭了通往主城的大门,命守附城的将士拼死抵抗。守城的回民军没有辜负首领的期望。徐占彪与回民军短兵相接,殊死搏斗,最终攻取附城。守城的回民军首领马德振及其所有士兵都被处决。

徐占彪将军在这次战役中左脚受了重伤。他的军队在东关城墙上筑起了炮台,高度能俯瞰肃州主城的城墙,让回民军大为紧张。8月19日,回民军冒死出击,试图夺回附城。徐占彪几乎招架不住,幸得其他部队迅速增援,才守住了该城。据《年谱》记载,他紧紧包扎了伤脚,一直忍痛指挥部队作战。

正值此际,中国上层传令体制的特色显露,以至于几乎延缓了肃州地区的作战。当时金顺是少数几位可与左宗棠和谐共处的满人将领,但由于他是满人,并不直接受左宗棠管辖。按理他应直接听命于皇帝。他欣赏左宗棠,并且从未惹是生非。但当时白彦虎率大批兵力,突然袭击肃州以西的敦煌,于是皇帝命令金顺西进对付白彦虎,又命左宗棠为金顺这路部队提供所有供给运输。左宗棠回禀皇帝说，他目前的作战离不开金顺，且根本无力为这路部队提供供给。他认为根本不需要顾虑白彦虎，他总是来去匆匆，到处活动。如果金顺移师敦煌，不等他这一路部队赶到，白彦虎肯定就已经逃之夭夭了。最后金顺并没有向西进发，但皇帝的干预给战局注入了不稳定的因素长达数周，让作战部署更为困难，是多此一举。

左宗棠认为他必须亲自坐镇肃州指挥作战，就于1873年9月10日离开兰州，于10月3日抵达肃州。10月4日，他亲自巡查了肃州城周围的所有工事。据《年谱》记载，肃州的回民军首领马文禄看到左宗棠的大旗在城市周围飘动，就完全陷入了绝望之中。次日他派了一个人代表肃州向左宗棠请降，提出把他编入汉人的军队，他会带领肃州的回民军对付白彦虎。左宗棠断然拒绝了他的提议。

10月6日，左军发起猛烈进攻，但全都被守军击退。徐占彪已在东面城墙下两处缺口及东南角埋下了地雷。10月7日其中一处地雷引爆，炸开了城墙，徐占彪试图率部从缺口进入城内。他被守军击退，伤亡惨重，其中一位将领张林也在阵亡之列。10月10日，埋在另外两处缺口的地雷准备就绪，同时引爆。突击部队试图从两处缺口攻入，将领杨世俊及500名士兵在西南角的缺口处阵亡，而突击东墙的一路部队也被逼退，伤亡惨重。

左宗棠认为强攻的代价过于惨重，而围城战在时间上对自己更为有利，遂决定围困回民军，让其受饿而投降。他命令部队围绕整座城市修筑壕沟和堡垒，工事要建得非常坚固，让"鸟儿也插翅难飞"。

回民军陷入困境。他们从仲夏开始粮食不足，如今饥荒让城内居民大批死亡。左军的大炮仍然持续轰炸。几周之前，左宗棠就把他的大炮专家赖长调来肃州，指导炮兵如何操作大炮。他在这里试用了兰州制造的大炮和炮弹。左宗棠说他使用了兰州制造的炮弹，对其质量颇为满意。10月30日，刘锦棠从大通而来，左宗棠的兵力完全压倒了回民军，他考虑发起另一轮进攻。

1873年11月4日，马文禄独自一人来到左宗棠的大营投降。左宗棠直接告诉

第十章 平定甘肃

他,他可以投降,但不会得到宽大处理。左宗棠随后下令甘州、西宁、河州与陕西的所有回民出城,把他们分押到不同的堡垒之中。马文禄和其他八名被认定为首领的回民被处死。

此时长城为甘肃的北部边界,其末端是肃州以西约32千米的嘉峪关。长城以北是蒙古,嘉峪关以西是新疆。随着左宗棠攻下肃州,陕甘的回民起义运动宣告结束。1868年9月25日,左宗棠曾上奏慈禧太后,说他需要五年时间平定陕甘两省,而他的预测非常接近事实。从1868年11月26日他来到西安,到1873年11月12日的最后战役肃清肃州的回民军,只比他预计的期限少了两周。

第十一章　新疆、喀什噶尔与阿古柏

公元1世纪，杰出的将军班超让喀什噶尔和巴克特里亚见识了中国的武力，历史上第一次在中亚建立了中国政权。这个政权随着汉朝的衰亡而没落，此后的好几个世纪，中亚大地上没有出现中国武装力量的足迹。唐朝的皇帝再次把中国的势力向西扩张到帕米尔，但随着唐朝气数将尽，这一势力再次没落。蒙古人一统中国和中亚地区，把这些地区放在了同一管治之下数十年；而随后的四个世纪，在班超和成吉思汗曾率兵征服的那一片中亚荒漠上，其他民族一直为争夺土地混战不休。这种状况一直持续到清朝，乾隆皇帝再次把中国的势力范围扩张到中亚地区。乾隆的祖父康熙曾对中亚发起征战，但乾隆之父雍正放弃了征战计划，而乾隆又重新点燃了战火。这场征服之战于1760年告终，大清合并了西至帕米尔的新疆，而帕米尔西面和北面的浩罕汗国成为其附属国。

亚洲的地形有一个显著特点，在中亚有一片高地，人们称之为"帕米尔高原"或"世界屋脊"。帕米尔高原的群山几乎一直延绵至陆地的尽头。其中兴都库什山脉向西南方向延伸，横穿阿富汗，直到伊朗高原，到19世纪时，大体成为英国及俄国的势力在中亚的分界线。

帕米尔以北是天山，其向东北延伸，向东连接蒙古高地。天山山脉东北走向的延绵，由阿拉套山、塔尔巴哈台山、阿尔泰山与萨彦斯克山续接，这些山脉在俄国迅速增长的势力和中国的领土之间形成了一道分界线。这一描述并未严格遵照自然地貌，是从历史地理的角度而言。从帕米尔南部延伸出去的昆仑山脉，向

第十一章　新疆、喀什噶尔与阿古柏

东接入中国的中心地区，分隔了新疆与西藏。

喀喇昆仑山脉也是从帕米尔南部开始，向东南方延绵，与昆仑山一起构成了西藏高原的大部分边界。喀喇昆仑山以南是雄伟的喜马拉雅山以及印度。在喜马拉雅山、喀喇昆仑山与昆仑山之间，是一片人迹罕至的荒漠，这片广阔的土地没有领主，英国已结束了它的统治，天子的庇佑也已终止。从某种角度而言，19世纪的帕米尔可以看成是三大势力的交会点：中、英、俄三国在此交会，把亚洲大陆划分为三大部分。从帕米尔到陕西原属于中国的势力范围，由于回民起义运动的影响，中国丧失了对这片区域的控制权，直到1881年，由于左宗棠将军的非凡才干，中国才得以重夺此地。

乾隆的军队从蒙古出发，沿着乌兰巴托、乌里雅苏台、科布多这一路线向前进发，控制了天山以北的广大区域，这片地区在蒙古与巴尔喀什湖之间，通常被称为"准噶尔"。喀什噶尔的统治者得到了浩罕汗国的支持，不久中国军队即与其产生冲突。中国军队征服了整个喀什噶尔地区，侵入浩罕汗国，一直开到塔什干，迫使浩罕汗国人承认乾隆的霸主地位。据布尔格记载，乾隆此次出征的兵力达到15万人。新疆的范围实际上只包括天山与昆仑山之间的一片地区，从帕米尔延伸至罗布泊以东。这片地区也称喀什噶尔。准噶尔的北部被中国划入了塔尔巴哈台，而所有征服的土地被取名为"新疆"。这片新领土以北是俄国和蒙古，以东是蒙古和甘肃，以南是西藏和克什米尔，以西是阿富汗和浩罕汗国。它的面积超过130万平方千米，但人口稀少，即使在1864年之前大概也没超过300万。

天山从西向东横跨新疆，形成了一道天然屏障，山北大致占了这片地区五分之一的土地，山南占了五分之四。南部几乎全是沙漠，人称"塔里木盆地"，其边缘散布着一些绿洲；其西面和北面的绿洲很多，很多新疆人在此聚居。盆地边缘人口较为稠密的中心地区，由南至北依次为和阗、叶尔羌、喀什、阿克苏、库车、库尔勒、吐鲁番及东部的哈密。要从北向南穿过塔里木盆地，并没有可走的路线，只有在其东端和西端有路通行。天山以北的地区分为两个部分，东部的准噶尔以及西部的伊犁河谷。东部的主要中心为巴里坤、古城、乌鲁木齐和玛纳斯。

西部的伊犁河谷非常丰饶，这片土地哺育了大量的人口。西部的主要城市为老固尔扎和新固尔扎，两者相距40千米，都位于伊犁河边。新固尔扎是乾隆修建的，它成了整个新疆的行政中心。在起义时期，它的人口大约是7.5万人。这座城市有一支精兵驻守，它逐渐成了有名的流放地，全国其他地区有很多流放官员被送到此地。直到20世纪大清统治终结的时候，伊犁河谷一直都是流放犯人的地方。准噶尔地区的人口由回民和蒙古人所组成。在伊犁河谷，杂居着回民、蒙古人、汉人和满人，其中以回民为主。清朝在此地的管治与中国其他的内地边疆地区相仿。

塔里木盆地的人口主要是维吾尔人，与再往西去的人口有着较近的血缘关系。朝廷通过各个城镇的头人在这片地区实行统治。官府并未试图改变维吾尔人的语言、宗教和习俗，其统治政策非常宽松。

从中国内地到新疆有两条主要的通道。从北京通往甘肃肃州的正西原有一条官道，终点是长城最西端的嘉峪关；其中一条主要通道就是这条官道的延伸。这条路从嘉峪关至安西、哈密、吐鲁番、阿克苏、叶尔羌、喀什一线，一直通往西土耳其斯坦的各城。还有一条较少人走的路，从安西沿着塔里木盆地南边而过，通往和阗和叶尔羌。马可·波罗13世纪访问中国时就是走的这一路线。另一条通往新疆的主要通道，是从归化和包头开始，通过巴里坤、古城、乌鲁木齐、玛纳斯、固尔扎一线，直到西土耳其斯坦。这是大骆驼队走的路线。

有两条跨越天山的主道，与这两条东西相向的大道相连。东面有一条路从哈密通往巴里坤，再往西去有一条路从哈密通往乌鲁木齐。除此之外就没有什么跨越天山的路了，而且那些路也极少有人走。由于这两条大路一条沿天山以北延伸，一条沿天山以南延伸，因此后来人们逐渐把它们称为"北路"和"南路"。随着时间的推移，人们就用这两个名称分别指代天山以北地区和以南地区。新疆

第十一章 新疆、喀什噶尔与阿古柏

北部通常叫作北路,而天山与塔里木河之间的地区就称为南路。无论选择哪一条路进入新疆,都要经过一大片沙漠,因此如何在新疆驻军成了千古难题。

1760年前后,乾隆的军队占领了塔里木盆地,此时喀什噶尔王国走向了灭亡,其和卓王族逃亡到巴达赫尚,随后又到了浩罕汗国寻求庇护。其后多年,和卓王族在喀什复国的希望渺茫。

1812年前后,浩罕汗国停止向北京朝廷进贡,这标志着中国对中亚地区的控制开始减弱。这重燃了和卓王族重夺喀什王位的希望,他们希望重新掌权。浩罕汗国的统治者暗中全力支持和卓王族的行动,只是没有公开向中国宣战。

1826、1831、1845及1857年,和卓王族在浩罕汗国组成了远征军,在新疆西部成功发动了几次规模较小的暴动。这片地区在中国统治之下兴旺发达,其居民并无心思变。因此朝廷很快就派兵进入这个地区,不久就恢复了统治秩序。值得注意的是,用于镇压暴动的军队和整个新疆的驻军一样,几乎全由回民组成。朝廷一直让这些回民为其服务,即便是派他们跟信奉同一宗教的人作战,也从未质疑过他们的忠诚。

喀什地区发生了多次暴动,朝廷的镇压越来越严厉,而此地的居民很快开始憎恨这些暴动者。1857年的暴动是由和卓伪王倭里罕所领导,局势一时陷入危急。中国在塔里木盆地各城的军队驻地,是毗邻城镇建起的坚固堡垒,但这些堡垒从不建在城镇之内。当出现紧急情况时,这些驻军照旧退回堡垒之内,等待援兵的到来。当时倭里罕攻占了喀什的几座城镇,势力似乎越来越强大。但驻军有大批援兵赶到,他的追随者们受挫,于是他的妄想也破灭了。

1862年,陕西回民发起了回民起义运动,迅速蔓延至全省及甘肃各地。它的影响力很广,新疆的回民不久即开始效仿,他们因与汉人的冲突而起事。第一次暴动发生在哈密和吐鲁番,那里的回民夺取了政权。乌鲁木齐和玛纳斯以回民为主,他们追随信奉同一宗教的领导者,建立了以毛拉为首的地方政权。

新疆西部一度保持平静,然而随着东部地区的势力都由汉人手中转移到回民手中，1864年亦随之暴动。驻军部队也加入了，很快朝廷就失去了对此地的控制。只有在喀什和英吉沙尔朝廷的统治还得以维持，究其原因，大概是由于这两地的驻军是由满人与非回民的中国人所组成。这些驻军退回堡垒之内按兵不动。同年在伊犁河谷发生分外残酷的暴动，此地的人口中有很多非回民。新固尔扎城被摧毁，暴动分子屠杀了整个河谷的汉人、满人和蒙古人。不久，回民内部发生内讧，他们很快就产生了激烈的冲突。

在塔里木河流域，来自吐鲁番的回民在南路肆虐，不久就控制了西至阿克苏的所有地区。在喀什、叶尔羌与和阗，各个地方宗派在争夺当地的统治权，但全都没有占领整个新疆的野心。吉尔吉斯的强盗首领伯克司迪尔一心要夺取喀什，但遭到了激烈反抗，于是他最后致信浩罕汗国的可汗，请求他派和卓王族的布素鲁克和卓到喀什重登王位，此人是倭里罕的堂兄弟。

此时的浩罕汗国正处于内忧外患之中。国内分裂成几派，互相争夺王位。国外是来势汹汹进犯中亚的俄国人，他们正无情地向浩罕汗国逼近。此时这个国家的首领是阿里木库尔，他正在塔什干准备继续抵御俄国人的进攻，此时接到了伯克司迪尔的请求。阿里木库尔并没有能力给布素鲁克和卓提供什么援助，只是祝愿他成功，又给了他一点资金，而最关键的是，阿里木库尔把自己的一个官员穆罕默德·雅霍甫借给了他。

穆罕默德·雅霍甫，又称阿古柏，大约在1821年出生。他的父亲是个小官员，在那动荡不安的祖国经历过众多的政治风暴。[①]后来阿古柏宣称，他的母亲是伟大的帖木儿的后裔。他娶了塔什干总督的一个妹妹，通过这层关系开始直接干预浩罕汗国的政治。

阿古柏加入了军队，1853年抵抗入侵阿克麦吉特的俄国人，虽然这次作战失败，但他由于表现英勇而闻名。此后几派首领争夺浩罕汗国的王位，他卷入其

---

① 以下对阿古柏的描述主要参考布尔格·迪米特里厄斯所著《中亚问题》一书中的章节：喀什噶尔已故的阿古柏。

第十一章　新疆、喀什噶尔与阿古柏

中,但却见风使舵,趋炎附势。因此尽管大家公认他有出色的才能,尤其是在军事方面,但浩罕汗国的几个首领都不信任他。在俄国人那里吃了大败仗以后,他的自尊受到了打击,就到塔什干平复心绪。此时阿里木库尔收到了伯克司迪尔的请求。当时的局势明白无误地摆在眼前,俄国人虽然暂时撤退,但并没有放弃对浩罕汗国的企图,他们很快就会卷土重来。次年,他们的确重新入侵,并且占领了塔什干。尽管如此,阿里木库尔看起来还是很乐意摆脱他最能干的武士阿古柏,把他借给了布素鲁克和卓去进行喀什的复国大业。

不久,阿里木库尔在与俄国人的一次作战中牺牲,此时阿古柏曾两度背弃的库达亚尔汗登上了王位,成为浩罕汗国的可汗。显然,幸亏阿古柏已开始辅助布素鲁克和卓,否则库达亚尔汗很可能毫不留情地处置他。库达亚尔汗在浩罕汗国获得王位之时,布素鲁克和卓与阿古柏已在去往喀什的路上。

两人于1864年夏末离开塔什干。他们在浩罕城招募了62个强壮的武士,这一小队人马在1865年1月初通过特列克关口,进入喀什。他们没有遇到任何抵抗,快到喀什时见到了伯克司迪尔。伯克司迪尔如今却劝说布素鲁克和卓放弃原定计划。当时喀什的局势起了变化,对伯克司迪尔更为有利,他后悔邀请和卓王族来继位。

伯克司迪尔滔滔不绝,大意说中国人很快就会回来,赶走侵略者。但布素鲁克和卓毫不理会。他进入喀什,表明这是他先人的王国,他是这里的统治者。整个地区陷入一片混乱之中。回民控制了阿克苏以东的整片南路,喀什西部各城的不同宗派互相争夺地方控制权,而喀什和英吉沙尔仍然有朝廷驻军。伯克司迪尔马上与浩罕汗国的人为敌,于是布素鲁克和卓和阿古柏的第一个任务就是要铲除伯克司迪尔。阿古柏很快就打败了伯克司迪尔,把他驱逐到喀什噶尔与伊犁河谷之间的群山中。阿古柏劝服了布素鲁克和卓留在喀什,把指挥军事作战的大权交给了他自己。

在这个阶段的作战中,朝廷驻军的存在似乎无关紧要。他们躲在各自的堡垒里面，采取一贯听天由命的态度，静观其变。阿古柏铲除了伯克司迪尔以后，第一个行动就是进军叶尔羌，而他途经英吉沙尔时朝廷驻军就近在咫尺。他开始打了几场胜仗，随后叶尔羌人起来抵抗，把他击败了。他成功率主力突围，撤退到英吉沙尔。在当地，有一些来自巴达赫尚的勇士加入了阿古柏的军队，他决定进攻朝廷驻军。阿古柏围攻了40天后，中国人在他承诺不杀的条件下同意投降。阿古柏却出尔反尔，整个驻地的官兵都被处死，一共是2000人。这次胜利让不少小股的武装力量都投奔到阿古柏军中。

当地的回民开始警惕阿古柏，在玛纳尔巴什集结了大量兵力。阿古柏决定守株待兔，他在英吉沙尔绿洲按兵不动，等待对方来袭。与此同时，布素鲁克和卓率援兵赶到，他们在英吉沙尔附近与当地的回民交手。战役的初期对阿古柏非常不利，布素鲁克和卓以为必败无疑，就带着自己的侍卫逃离了战场。阿古柏召集他的人马，利用大家对宗教的信仰鼓舞军中士气，呼吁他们这些先知的追随者要捍卫自己的信仰。在这关键时刻，一大批回民投到了他的旗下，于是他反败为胜，一举击溃了当地的回民。对于喀什噶尔和阿古柏而言，这都是一场决定性的战役。布素鲁克和卓清楚自己当天匆忙出逃的恶劣影响，眼见自己的大将忽然威望大增，他心中羞辱难当，对阿古柏的取胜并未表示什么谢意。国王和将军之间心存芥蒂，很快国王将为此落得悲惨的下场。

他们回到了喀什，喀什西部的城镇都纷纷投降，其中还有叶尔羌。喀什的朝廷驻军也被他们所掌控。阿古柏通过贿赂诱降了驻军，3000名官兵几乎全都投降，这支驻军的统帅据布尔格称是"何大雷"，大概和中国人所说的"逆贼何步云"是同一人。他们宣布信奉伊斯兰教，归顺阿古柏。一位叫张达的中国将领眼看大军投降，就带着家人和仅剩的几个忠诚手下，藏到了堡垒的军火库中。阿古柏的军队进入堡垒时，他引爆了军火库，从某种意义上来说他死得其所，为尽忠而殉国是中国士大夫的传统。就这样，中国政府对喀什噶尔最后的一丝控制权，在1865年9月完全丧失。

第十一章　新疆、喀什噶尔与阿古柏

　　看着阿古柏的势力日益增强，布素鲁克和卓和依附他的众多小头目，如今彻底对阿古柏起了猜疑之心。他们密谋除掉阿古柏，而阿古柏本身在中亚就是搞阴谋诡计的老手。两方暗斗之下，事态很快急转直下，阿古柏逮捕了喀什噶尔的国王。很快布素鲁克和卓就被流放到西藏，和卓王族从此在喀什噶尔的政界消失。到1865年末，阿古柏控制了喀什噶尔西部。不到一年，他就为建国大业打下根基，这份大业不属于别人，正属于他自己。

　　阿古柏如今已在这片土地上立国，他开始着手巩固自己的政权。人们开始管他叫"勇士之父"，这是博卡拉的统治者赋予他的美名，此人是他的朋友。他暗杀了和阗的首领哈比杜拉，通过此举就轻易征服了和阗。然后他的注意力转向了阿克苏。他召集了一大批兵力进攻阿克苏，驱逐了此地的回民。

　　阿古柏继续向东开进，在一场激烈战斗之后占领库车，到1867年末，他已完全控制了那一片地区。喀喇沙尔、库尔勒与吐鲁番这几座城市都归降了阿古柏，但一度曾逃脱他的魔掌。这一地区给他的统治设下了障碍，于是1871年阿古柏率兵开进，把它明确地纳入了王国的版图。他向吐鲁番以东推进，直到辟展；到1873年他掌控了整个塔里木盆地，从帕米尔到罗布泊都在他的统治之下。他组建了政府，在整个地区施行强权统治，表面上维持了王国的和平安宁，当英国使节团1873年来到喀什时不禁对他大加赞赏。

　　喀什噶尔的新领导者可不是一个深藏不露之人。他锋芒毕露，扬名于整个中亚，名声甚至传到中亚以外的地方。他标榜自己为这一地区各派伊斯兰教徒的领袖，很快就吸引了印度、伦敦、圣彼得堡和君士坦丁堡的注意。土耳其苏丹在伊斯兰教的强大影响力之下，于1873年授予阿古柏"喀什噶尔埃米尔"的称号，意即他是那一地区的领袖。同年英国发现俄国对新疆存有野心，于是派出佛塞斯使节团来到喀什，评估中亚的局势。这让阿古柏欢欣鼓舞，以为有了靠山，但英国人并未对其做出任何承诺。

　　英国人到处宣称阿古柏是中亚崛起的新势力。然而他们心中清楚，阿古柏的政权是不会长久的，但他们显然预测错了灭亡阿古柏的力量从何而来。英国人和俄国人都压根儿没有考虑到中国人的力量，甚至阿古柏自己也没有想到。佛塞斯使节团的主要目的是考察从喀什噶尔至印度的途径，观察俄国人对这一地区的侵犯会不会给守卫印度边境带来麻烦。他们的报告显示，从喀什到印度的几条路都异常难行，无论喀什地区落入谁的手中，英国都不需要担心。于是英国控制下的印度政府对"勇士之父"的命运，只是假惺惺地表示关心罢了。

为安抚乌鲁木齐和哈密的回民，阿古柏显然做了一番努力，但没有奏效。他在阿克苏和库车对待回民过于残暴，令他们怀恨在心。至于汉人，阿古柏没怎么上心，他认为中国人不大可能给自己带来麻烦。他标榜自己是中亚地区的伊斯兰教领袖，但并没有得到此地各国的认同。他西边毗邻的国家是浩罕汗国，其统治者是库达亚尔汗。尽管喀什噶尔与浩罕汗国在俄国人步步逼近之时有着共同的利益，但库达亚尔汗与阿古柏绝无交情可讲，两国之间也从未维持友好关系。

阿古柏的最大敌人就是俄国人。无论作为国王还是从私下角度而言，他对俄国人都没有好感。从1853年开始，他就跟俄国人作对，那时他在阿克麦吉特抵抗佩罗夫斯基将军的进犯，但被对方击败。在与俄国人的多次交战中，阿古柏都不是对手。如今他身为国王，大权在握，仍然要与俄国人作对。从他在喀什噶尔作战开始，他就站在了对抗俄国人的一边，若非左宗棠及早出现并结束了他的统治，俄国人也一定会铲除他在喀什噶尔的政权。

俄国人控制中亚的计划中新疆是一个重点，他们从未忽略夺取这一地区的好处，不过此时他们更关注天山以北地区，尤其是伊犁河谷。斯凯勒于1873年到访伊犁河谷，据他所言，在俄国人近来所占领的中亚各地区之中，伊犁河谷是最富庶的。他认为，俄国人征战中亚所投入的代价，只有这个地区才有足够回报。①

1853年俄国人从塞米巴拉金斯克（今塞梅伊——译注）南下，跨过伊犁

---

① 斯凯勒，《土耳其斯坦、俄属土耳其斯坦、浩罕、博卡拉与固尔扎游记》，第2卷，第198页。

第十一章 新疆、喀什噶尔与阿古柏

地区，首先攻占了其周边地区，其控制范围直到维尔尼。18世纪中叶乾隆曾率兵征服这一地区，中国人曾把伊犁河谷下游和巴尔喀什湖纳入自己的领土，但管治很松懈。中国政府希望能得到俄国人的援助，把英法联军赶出北京，就于1860年签订了条约，同意改订中俄边界。在远东，这次改订使黑龙江和乌苏里江成为了中俄边界，这样就把黑龙江以北地区都划给了俄国。在中亚，中国的相当一部分领土也划给了俄国，而科以宾以西的伊犁河谷流域也划给了俄国。尽管俄国人没有参与1856年至1860年的第二次鸦片战争，但却渔翁得利，获得了一大片领土。

如前文所述，由于乾隆的征战，朝廷加强了对准噶尔和伊犁河谷的主权控制。朝廷从全国各地迁来了各民族的居民，让这个地方重新成为定居点。其中有6000个家庭来自新疆中部与南部。在回民运动之前的那个世纪，伊犁河谷的人口不断增长，到1862年时达到了35万人。

新疆的参赞大臣驻节在新固尔扎城，当地有一支5000人的满人驻军，另有1000满人士兵和3000汉人士兵驻守在河谷的其他据点。在这样一个边疆地区，9000兵力似乎稍微少了一点，但我们不要忘记，当地人口有一大部分是在征战中迁徙到此地的，因此他们也构成了一种民兵力量，随时可以迎战。北路的回民在1864年夏发动起义，占领了乌鲁木齐。

朝廷在伊犁集结了一支军队，派去镇压起义，却在玛纳斯附近遭到重创。随后伊犁河谷也发生了起义。即便在这个时候，假如官员们能主动迎敌，应该也不难对付那些起义者。回民正起内讧，然而汉人和满人官员的应对方式与喀什噶尔的驻军如出一辙。他们在驻地按兵不动，等着起义军来进攻。他们在新固尔扎集结了约8000兵力，与在喀什的一样，还是静观其变。

回民军最终朝新固尔扎发起了攻击。官军很快就击败了他们。这个事件以后不久，原参赞大臣被解职，他的前下属，塔尔巴哈台的朱古察克办事大臣奉命继任。回民军在这个省会城市附近挖了壕沟驻防，新参赞大臣轻率地对他们发动攻击，结果被打得落花流水。

回民军在新固尔扎附近集结，不断围攻官军，同时一个个包围了驻扎在这一带的小部队。外围的据点一个个落入回民官军之手，到了1865年末，只有省会城市新固尔扎还未失守。

同年朱古察克的回民起事。伊犁河谷与中国内地的所有交流就此中断，只有通过俄国境内尚能传送信件。参赞大臣孤立无援，屡次向俄国求助，情形和太平天国运动时如出一辙，那时候中国人也请外国人增援长江下游的作战。但是这一次俄国人严守中立。

新固尔扎的主城区已被毁坏，只有城墙坚固的军队驻地得以幸免，城内居民都到此逃难。驻地的粮食很快就吃完了，拥挤的人群中暴发了斑疹伤寒，患了病的人容貌十分可怖。1866年1月中旬左右，此时在广东嘉应，左宗棠正准备把太平军杀个片甲不留；而新固尔扎的回民军则攻破了驻地的城墙，于是朝廷在西部的最后一个前哨据点失守。

不久，回民两派起了内讧，公开起了冲突。1867年4月，双方在老固尔扎附近决战，阿比尔·欧格拉——又称阿拉罕在权力争夺中最后占得上风。他自封为苏丹，但伊犁河谷的和平之日还远未到来。吉尔吉斯的匪帮进犯边境，侵扰俄国，给俄国人增添了不少麻烦。

考夫曼将军是俄国的立国者之一，属于守旧派，1867年当上了俄属土耳其斯坦地区的总督。他在撒马尔罕站稳脚跟后，就把注意力转向了浩罕汗国和东部的地区。阿拉罕屡次向俄国人主动示好，但俄国人不予理会。阿古柏开始觊觎天山以北的土地。1871年他把自己的军队调集到吐鲁番，一般认为他的计划是吞并乌鲁木齐与玛纳斯的回民地区，并抢夺固尔扎新苏丹的领地。俄国人觉得这就是阿古柏调兵吐鲁番的目的，他们并不想让阿古柏出现在伊犁河谷。他们占据了北面通往穆扎特关的道路，防止阿古柏派兵从这条路进入河谷。

固尔扎城内外的混乱局势仍在持续。老固尔扎已成了塔兰奇苏丹国的首都，

第十一章　新疆、喀什噶尔与阿古柏

其边境仍然遭受强盗的袭击。考夫曼将军决心要结束这种混乱局面，1871年夏，他在科以宾以东召集兵力，准备占领固尔扎。这支军队由科尔帕科夫斯基率领出征，阿拉罕只是稍做抵抗便投降了，1871年7月4日俄国人占领固尔扎。据说对伊犁河谷的侵占由考夫曼将军发动，圣彼得堡当局对局势发展极为不满。俄国外交部匆忙知会中国政府，这次占领该地区只是暂时行动，只要中国派出足够的兵力接管并恢复秩序，他们就会把领土移交给中国。①

阿古柏拒绝让俄国人进入其领土通商贸易，有些俄国商人由强大的官方资助，当他们进入喀什噶尔时，阿古柏马上买下他们的全部货物，然后把他们遣返回俄国。阿古柏的反俄立场看来是由于他急于获得俄国人的认同，他采取高压措施，是为了向俄国人展示实力，好让他们刮目相看。然而遗憾的是，他对考夫曼将军打错了算盘。

1868年俄国人通过建立纳伦要塞，使他们对伊塞克和喀什之间的山区加强了控制。这让阿古柏大为恼火，他大大加固了阿克苏的防御工事，以此对抗。考夫曼将军与浩罕汗国统治者曾取得直接联系，他在喀什问题上想如法炮制，但阿古柏似乎不想跟圣彼得堡当局有直接接触。随后考夫曼将军诱导浩罕汗国的统治者库达亚尔汗，让他对喀什噶尔行使所谓的宗主国权，进军喀什地区，驱逐阿古柏。尽管库达亚尔汗对阿古柏并无好感，但他却拒绝了这个建议。于是考夫曼将军致信阿古柏，信中说，除非他能像浩罕汗国与博卡拉那样，与俄国建立同等的友好关系，否则他对俄国及俄国人的所作所为将受到严惩。阿古柏回信说：

把你的信件送到我手上的那一位特使不是俄国人，不是因为你没有俄国人可供派遣，而是因为你认为只有浩罕汗国和博卡拉才够资格派俄国人做特使。假如

---

① 斯凯勒，《土耳其斯坦、俄属土耳其斯坦、浩罕、博卡拉与固尔扎游记》，第2卷，第185—188页。

俄国人相信我的良好愿望,就应该派出自己人当中的一员前来,才能让我看出他们的诚意,才会让我觉得他们是在向我表示友好。如果你所说的确实是出于一番好意,那就不要再派你的商人过来了,派些更有资格的人来吧。派个俄国人,甚至是塔什干人也行——虽然他们不过是牧羊的,但这也看出了你们的诚意,那时我就会派我的特使去你那儿。①

考尔巴斯男爵奉命前往喀什,作为俄国的使节与阿古柏签订通商条约,许多年后他将率军参加日俄战争。同时俄国开始向纳伦要塞大规模地调兵遣将,运送给养。俄国与阿古柏在1872年6月10日签署了通商条约,阿古柏的王国因此被俄国承认为主权国家,他感到心满意足。他请求派遣一名特使前往圣彼得堡,得到了俄方的准许。

1873年夏,沙皇接见了这名特使,充分款待了他。②通商条约对两国贸易关系并无显著改善,阿古柏仍限制俄国商人在境内的行动。俄国仍在进行军事行动的准备,1873年假如没有英国佛塞斯使节团的出现,俄国人大概已入侵喀什噶尔。阿古柏以为有使节团撑腰,大感安慰,他对俄国人的态度由此变得空前的强硬。但俄国派出了考尔巴斯使节团,此时已摸清了阿古柏的情况,知道了他手中握有的兵力。俄国人集结了2万兵力,由著名的斯科别列夫将军率领,准备于1875年初一举歼灭阿古柏。就在这个节骨眼儿上,浩罕汗国发生了暴动,有可能波及俄属土耳其斯坦的广大地区。俄国不得不撤回准备前往喀什噶尔作战的军队,转战其他战场。阿古柏逃过了一劫。

阿古柏自命为中亚回民的领袖,而1875年的暴动也给了他一个时机,让他

---

① 斯凯勒,《土耳其斯坦、俄属土耳其斯坦、浩罕、博卡拉与固尔扎游记》,第2卷,第321页。

② 斯凯勒,《土耳其斯坦、俄属土耳其斯坦、浩罕、博卡拉与固尔扎游记》,第2卷,第322页。

第十一章　新疆、喀什噶尔与阿古柏

有可能成为诸国抗击俄国人的统领；但他在同教中人与俄国人作战时，却没有伸出援手。他一定知道，倘若他决心与俄国人做斗争，那么1875年暴动就是他的机会。他在这个紧急关头的毫无作为，也许是出于另外的考虑——他听说了一些令人不安的传闻，他的王国以东受到了威胁。在甘肃肃州，左宗棠将军正在紧锣密鼓地筹备之中，准备收复新疆。俄国人还没有恢复俄属土耳其斯坦的局面，来不及攻取喀什噶尔，左宗棠的军队已进驻此地，阿古柏的统治将要结束。

第十二章　筹备新疆之战

1867年春，左宗棠准备离开汉口之际，他心中就已清楚，即使平定陕甘两省，回民问题也不会随之完全解决。左宗棠天赋异禀，他对大局的洞见在同代人中鲜少有人能及，他还有一种更为难得的能力，就是展开总体计划之时，总能兼顾每个阶段，不会顾此失彼。无疑，即便在他还未前往陕甘两省的时候，他内心深处就已下了决定，要在西部恢复国家的主权，收回直到帕米尔高原之下的领土。

左宗棠不是好高骛远的人，不会因为长远的目标而忽略了眼前急需解决的问题；因此从资料记载来看，他当时并未说过相关的想法，但他一直专注于收集各种关于新疆的信息，从这可以推断他内心的目标。收复新疆就是他的目标，随着时间的推移，他一步步地朝着目标迈进。当他在陕甘两省艰难地向西推进时，他的同代人不止一次地叫嚣，认为他对当地的回民运动束手无策，更没想到他会进军新疆。但左宗棠始终自信满满，他知道自己一定能平定回民运动。只有一件事情让他担忧：他不知道自己能否活到完成自己既定目标的那一天。

朝廷似乎正忙于应付国内外的困局，无暇他顾，完全忽略了新疆问题。1871年夏，俄国外交部知会朝廷：以示友好，俄国军队已代为控制固尔扎与伊犁河谷。朝廷马上警觉起来，十分担忧新疆的处境，并开始考虑种种防范措施。朝廷的立场在塔尔巴哈台事件中得到了充分证明。

1865年回民军占领了朱古察克城，他们想与俄国人建立友好关系。但俄国人

第十二章 筹备新疆之战

对他们非常冷淡。大约一年以后，在俄方边境逃难的中国人风传，俄军正在向朱古察克进军，准备攻占此地。当地的回民军陷入了恐慌之中，他们遗弃了朱古察克，撤退到玛纳斯。

此后多年，朱古察克实际上都处于无人管治的状态。这种现象让人感到奇怪，不明白俄国人为何如此克制，一直放弃对朱古察克的占领，也没有控制整个塔尔巴哈台的意图。不过，到了1871年，当清政府看到了遥远西部所受到的威胁，开始采取措施，俄国人就派出了一支远征军穿越蒙古，重新占领朱古察克，并对塔尔巴哈台的部分地区恢复了一定的控制权。但此时中国的满人将领率领的一支部队并未遇到多少抵抗，就向前推进至原来由回民军控制的地区。

左宗棠在兰州建立兵工厂，主要目的是为征战新疆做准备。他制造了大量武器弹药，充分试验了兵工厂的产品，检验它为长期征战供给军火的能力。他果敢地采取措施，对甘肃的回民采取分治的办法，并动用大批兵力协助百姓恢复耕种，那时他就考虑到了新疆征战的供给问题。他充分意识到，倘若他的军队留下一片废墟就开始艰苦卓绝的远征，而所到之处又被回民军的铁蹄彻底摧毁，那么他的所作所为就非常荒唐。他清楚，在进军新疆之前，必须想办法把甘肃变成产粮基地。

左宗棠平定甘肃回民运动的同年，云南的回民起义也得到彻底镇压。因此，中国国内25年来首次恢复了一定的安宁，处在朝廷的掌控之下。在同一年成功镇压了两大起义运动，这让朝廷欢欣鼓舞。皇帝刚刚接到攻下肃州的报告，就命令左宗棠马上进军到长城之外，平定新疆的局势。左宗棠并未被胜利冲昏头脑，他总是冷静地面对问题，条理清晰地提出建议。在未充分估计所有可能、备好万全之策前，他不会踏足新疆一步。

左宗棠向朝廷进言，认为目前需要做好大量的筹备工作，才能真正开始征服新疆。他一直耐心地做准备，在最终发动新疆战役之前，整个筹备工作花了超过两年半的时间。这是他率军作战以来比较艰难的时期。左宗棠认为许多筹备工作必不可少，这些工作需要大量的资金。左宗棠在甘肃驻扎了大军，只是供养他们就需要一大笔钱。这两年多时间里，左宗棠的军队绝非游手好闲，但是其他地方的官员不断收到向甘肃提供经费的要求，在他们的眼里，他们就是在供养一支游手好闲的军队。他们开始上奏皇帝反对这种做法，认为距离目标实现遥遥无期，不值得为此浪费物资。

朝廷无法理解左宗棠为何耗费巨资。除了这个压力以外，新疆的自然条件十分恶劣，要率军进入这个地区，对任何一个统帅都是极大的考验。他们的征途十分遥远，从一个绿洲走到下一个绿洲，路途漫漫，且几乎没有什么停靠点。整条行军路线水源稀少，且根本无法采购供给，即使到了人口最密集的中心地区也办不到。从肃州沿南路至喀什的距离，大概相当于从堪萨斯城至洛杉矶的路程。从肃州至哈密只有这一条路可走，从哈密再往前也只有两条路，一条通往天山以北，一条通往天山以南。

从肃州至安西距离约为240千米，从安西至哈密约为350千米。安西至哈密这一带穿越戈壁滩，水源匮乏，沿途无论哪一个停靠点，都无法为大量人马提供足够的饮用水。从哈密有一条路翻越山岭，向北通往北路的巴里坤，距离约为145千米。从巴里坤沿北路往前，直到第一个军事重镇古城，距离约为320千米；而从古城直至乌鲁木齐约是175千米，此地是回民势力的第一个中心城镇。从哈密沿南路往前，直至阿古柏王国的东部中心吐鲁番，距离约是400千米。

喀什噶尔的东部边境在吐鲁番地区，左宗棠要率军到达此地，必须在沙漠地区前进大约1000千米；而要攻击乌鲁木齐的回民军，就必须推进约1240千米。要向这支比以往的敌人更为可怕的回民军主力发动战争，左宗棠必须首先跨越如此遥远的距离。

在那个年代，甘肃省的边界是肃州以西附近几千米处的嘉峪关。嘉峪关是一个筑有防御工事的城镇，是长城最西端的出入口。随着官军攻下肃州，平定甘肃的任务就此完成。然而在嘉峪关以西的玉门、安西和敦煌一带，聚居着大批回

第十二章　筹备新疆之战

民，著名的陕西回民首领白彦虎就坐镇此地，追随他的有数千人。在哈密广阔的绿洲上，回民建起了一个独立的王国，当地的回民首领被立为哈密国王。在北路，回民军在巴里坤和库车一带大肆破坏，让这些地区几乎成为没有人烟的死城，但他们似乎并未试图立国。因此，在出兵阿古柏的王国之前，还要清除这些地区的敌人，有大量前期的作战准备工作要做。

左宗棠收复新疆的计划可以概述如下：

一、彻底重组军队，淘汰不宜出征的官兵，竭尽所能为作战部队装备最精良的武器。

二、肃清玉门、安西和敦煌一带的白彦虎部队和其他回民军，控制从凉州到安西整个地区，扩展作战基地。

三、在肃州建立一个大规模的补给基地，玉门和安西也协助提供给养。

四、攻占哈密、巴里坤和古城，把这三个地方组建为战斗的前沿基地。巴里坤将成为北路作战的主要补给基地，而哈密则建成南路作战的主要补给基地。在这些战斗中尽可能减少兵力，以减轻运输压力。

五、前沿基地要储备充足的给养，并要成功组织运输，为前沿基地不断提供给养。此时便下令部队从肃州出发，沿哈密、巴里坤、古城一线进军新疆，攻取回民军中心乌鲁木齐与玛纳斯，随后再次翻越乌鲁木齐以南的群山，与哈密开出的一路军队协同作战，摧毁阿古柏的王国。

左宗棠重组军队时，他声称自己裁掉了2万官兵，留下了141个营，大约是7万的兵力。① 但有迹象显示，除了左宗棠本人的141营以外还有其他兵力，包括金顺的10个营，张曜的14个营和徐占彪的13个营。准备新疆战役的兵力总计为178个营，约是8.9万人。这支军队大部分分布在甘肃省内各地，主力集中在肃州、高台、甘州和凉州。他分散部署兵力的目的，是为了让部队在当地解决供给问题，

---

① 《年谱》，第7卷，第13页。

这样他的运输部队就能全力以赴，源源不断地为在长城以外作战的各路部队提供给养。

1874年春，金顺和张曜向嘉峪关以西进发。据《年谱》记载，左宗棠为金顺配置了1门克虏伯野战炮，为张曜配置了1门克虏伯野战炮、10支德国制造的7连发马克辛来复枪，还有兰州制造的10门新臼炮，这些臼炮也称"劈山炮"，可以用来劈开山路。书中并未记述这一地区的作战情况，只是写仲夏时金顺抵达安西，张曜开到玉门。而俄国旅行家皮亚塞茨基博士曾在1875年夏天路过安西，他记述道：

当然，我们知道安西饱受战火摧残，但我们所目睹的情况，其毁坏程度大大超过了我的想象。这个广大的城镇如今满目疮痍，只剩断壁残垣，寺庙和城墙尽毁，只有满地瓦砾。在这一大片废墟的中间，有几个老者搭建了草棚而居。除此之外，目之所及只有茂密的野草。①

1874年夏末，张曜推进至哈密。由于水源稀缺，为保证每个地方的水源供给足够，从安西出发的部队必须分成一支支分队先后出发。一支分队来到供水点以后，前一支抵达的分队就继续前进。一支分队需要11天的时间才能抵达哈密绿洲。

张曜控制哈密以后，金顺奉命前往巴里坤，他于1875年1月抵达。这年春，身在安西的徐占彪被派往巴里坤。他来到巴里坤后，金顺就开进古城，攻占了这座城镇。于是新疆东部已在左宗棠控制之下，他可以开始储备军粮，以供养按照部署即将深入新疆腹地的部队。左军的行动，足以惊醒阿古柏及乌鲁木齐与玛纳斯的回民军，他们应该意识到必须采取一些迎战措施了。如果他们联合各自的

---

① 皮亚塞茨基，《俄国旅行家在蒙古与中国》，第2卷，第226页。

第十二章　筹备新疆之战

兵力，左宗棠可能就很难取胜。可是他们毫无动静，只是被动等待。不过，倘若他们进攻左宗棠的前沿阵地，他们就会发现，对手与所有以往交战的清军都截然不同。

左宗棠在古城部署了5000兵力，巴里坤有6000，哈密有7000，而指挥作战的将领都并非被动迎战之人，当敌人逼近时会主动出击。单靠回民军是无法阻击金顺和徐占彪的。而假如阿古柏决定对张曜发动进攻，那么他要进军的距离，就和左宗棠从安西派援军至哈密的距离一样遥远。看来左宗棠对作战的各种需求都考虑得十分周全。他的兵力足以应对所有紧急情况，但又不至于给供给造成压力。每支先遣部队大部分都是骑兵，可以应对小股敌军的突袭。

有大量资料显示左宗棠的驻军耕种土地。提及左宗棠的外国文献有限，而写到他的新疆之战时，几乎总是会联系到他的军屯。他的军队前进至一个个绿洲时，总是会种下农作物；每到一个绿洲，就稍做停顿种下粮食，为下一次进军做好储备。看来长久以后，人们每次津津乐道这个像传奇一样的故事，就会自然联想到左宗棠的名字，而类似这样的传奇里头总有真实的成分。当然，这些故事所揭露的，只是实际情况的冰山一角。

左宗棠碰到的供给难题，是任何一个国家的将领都难以解决的。而且确实很难再从史上找出任何一个将领，能比他更好地解决这个问题。在陕甘两省，常年内战造成了空前破坏，而左宗棠就要在这样的地区领军作战。他还未征战之前，这些地区已荒芜多年。与某些成见相反，左宗棠的军队并没有肆意对作战地区进行破坏。他的军队所踏上的废墟，是在原来的战争中被毁的，或只是在实际作战中由于战火的波及所至。他并非野蛮的破坏者，而是一个伟大的建设者。

左宗棠英勇过人，但并没有报复心。他攻占一个地方以后，就会马上开始建设工作。在他作战的地区，运输是个突出的难题；每到一地，他都想方设法在部队后方开展生产，以减轻运输的压力。为此他充分利用了部队兵员的劳动力。他用兵员和牲畜开荒，耕种了成千上万亩土地，却并非总是能拿到收成。如果土地的主人出现，宣布对土地的所有权，左宗棠的惯例就是把已耕种的土地奉还。而假如主人没有认领，他就把土地送给任何一个农夫，条件是他要继续保证此地的耕种。粮食收获之时，他就会出资购买，并且总是支付公道的价钱。

左宗棠让军队耕种土地的最主要目的，是为了让人们回归农作，不要忘了生存之道。在甘肃省内，到处都是荒地和废弃的土地；有时他会认领一些这样的土地，让不适于再上战场的老兵以及轻度残疾的士兵负责耕种。他们常常种下土地，也获得了收成；但即便这样，只要他能招来一些百姓在此地居住，他就会把土地交给这些百姓，而让军人转到别处开荒。左宗棠深知把军人转变为农夫的困难。他曾把这喻为用一只手画圆形的同时用另一只手画方形。①

在左宗棠发动新疆之战的前一年，他命令手下将领，不要把最杰出的士兵派去种地，而是选出一些作战能力不强、作用较小的士兵去耕种。很显然，左宗棠无法容忍军中存在任何一个游手好闲的士兵。只要实际作战任务并非刻不容缓，他总是会为士兵找到活干，如此一来就节省了朝廷的开支。据他所言，他的军队在甘肃为恢复重建所做的工作，为朝廷省下了好几百万的银两。

从凉州以西到肃州的乡村地带，甚至在玉门和安西的山谷，非战时的粮食产量是很高的。由于回民运动，这片地区人口锐减，几乎荒无人烟。左宗棠让他的士兵下田劳作，耕种、播种和整修灌溉渠，让土地大致恢复了生产。与此同时，他运用自己的权限采取种种措施，鼓励百姓来到这片地区安居。他对定居者给予重赏，方法是以优厚价格购买他们生产的所有余粮。他不想向百姓征收苛捐杂税，而是坚持让政府为军队提供给养的资金。他就是用这样的方式，成功让这个满目疮痍的省份很快就得以恢复。他的大军兵力庞大，部队所种粮食的实际产量，对整个军队的供给维持不了多久；但他奖励百姓种粮的措施，的确成了为军

---

① 《年谱》，第7卷，第43页。

第十二章　筹备新疆之战

队提供供给的一个有力保障。

张曜的部队进入哈密时，左宗棠给了他非常周详的指示，告诉他如何在哈密的绿洲上恢复粮食生产。左宗棠叫他必须安抚百姓，劝说他们不要背井离乡，对于那些的确离开了家乡的人，要采取特别措施鼓励他们重返家园。对于已经回来的人，要马上帮助他们恢复土地的耕种；并且要努力保护百姓，让他们安居乐业。

一旦确立了秩序，就要尽量节省人力、畜力，充分利用其进行整修灌溉渠、耕田和播种的工作。假如畜力不足以完成犁地的活儿，就让士兵来顶替，三名士兵来拉犁就等于一头骡子的畜力。在进行作战的任一阶段，只要土地的主人返回，如果他能保证继续耕种土地，军队就会把土地归还给他。无人会对土地的所有权问题产生质疑，只要可以继续耕作，即可宣称自己是此地的主人。在这个问题上，地主不同的宗教信仰并不会导致差别的存在。

军队以连为单位分派土地进行耕种，每个连雇用一个当地人，由他指导当地的粮食生产过程，而军中也鼓励各个连队开展生产竞赛。营官和哨官要对其所率士兵的农活表现负责，而他们本人完成农活的态度如何，也会被纳入他们的官员考核记录之中。左宗棠还一一列出了这套制度的优点：它能为朝廷节省经费；省却运输的麻烦；让士兵们保持勤勉，强壮身体；而由于百姓发现自己的农田得以改良，且开始耕作，就会有信心重返家园开展生产。①

1875年夏，张曜报告说，有大片的荒废土地现已恢复耕作，另外还开垦了1.8万多亩土地。在鼓励百姓重返家园、开始耕作这方面，他的成效无疑十分显著。同年夏天途经哈密的皮亚塞茨基博士，目睹了田中正在进行耕种的百姓并发表评论，但却只字未提曾看到有士兵在田间劳作。

张曜这个人力大无穷，是个万中挑一的骑手，也是个非常出色的军人。

---

① 《年谱》，第7卷，第2页及第6页。

左宗棠非常倚重这位将领，并对他特别青睐。张曜的生平颇具传奇色彩。他生于北京，是个普普通通的苦力。他负责碾米，身体非常强壮，据说他可以背将近550斤的米，而一个普通工人只能背不到100斤。有一天，一个老妇人和她守寡的媳妇在街上吵架，他卷入了其中。老妇人正在逼她的媳妇改嫁，张曜说这背离了习俗。在争吵中他发了脾气，劈头朝那个老妇人扔了一袋米，把她砸死了。他从北京逃到了河南，当时捻军正闹得当地的村子鸡犬不宁。捻军在作战之初并没有火器，村民们看见他如获救星，凭着他的英勇和一身力气，能在抵抗捻军中以一当十。他被一群村民推选为首领，声名远播，他的名声甚至传到了省会开封。

他到处流亡，来到了河南东南边界的固始县。他在固始县逗留的时候，捻军包围了此地，围困了很长时间，城内的居民几乎绝望了。固始县的知县是个学者，他有个女儿在当地很出名，都说她天姿国色、文采超群。知县在绝境中张贴了一份告示，声言谁若能击退捻军、拯救县城，就把女儿嫁给他。张曜此时挺身而出。他匆忙召集了300个壮丁，趁一天夜里突袭捻军。敌我兵力悬殊，张曜本来很难取胜，但他得到了上天的眷顾。此时著名的蒙古亲王僧格林沁正好赶到，捻军仓促出逃。知县并未对取胜方式产生异议，婚礼如期举办。蒙古亲王十分喜欢张曜，举荐他做知县。获得僧格林沁这种大人物的青睐，可要比通过科举考试管用，于是张曜就被任命为知县。

张曜是个文盲，但他有妻子的相助。两人相敬如宾，过了两年，他就被擢升为藩台，掌管河南的财政。都察院认为这有失体统。一个叫刘裕南的御史上奏皇帝，说张曜大字不识，甚至无法在各种文件上签名，如何能掌管一省财政。于是朝廷就免去了张曜这一职务，改为授予他总兵的军衔。这次横生变故令张曜心怀不满，满腹牢骚。他身为将领，却开始玩忽职守，幸亏有他的妻子在旁苦苦规劝，他才没有惹出大祸。妻子开始督促他习字，亲自教授他，一直坚持不懈地努力，终于教会了张曜读书和写一些简单的字。

第十二章 筹备新疆之战

左宗棠镇压捻军的时候听说了张曜其人。左宗棠对他的过去颇感兴趣,就向朝廷请求,把张曜和他平时率领的部队归入自己军中。于是他被转到左宗棠麾下,奉命前往山西与刘松山会合,一同进攻陕北。张曜接到了命令,却毫无行动,于是指令再次发出。而左宗棠是不喜欢重复指令的,所以此事非同寻常。也许第二次指令是朝廷发出的。这一回张曜还是无动于衷,后来还是他的妻子介入此事,警告他道:"你把自己当成大人物,但你走着瞧吧。你要是违抗圣旨,皇上就会要你的脑袋。"她终于说服丈夫踏上征程,结果这一去就是远征。他在战场上的勇猛无人能敌。这世上他任何人也不怕,只有两个人除外:一个是他的妻子,一个是左宗棠。不过他到底是否真正惧怕、佩服左宗棠也难说。

皮亚塞茨基在哈密见到张曜和他率领的部队时,对他们产生了良好的印象。皮亚塞茨基为这位将军画了一幅素描,让他欢喜不已。张曜要手下人马上把这幅画装裱起来,但手下人告诉他没有玻璃。刚好他旁边有一面镜子,于是他下令剥去锡箔,用镜子的玻璃装裱他的肖像。

左宗棠全力促进陕甘两省的农业生产。他特别注重种植棉花,对于他的军队来说,粮食和棉布都是不可缺少的供给。棉花除了可用于织布以外,还可做冬天穿的军大衣衬里。西北的棉花产量高一斤,他就可减少一斤的运输负担。他亲自撰写了两本如何种植棉花的小册子,分别是《种棉十要》和《棉书》。他成立了一个部门,专门教授人们如何纺纱织布。他派遣士兵去种棉,又让他们协助村民去种。他督促人们在过去种植罂粟的地里种上棉花。

左宗棠坚决反对种植罂粟。他要各地衙门召集所有的农夫,要他们签下字据或表明态度,发誓以后不再种植罂粟。违背誓言的人一定会被马上处罚。然而罂粟种植在甘肃由来已久,不容易控制。有些偏僻之地必须派出士兵去毁掉田里的罂粟。军中有严厉规定不许吸食鸦片。不能说左宗棠军中绝没有吸食鸦片的人,不过的确没有官兵沉溺其中,也从来无人敢在左宗棠在场的时候偶尔抽上一口。

幸运之神在1874、1875和1876年都眷顾了左宗棠。这三年风调雨顺，甘肃的粮食作物大丰收，凉州至肃州一带更是丰产。只要在允许的条件下，他就按照收获前数月与百姓订下的契约收购粮食，以维持粮价的平稳，确保不会以过低价格购买百姓的粮食，从而加重他们的负担。他细心地让农夫们不要在收获时卖掉所有的粮食，以免岁末时没有余粮而要用高价买回。他在肃州的弹药库储备充足，通往哈密和其他前沿阵地的交通线已建立。他在蒙古买了几千头骆驼，租用了所能找到的所有马车及牲口。前往哈密及南路的道路可让马车通行。他派了代购的人前往归化、包头、乌里雅苏台和科布多去采购粮食，然后用骆驼队运送至巴里坤和古城。

1875年6月15日，俄国旅行家索思诺福斯齐回国途中经过兰州。他抵达后不久，就拜访了左宗棠。引见过后，左宗棠就直接问他到西伯利亚代购粮食、至古城交货是否可行。索思诺福斯齐曾在塞米帕拉斯丁斯科省供职，了解当地的情况，他马上和左宗棠达成协议，由他代购2.5万普特（俄国旧制重量单位，2.5万普特约41万千克——译注）粮食，在古城交易，价格是每普特30卢布。这比在归化的价格稍低，归化买粮是每百斤8两银子，巴里坤交货；而据左宗棠所说，他与这些俄国人签订的合同是每百斤7.5两银子，请他们代购300万斤，古城交货。索思诺福斯齐谈成这笔交易后可谓是兴高采烈，在他的同伴看来，他索要的价格高得离谱。他则为自己辩解说，左宗棠并未和他讨价还价，而且左宗棠说自己银两充足，但士兵不能以银两为食。皮亚塞茨基的书中附有左宗棠与索思诺福斯齐订立的合同。合同写道：

大俄罗斯帝国的参谋官索思诺福斯齐上尉，与中国西部军事统帅左宗棠达成协议如下：中国军队征伐其西部劲敌，其部队必须有食物供给；索思诺福斯齐上尉出于与中国人的深厚友谊，承诺协助以每普特30卢布的价格为中国军队购买食粮，若斋桑地区粮价不贵，则还可降低此交易价格。①

俄国人本来计划在兰州逗留一个月，再继续他们悠闲的归国之旅。可是左宗棠迫不及待，索思诺福斯齐有个哥萨克手下，左宗棠给他派了护卫队，让他乘快马赶往斋桑，带着索思诺福斯齐的指令购粮，把粮食运回来。1876年4月，俄国人不但运了300万斤粮食到库车，还另加了100万斤。到1876年春，左宗棠储备的粮食如下：哈密1000万斤，巴里坤500万斤，古城800万斤，总量超过了1.5万吨。此外他还集结了足够的运输队，可以源源不断地向这些供给基地输送粮食，而此时他还有额外的1万吨粮食在运送途中。肃州是主要的供给基地，他在此备下了约3万吨粮食，而安西也有大量储备。他在各地的仓库中都储备了充足的粮食，足够维持一年半的征战。

为部队提供武器装备是另一大难题。左宗棠决心把派入中亚的这支部队打造成劲旅，因为他们的任务不仅仅是打败回民军、歼灭阿古柏这么简单。按照左宗棠的计划，他们还有另一个目标——树立大清的威望。左宗棠花费大量时间准备新疆战役，这是其中一个主因。他原本可以提前至少一年进军新疆，派出的部队也足以打败阿古柏和镇压回民军，但最终的战局影响大概就不会如此深远，取得战果也不会如此迅速。他决定让其军队现代化。他为军队买来了一大批外国制造的武器，但配备还远远不够。他的兵工厂工作了四年，为军队制造武器和弹药。自然，有时生产机器会出现故障，制造期间也出现过种种问题；但到了1873年末，它的产品质量已经很令人满意了。

左宗棠1874年曾就武器问题致信总理衙门，他对现代化的态度由此可见一斑。信的内容大致如下：

---

① 皮亚塞茨基，《俄国旅行家在蒙古与中国》，第2卷，第153页。

至西人所传洋枪队式，行列整齐，进止有度，较之中土所演阵式，不但枪械、子药远胜，其束伍、结阵之法，亦良不易及。

然自剿办发、捻，中国材武之士辈出，善战者亦多尚洋枪，而不尽习其阵式。如前广东提督刘松山，今苏松镇总兵章合才，所练阵法足平发捻，亦可制洋人，宗棠实亲见而信其能。

以简器论，炮以布洛斯（即普鲁士——译注）所制之后膛螺丝开花大炮为最胜，枪以后膛七响为最胜。从前西人旧式枪炮本已精工，近改用螺丝内膛，后圆前锐，注药之子又极合用，较其旧式光膛圆子更为精妙，故致远取准胜于旧式。

近又改用后膛进子之法，进口大而出口翻小。如布国新制大炮及后膛七响洋枪，则极枪炮能事，无以复加。凡枪炮之用，在致远取准而已。其能致远取准者，在炮子必合炮膛、枪子必合枪膛，子不离药、药力全注其子故也。布国新制大炮及后膛七响枪，不但子合药膛，且大于膛口以数分计，而能不伤膛口者，由子之外面用铅皮包裹，火着子出，铅皮融脱，故出口不伤；子聚药力，毫无外散，故能远；子满膛口而出，毫无偏倚，故能准也。

此间现设制造局，能自造铜引、铜冒、大小开花子，能仿造布国螺丝炮及后膛七响枪。近令改中国旧有之劈山炮、广东无壳抬枪，用合膛、开花子、劈山架改用鸡脚，又无壳抬枪改用一人施放，选用宁波及粤、闽工匠制造，以总兵赖长督之。饬中军副将崇志教练本标将弁兵丁演习，俾制器之人知用器之法，用器之人通制器之意。向之劈山必用十三人，今只五人；向之无壳抬枪三人管放两杆，今一人放一杆，且更捷便。

盖欲参中西之法而兼其长，为行队接仗、营卡守具所必需，亦犹西人每进益上、精益求精之意也。纵未能如西人之精到，而其利足以相当。如果能得地势，用教练之将弁带习练之兵丁，其制胜确有把握，非美观不适用、空言无实用者比也。①

———————————
① 《左文襄公书牍》，第14卷，第48页。

第十二章 筹备新疆之战

索思诺福斯齐途经兰州时，皮亚塞茨基博士与其同行，他对左宗棠有一番侧面描述，笔墨颇为风趣。这个俄国人在左宗棠的大营里做客，住了有一个月，几乎每天都能见到他。他受左宗棠之邀参观了他的兵工厂，并写道：

我们参观了制枪的车间和用蒸汽运作的制炮车间，在工厂里看不到一个外国人……

兵工厂总管是个广州人，他前来与我会面，又带我到一处帐篷内喝茶……我建议去看看射击。这位总管给我看了他们车间做出来的四支钢质后膛枪，是用于来复枪管的。它们组装得非常好，有各种规格，最大的是九号枪管。

这位负责人十分谦逊……他不愿接受任何恭维，对自己的技术与能力缺乏信心，坦承欧洲人制造武器的优势。他自己组装好一门炮，在未上膛之前一直深情地注视着它。但炮弹一发射，他就逃出老远……

士兵们操作熟练，一点儿也不害怕……炮弹发射了，炮身完好无损，没有爆炸。他们反复试用同一支枪，然后再换别的枪。总体来说枪法不错。①

左宗棠对这次参观的评论也颇为有趣。他在给一位友人的信中写道：

弟徐语以新设制造局亦能制枪炮，与贵国及布洛斯所制相近，渠笑而不答。乃使人导赴赖镇所详视一切，归后询以何如？索思诺及同来诸人齐声赞好，惟讶其铁质精莹，意必从西洋转购而来。比告以土产之铁，索使等大以为奇，其于赖镇则数数目之，似见所未见也。②

1876年夏，匈牙利旅行家塞切尼伯爵在肃州拜访了左宗棠，此时左宗棠的军

---

① 皮亚塞茨基，《俄国旅行家在蒙古与中国》，第2卷，第156—157页。
② 《年谱》，第6卷，第16页。

队已快控制乌鲁木齐附近的回民军。左宗棠给他看了兰州兵工厂制造的针击枪，塞切尼宣称这"的确是非常管用的武器"。他说左宗棠的骑兵装备是一支卡宾枪和一把剑，而步兵则携带来复枪，两者看起来都"整齐而威武"。①

皮亚塞茨基博士从兰州到巴里坤之外，一路上都看到了左宗棠的部队，他对这些部队的军纪、士气和士兵的举止评价甚高，也赞赏左宗棠对他们的掌控，即便左宗棠的大营在数千米之外，这些部队也绝对服从他的指令。俄国人往巴里坤以北旅行数日，左宗棠为他们提供了牲口，还派了卫队护送。而据皮亚塞茨基博士所说，索思诺福斯齐是个很难相处的人。索思诺福斯齐当时急着赶去斋桑，监督购粮合约的实施，他一心想要快马加鞭，而不管牲口的承受能力。有一次那些牲口已筋疲力尽，索思诺福斯齐还坚持要赶路。于是卫队队长告诉他说，这些牲口属于中国政府，他有责任为左宗棠将军照管好它们，今天无论如何不能继续前进了。索思诺福斯齐上尉大发雷霆，出言恐吓，但卫队队长不为所动。最后他们留宿一晚。

1874年夏，满族高官景廉来到肃州督办军务，对即将开始的征战，他给左宗棠提出了详细的意见。景廉曾在古城驻节，朝廷认为他会非常熟悉新疆当地的情况。而左宗棠认为这是节外生枝，很不高兴。他觉得景廉的主要使命是对他进行监视，然后向北京朝廷密报，他原本的征战任务就很繁重，这样一来更是增加了他的负担。而且就征战事宜来说，左宗棠不需要景廉或其他任何人来指手画脚。他总是积极主动地向每个人搜集信息，但不需要他们给出意见。他对自己无比自信，只要掌握了实际情况，他从来不会迟疑不决。即使他曾有过犹豫，也从未有人察觉。他的部下总是对他的当机立断充满敬意。

景廉到达肃州前后，袁保恒也奉命抵达。他在左宗棠征战陕西的初期，曾出任钦差大臣，有几年时间在陕西监督军队供给。他这次来肃州的任务也大致相

---

① 布尔格·迪米特里厄斯，《中亚问题》，第358—359页。

第十二章 筹备新疆之战

同。袁保恒曾几次上奏皇帝,批评左宗棠的供给安排。他认为在巴里坤和古城储备大批物资毫无必要,肃州才应作为供给基地。左宗棠激烈反驳,坚持自己的做法,两人争论得不可开交。最后左宗棠请求皇上撤掉袁保恒的职务,认为他留在肃州无用。可是袁保恒人脉很广,朋友中有李鸿章这样的大人物。

同年李鸿章也开始加入反对左宗棠的行列,主张彻底放弃征战新疆。他把这次征战定性为完全不切实际,只是虚耗国库,又说即使赢得征战,也无法长期控制新疆。李鸿章是位高权重之人,他想把"虚耗"在征战新疆准备工作的资金,用于他所监管的海军建设和海岸防御。很多其他高官也认为征战新疆徒劳无功,各省巡抚极力抵制为左宗棠提供经费。据左宗棠所言,他在1873年要求为征战拨款800万两银子,而1874年他的军队裁撤2万人,他要求的拨款是700万两。①

但是,朝廷拖欠了这笔经费,直到一年多以后才汇款。他为1874年所做出的军饷预算是以141个营卫为基准的,而要是再加上金顺、张曜和徐占彪的部队,那么西北征战的总开销还要增加约150万两银子。不过,对于如此庞大的军队而言,这笔预算并非是夸大其词。部队花销包括薪饷、口粮与衣物等,按照每营每月用2892.2两计算,141个营一年的开销为489.36024万两。这样一年就只剩下200多万两银子能用于购置装备和支付其他开销。左宗棠率军在甘肃时,通过各种方法自力更生,省下了一大笔钱,这些钱用于购置装备、运输供给等。由于朝廷迟迟不给经费,左宗棠只好外借,主要是向山西的银号借债。左宗棠的信誉在西北可是有口皆碑。

左宗棠认为,除非中国态度坚决地收回新疆,否则俄国人就会趁火打劫,把新疆纳入自己的版图,然后侵占整个蒙古和满洲。他其实比谁都热心想要建立一支强大的海军。实际上很可能是他首先提出这个主意的。但他认为,集中全力建

---

① 《年谱》,第7卷,第31页。

设未设防的海岸边境,却不采取措施防御更为漫长且同样未设防的内陆边境,这么做毫无意义。

左宗棠声言国家的海防和陆防缺一不可,收复新疆和建设海军必须同时进行。在他看来,只要中国人坚持对外来侵略进行一定的抵抗,来自欧洲列强的威胁并不要紧。欧洲人关心的是贸易和利润,战争要消耗一大笔钱,而且严重损害贸易往来。因此,如果中国可以证明战争所花费的物资,要远比其贸易优势所带来的赢利要多,那么欧洲人就不敢轻易进犯中国。他认为,占领一个可以进行有效抵抗的国家,就必须在当地派重兵驻守,这么做完全无利可图,那些一心想通关贸易的国家不太可能这样冒险。但他对俄国和日本则有截然不同的评价,这两个国家对中国的领土都虎视眈眈。因此有必要建立一支海军牵制日本,一支陆军防备俄国。这两者都是卫国之本。

同治皇帝去世以后,慈禧太后再次掌管朝中大权,面对朝中一片反对征战新疆的声音,她开始对这个问题非常关注。左宗棠接到了一封诏书,里面相当详细地叙述了赞成与反对征战新疆的理由,并命令左宗棠明确态度,能否以现有兵力收复新疆,能否在肃州这么远的地方有效指挥作战。诏书中还提到了袁保恒的问题。皇上认为袁保恒是位难得的官员,不明白左宗棠为何不能发挥他的作用。对左宗棠为国家做出的巨大贡献以及他的管理才能,诏书中有几句话褒奖,但随即就指出了皇上从他身上看到的不足。在关于新疆问题的整个讨论中,他明显表现出心胸狭窄,这一点在其他很多场合也有所流露;他对下属过分严厉,偏袒老乡,让其他同样为国效力的官员极难与他合作。这份诏书是紧急发送的,只用了九天就从北京送到了兰州,1875年3月19日交到了左宗棠手中。[①]

左宗棠对这份诏书的回复写了19页,每页都写满了正反面。他非常善辩,无疑喜欢与不属他管治的人争论一番,哪怕这个人是皇上。他深信自己立场正确,

---

① 《年谱》,第7卷,第15—17页。

第十二章　筹备新疆之战

对自己的能力也很自信，毫不迟疑地向皇上坦言他的观点。对于征战新疆引起的争论，他评论了其始末缘由。人们提出的所有反对意见都被他一一推翻。这份长长的奏章要旨可简要概括如下：辩论只有一方为胜，我就是胜出的一方；袁保恒在西北大业中完全无用武之地；征战新疆的准备工作正在顺利进行，我决心坚持到底；无论目前或以后的其他债务如何，朝廷有责任筹集本次征战所需要的资金，任何干涉只会延缓计划，但绝不会有所改变。①

放弃新疆这一大片国土的主权，并未得到这个国家有识之士的赞同，除了那些直接负责筹集资金的官员以外，朝中的人普遍赞成出征新疆。认为左宗棠老弱无能的批评声音逐渐平息，一种观点逐渐占据了上风：左宗棠是征战新疆的不二人选。何况如今朝中官员大多为皇位继承的合法性而烦心，在征战新疆的问题上采取失败主义的态度可不是个好办法。而且刚强的陕甘总督还是大学士，享有朝廷给予汉人的最高官位；在这个关头把征战新疆的统率大权从他手里夺走，更会是一种政治上的失策。

结果在1875年5月，皇上另下了一封诏书，对左宗棠提出的所有抗辩都做出了让步。朝廷召回了袁保恒与景廉，任命左宗棠为总管新疆事务的钦差大臣。他下达的命令等同于皇上圣旨，无论汉人满人，所有涉及新疆事务的官员，都要听从他的吩咐。他一直想要独揽大权行事，现在如愿以偿。他很早就意识到，西北某些官员享有特权，可以在他毫不知情的情况下直接向皇上奏报，这对他开展工作很不利。现在扫清了这种障碍，左宗棠成了这次西征的最高统帅。

左宗棠在进军新疆之前，为获得最高授权而精心策划，这并非绝无可能。倘若新疆之战进展顺利，可能会使中俄之间的局面变得微妙，左宗棠对这点不无担忧。权力的分散会轻易毁掉他精心准备的全盘部署。如今他大权在握，就能轻装上阵，而他被任命为钦差大臣后，筹备战争的步伐也大大加快。在筹备期间，

---

① 《年谱》，第7卷，第17—36页。

他的总部多数情况下设于兰州，他从这座城市频频发布命令，部署各地的大量行动，全力开展为祖国收复新疆的大业。

1875年将近尾声，左宗棠认为，这场对于他来说声势最为浩大的征战业已准备就绪。他的前沿阵地防御坚固，储备了充足的给养。运输组织有序，保证能源源不断地为踏入战场的军队供给。他在设于跨越沙漠各处的供水点扩建了水井，在停靠点设立了应急仓库，里面有粮食供给及大量燃料。他的军队训练有素，装备齐全，接近于19世纪80年代的西方标准。刘锦棠奉命统领进军新疆的军队。而刘典于1860年夏天在长沙组建的5000人的小分队，从那时就开始追随左宗棠征战，如今他被派往兰州出任甘肃巡抚。左宗棠则计划坐镇肃州。万事俱备，只欠一样——经费。左宗棠打定主意，在部队开往新疆荒漠之前，他必须筹到充足的可用经费。他请求朝廷在上海筹借1000万银两，一次性支付给他。他认为这笔款项可向上海的外国银行筹借。他请朝廷授权他的旧交福建巡抚沈葆桢，与外国银行商谈这笔借款。①

对这次借款，朝中上下几乎全是反对之声。出乎左宗棠的意料，连沈葆桢也反对他的意见，令他十分痛心。一份份奏折像雪片般飞到皇帝手中，主张倘若耗资如此巨大，不如即刻中止征战。显然大臣们还没有这样的借债思维，不能接受要借1000万两银子这样的巨款。为获得征战的经费，左宗棠不得不再次据理力争。自从他进军西北以来，经费问题就一直困扰着他。左宗棠称，他本人原则上也反对借款，特别是借外债，但有些时候实在没有别的选择，现在就处于这个非常时期。据他观察，英美两国都是向本国的国民借款，于是本金和利息都留在了国内；而西班牙则借外债，利息自然流向了国外。遗憾的是在借款问题上，中国和西班牙处境相同——中国各省的官员各行其是，漠视其他省份的困难，因此不太可能筹借到足够的大笔内债。最后他声明，与借外债相比，种种的其他问题更

---

① 《年谱》，第7卷，第47页。

第十二章　筹备新疆之战

能摧毁一个国家。①

反对的声音再次被压下去，左宗棠接到了1000万两银子的汇款。在左宗棠一步步跻身权贵之时，恭亲王在北京朝中掌管大权，是权力最大的满人高官。他是皇室家族中最后一位可称得上卓越的政治家。在他主政期间（1860—1884年），不乏迹象显示，朝廷的威望得以逐步恢复。正是他极力主张起用才能出众的汉人。大概是在恭亲王的支持下，左宗棠筹借外债一事才让皇帝最终点头应允。

金顺、张曜和徐占彪得到了增援，每位将领各有20营的兵力。1876年2月22日，刘锦棠率领32个营从凉州出发，前往肃州。1876年3月16日，左宗棠离开兰州，4月7日抵达肃州。刘锦棠的部队分三个批次向前进发，第一批4月26日离开肃州。左宗棠临别时给他的指令是"小心侦察，猛烈进攻"。他要刘锦棠确保古城所有必需的给养储备充足以后，再向敌人发动猛烈突袭。②

哈密、巴里坤和古城的驻军奉命仔细侦察敌军，掩护进军路线，确保刘锦棠的部队不用为防御自身而仓促应战，从而延缓进兵。7月15日，刘锦棠全军在古城集结，毫无疲惫松懈之态，精神抖擞，整装待发。而此时这支军队已行军80天，在一片极为荒凉险恶的地域上跨越了约1100千米，循着唯一一条道路长途跋涉。如今左宗棠在新疆有92营兵力，共计4.6万人，分布如下：哈密1万人，巴里坤1万人，古城2.6万人。而他在甘肃有4万至4.5万人的驻军，在紧急情况下可以调兵增援新疆。在新疆作战的诸将完全无须顾虑要防御哈密与巴里坤以东的交通要道，只需集中全力向西征战。

左宗棠心中的大计成熟已久，如今终于完全准备就绪。他有信心能征服回民军与阿古柏。他建了一个组织严密的情报机关，清楚敌军的底细。但他很关心他的部队在将要到来的战役中的表现。他知道俄国会对此留意，英印两国也会有所关注。他明白要驱逐俄国人离开伊犁河谷绝非易事，他比同时代的所有中国人都

---

① 《年谱》，第8卷，第2—3页。
② 《年谱》，第8卷，第5页。

清楚，中国的实力不足以与俄国开战。此外他还充分意识到，显示强大的军力将对外交有利。他相信，他在中亚的此番军力展示，将在很大程度上决定俄国人能否信守承诺、归还伊犁，决定中国人能否和平收回这一片被外国人所占的领土。他也相信，只要他能重振中国军威，哪怕是在新疆这样的边远之地，也会威慑海外，为屡受侵略之苦的祖国营造有利的外交氛围。他就是如此看待自己的使命：大张旗鼓地收复中国在中亚的主权，重建祖国的国际威望。只有如此看待左宗棠的信念，才能充分理解他殚精竭虑筹备征战的动机，以及他作为军人和政治家的价值。

第十三章　新疆之战及收复伊犁河谷

左宗棠在新疆集结的军队，是百年以来大清帝国派上战场的军队之中最精良的。组成这支军队的各支武装，大概在众多国家的练兵场上只能算表现平平；而他们所配备的武器显然还不能物尽其用。但他们有一种特质，是这种特质让他们成为一支军队，而非一支简单的武装力量。他们军心凝聚，士气高涨，团结一致。军中的每个士兵，无论他在整体作战部署中处于多么微不足道的位置，都有一种微妙的情感使他与年迈的统帅心心相印，使他发自内心地感到，尽管统帅远在肃州，却与近在咫尺无异。他们为能在统帅的麾下服役而自豪。他们对统帅深信不疑，从不相信统帅会犯哪怕一个差错。正是因为这种信赖，他们也对奉统帅之命指挥他们的将领言听计从。这是连至心灵深处的情感纽带，温暖着哪怕是等级最低的士卒的心，让他在风烛残年之时，仍自豪地忆起，他曾是左宗棠军队中的一员。与这样一位伟大人物同呼吸共命运，这在普通人的一生之中是极为罕见的经历，鼓舞着人心，成为人珍藏的记忆，久久不能忘怀。这就是战争中所谓的"不可预测的因素"，只有当一切尘埃落定之时，才能留给后人评说。

尽管左宗棠与他的作战部队相距十分遥远，但他的精神引领着将士们一步步向帕米尔进发。他没有电报或无线电可供使用，甚至没有用信鸽作为联络方式。信使骑着快马，在左宗棠的总部和战场上的将领之间传递消息。不过左宗棠的指令清晰完整，绝不含糊。他对手下的每一位将领都了如指掌，他在多年的艰苦征战中观察过他们，深知每一个人的能力范围。而他的每一位将领也了解自己的统帅，知道他为人处世的原则。他对自己的指令异常敏感，要求军令如山、言出必行，部队必须严格无误地执行他的指示，只是执行时间早晚的问题——最好是能及时。他的将领们非常熟悉他的要求，他们大概从未想过去质疑统帅偶尔会犯错。而这种质疑也是徒劳无功的，因为左宗棠从不承认他会犯错。但他信赖手下的将领，将领们也洞悉他的期望，按照他的要求在新疆进军。这种相互的理解与信任无可取代，快捷的通信手段也不过如此。

1876年6月21日刘锦棠离开古城，此时他的部队在北路集结还不到一周。28日他开进在乌鲁木齐西北面的阜康。乌鲁木齐的回民军由马人得统领，与他协同作战的还有陕西回民军的首领白彦虎。当战争逼近之时，白彦虎总会在战场附近出现。此时谣言四起，人们传说阿古柏会派一支军队来增援回民军。官军开进古城至阜康一带，此处的回民军没有进行抵抗。在阜康以西约25千米处，他们匆匆地放弃了防御，为抗击在乌鲁木齐推进的官军做准备。8月10日，刘锦棠在此处发动夜袭，回民军向南撤退到古牧地，这是一座建有高墙的城镇。他们决定死守此地。

8月12日刘锦棠包围了古牧地，架起大炮，开始轰炸城墙。一支据称有数千人的回民军骑兵，突然从北面杀来，增援城内的回民军，他们大概是从玛纳斯来的。刘锦棠派骑兵迎战，把回民军打得四下逃散。重炮很快就在城墙上轰出了好几段缺口，轻型臼炮持续对这些缺口进行轰击，使回民军无法修补城墙。炸掉了东北面的城墙以后，火力就集中到南门，准备对城内发起猛攻。在城外距离城墙一段距离处，骑兵形成了一个松散的包围圈，拦截企图出逃的回民军；步兵将一袋袋沙包扔进壕沟，为进攻部队构筑通道。

8月17日天将拂晓，南门倒塌，刘锦棠发令进攻。部队行动迅速，回民军伤亡惨重。至于俘虏，《年谱》只记载有来自南路的几百名回民被俘，看来无人逃脱。马人得与白彦虎在8月10日首战后即返回了乌鲁木齐。从古牧地到乌鲁木齐只有约25千米，但这两位回民军首领都没有要援助他们的弟兄之意。相反，听到

第十三章　新疆之战及收复伊犁河谷

古牧地陷落以后，这两位"令人敬畏"的首领集合了他们的女人小孩向南逃窜。8月18日早晨，刘锦棠开进乌鲁木齐，没有遇到任何抵抗。他的骑兵追赶了马人得和白彦虎一段。从这支部队抵达古城的时候算起，只用了约一个月的时间，刘锦棠就征服了乌鲁木齐。新疆之战的第一个阶段由此落下帷幕。

阿古柏往达坂城调集重兵。这是一座建有高墙的城池，守卫着北面的通道，这条路一直通往乌鲁木齐和吐鲁番之间的关隘。据布尔格称，阿古柏的军队有1.7万士兵，训练有素，还有30门野战炮。此外他还有大约1万名回民的非正规部队。阿古柏的军官之中有相当一部分是印度军队的逃兵。① 阿古柏坐镇托克逊，他建起了三座坚固的堡垒防御此地，开始调兵遣将，准备迎战官军。但刘锦棠并未向南进攻阿古柏。左宗棠下令，在对付阿古柏之前，先要肃清北路的回民军。于是刘锦棠奉命行事，彻底肃清了乌鲁木齐以南及以西一带，并派金顺率军攻占了回民中心玛纳斯。左宗棠对乌鲁木齐的系列作战非常满意。随着金顺的部队向玛纳斯进发，他再次开始担忧俄国人的反应，于是又重复了他的命令：无论与俄国人发生任何接触，都要特别小心谨慎，凡有关于俄国人的问题发生，必须向他请示，由他决定。②

玛纳斯一带的回民军与乌鲁木齐有别，他们进行了顽强的抵抗。金顺9月初来到玛纳斯附近地区，遭到猛烈反击，不得不向刘锦棠请求增援。刘锦棠派出6000兵力增援玛纳斯一战，在这支队伍的协助下，金顺在10月初得以包围玛纳斯城。他在城墙下埋了地雷，炸开了好几段缺口。回民军击退了进攻部队，成功修复了损坏严重的部分城墙。玛纳斯的回民首领于10月17日阵亡，但回民军仍继续拼命抵抗。金顺发起更为猛烈的进攻，11月4日逼降了回民军。据《年谱》记载，1876年11月6日，数千名回民从城内走出，佯装投降。由于他们都携带了武器，金顺就怀疑有诈。他传话给回民军的首领，叫他让手下的人解除武装，但他

---

① 布尔格·迪米特里厄斯，《中亚问题》，第418页。
② 《年谱》，第8卷，第15页。

们却朝官军开起火来。金顺率军迎头痛击，当日就攻占了玛纳斯。首战到现在不到90天，左军已完全平定了准噶尔。

战斗频频告捷，军队士气高涨，继续向回民军进攻。左宗棠手下的将领们认为，如今时机已成熟，可请求俄国人撤出伊犁河谷。左宗棠立刻拒绝了这个建议，他说伊犁河谷的问题必须留待塔里木盆地的作战结束后另行考虑。他深知俄国人不会凭几句话就轻易答应撤出伊犁河谷，但他并不想分散兵力去驻守伊犁，此外阿古柏会做出怎样的抵抗也无法预料。他对中国武力的展示正如他所计划的那样顺利进行，但一直要到军队进入喀什才算完成。他认为只有到那时，才满足了俄国人在1871年时提出的条件，那时要求俄国人兑现归还伊犁的承诺，局势才较为有利。乌鲁木齐和玛纳斯告捷的消息传到北京，朝廷下令左宗棠马上向南路进军。他上奏朝廷，此时正值冬季，新疆天气严寒，冰天雪地，作战毫无意义。他会在来年春天继续战斗。

此时阿古柏方面出现了新问题。驻北京的英国大使托马斯·韦德（即威妥玛——译注）爵士来到总理衙门，提出阿古柏愿意投降，条件是在承认中国为宗主国的情况下由他统治他的王国。朝廷对这个提议反应冷淡，托马斯爵士也并未施加压力。总理衙门向左宗棠告知了此事，左宗棠致信曾国荃，其中写道：

昨接总署函告。威妥玛等赴署，复有代南路逆首乞降之请，托词恐俄人乘机窜取，于印度有害，于中国边界亦多不利，图入场搅事。枢邸答之和而能峻，狡谋暂绌，将来恐不免生端。

议款以来，彼族从无卑词祈我之事，今忽如此，是必有故，始悟前此不肯借洋款及沪上《申报》历言西师不可轻动，及造谣我军败退关内者，非无因也。①

---

① 《年谱》，第8卷，第17页。

第十三章　新疆之战及收复伊犁河谷

据《年谱》记载，英国政府向中国驻伦敦的大使郭嵩焘交涉此事，声言在中亚建立一个伊斯兰教王国对中国有利，并暗示喀什噶尔王国立国就是最佳选择。郭嵩焘似乎颇为赞成这个提议，可是当此事提交左宗棠处理时，他立刻勃然大怒。他告知总理衙门：阿古柏一事完全是中国内政，英国或任何其他国家都无权干涉。倘若阿古柏想要投降，他应该来到肃州，他将被当作反对朝廷的逆贼处置。这个问题完全与总理衙门无关，属于他本人的管辖范畴。倘若英国想在中亚建立一个伊斯兰教王国，那么它在印度北部的大片领土完全可以拿来使用。①

郭嵩焘是左宗棠在湖南湘阴蛰居时的老邻居，但左宗棠一直对他在阿古柏与英国人的事件中所扮演的角色耿耿于怀。据说多年以后，左宗棠在京城的一个社交场合里遇到了郭嵩焘。他见到郭嵩焘就重提旧事，连珠炮弹般质问他。在众目睽睽之下，他明白无误地告诉郭嵩焘，一个中国人轻易被外国人的甜言蜜语所引诱，从而置本国利益于不顾，是非常可耻的事。左宗棠爱憎分明，且总是喜怒形于色。

同年冬，左宗棠致信刘锦棠，给他提出一些建议，告诉他如何对付欧洲人：

> 凡与西人论事，总要先将条款看明，自占地步，乃与争辩。我持论既正，不妨切直示知，而又稍留余地，俾其有机可转，自无不了之事。若一意随和，彼自谓得计，反滋论端矣。外人情性，欺弱畏强，喜直忌曲；我真自强，彼已心折，我只率直，彼亦心悦而服之矣。贤者声绩日高，擢用必速，异日当知斯言不谬也。②

左宗棠在这年冬天给刘锦棠派去了5000兵力，用于驻守乌鲁木齐。春季的作战部署是刘锦棠从乌鲁木齐推进至托克逊；徐占彪翻过巴里坤附近的群山，从东北方向朝吐鲁番进军。攻下托克逊以后，刘锦棠就挥师东北，在吐鲁番城下与徐

---

① 《年谱》第8卷，第18页及第27页。
② 《年谱》第8卷，第18页。

占彪会合。刘锦棠的部队有1.6万人，据布尔格记载他的装备里有30门大炮。《年谱》并未提及左宗棠在新疆的大炮数量。刘锦棠不太可能有30门野战炮，但可以肯定，他拥有许多轻型的臼炮，中国人称为"劈山炮"。太平天国运动时期，湘军每个营都装备了两门臼炮。

1877年4月14日，刘锦棠离开乌鲁木齐，向达坂城进军。他打算连夜急行军，杀守军一个措手不及，并预备在17日晚突袭攻下达坂城。但回民军在达坂城附近放水，使周围成了一片沼泽，刘锦棠的部队在泥泞中前行困难，赶到城下时天色已亮。守军警觉，开始戒备，刘锦棠不得不准备强攻。4月18日，大炮运抵城下，准备就绪。有侦察兵报告刘锦棠，守军将于当晚逃亡。在镇压太平天国运动的早期，官军欢迎这种情况的出现，但时过境迁，现在完全不同了。左宗棠已经用上了歼灭战术。以防守军出逃，官军在达坂城周围燃起了熊熊烈火，士兵们举着火把整夜来回巡视。

4月19日清晨，大炮开始轰击达坂城。轰炸刚开始，一枚炮弹就落在城内的火药库里。据《年谱》记载，爆炸如地震般震天动地，波及方圆几百米，城内的人大量伤亡，守军大惊失色。刘锦棠立刻下令进攻，很快就夺取了达坂城。

刘锦棠派出两路各1500人的部队前往吐鲁番侦察，他本人率领7000兵力向托克逊进发。途中他接到报告，白彦虎率领陕甘两地的回民军正在托克逊劫掠百姓，于是他快马加鞭，打算赶在托克逊遭到完全破坏之前夺取该地。但他所得的情报明显有误，回民军并未准备仓促逃走，他推进并不远，就被回民军重兵团团围住，一时陷入困境，脱身不得。刘锦棠的步兵赶到，击溃了回民军。这些回民军在托克逊放火烧城，随后出逃。4月24日，官军进入托克逊城内，当地投降的回民高达2万人。

徐占彪从巴里坤出发，4月25日夺取辟展。几天后他继续西进吐鲁番。刘锦棠则从托克逊向吐鲁番进发。回民军发现自己腹背受敌，无心恋战，几乎没有进行抵抗。部分回民军向西逃窜，其余投降。两支官军于1877年5月16日开入吐鲁番。阿古柏在吐鲁番储存了大量的粮食与弹药，都被官军缴获。张曜奉命从哈密前往吐鲁番。运输队把给养从巴里坤和哈密运往吐鲁番，吐鲁番就成了南路的前线补给基地。

威名远播的阿古柏一心要保卫他辛苦经营了十余年的王国。他在吐鲁番地区集结军队，人们普遍认为他会拼死抵抗官军。官军的进攻意图明显，当他们很快就要从乌鲁木齐开进他的领土时，阿古柏却离开了托克逊，撤到库尔勒。布尔格记述阿古柏时曾提及，他被驱逐出吐鲁番以后，就与官军且战且退，一直退到托克逊，在这里遭遇大败，不得不逃往库尔勒。而据中国人的文献，托克逊是在占领吐鲁番之前约三周夺取的，丝毫没有曾与阿古柏交战的记录。

假如官军中果真有一支队伍曾和阿古柏统领的回民军交手，那么记录中不太可能会出现这样的疏漏。可以肯定，官军从乌鲁木齐到吐鲁番的征战过程中，阿古柏一直逗留在库尔勒。从罗布泊出发的普尔热瓦尔斯基于1877年4月25日抵达库尔勒，当时阿古柏就在那儿。那天是刘锦棠攻克托克逊的次日。4月30日，普尔热瓦尔斯基与阿古柏见面。[1]他大概是最后一个见到阿古柏的欧洲人，吐鲁番失守后不久，阿古柏就在5月下旬服毒自杀了。布尔格声称他是被人暗杀的[2]，但中国人似乎确信是阿古柏亲手结束了自己的生命。[3]而对于喀什噶尔王国而言，战争随着吐鲁番的失守而结束，左宗棠的军队只花了30天时间就打破了阿古柏势力的神话。

阿古柏的一个儿子，中国人称为"海古拉"，在其父亲去世时身在库尔勒。海古拉率领喀什噶尔军队的残部撤退到库车，把驻守库尔勒的任务交给白彦虎和他带领的回民非正规军，随后带着父亲的遗体前往阿克苏。途中他被阿古柏的长子伯克胡里所暗杀。阿古柏的遗体终于运抵喀什，在当地埋葬了一段时间。

---

[1] 普尔热瓦尔斯基，《从固尔扎翻越天山去罗布泊》，第127页。
[2] 布尔格·迪米特里厄斯，《中亚问题》，第394页。
[3] 《年谱》，第8卷，第22页。

伯克胡里来到喀什,想要继承父亲的王位。阿古柏去世的消息传遍了喀什噶尔各城,立刻冲突不断。几周之内,局势就变得一片混乱,和1864年的情形如出一辙。伯克胡里似乎忘记了气势汹汹的官军正在逼近,他和地方势力一起争夺这个早已子虚乌有的政权。在这样的混战之中,当地老百姓急切盼望官军的到来。喀什噶尔王国已经分崩离析,左宗棠认为南路的敌人如今只剩下白彦虎和他的回民军了。

尽管局势对左宗棠向西进军极为有利,但他却在吐鲁番停留了四个月,这有点不同寻常。《年谱》并未记载这次拖延作战的原因。也许是由于左宗棠向来对供给一事非常谨慎,因此要在继续进军前积累下大量储备。也许还有部分原因,是由于北京朝廷对继续收复新疆一事产生了分歧。有一些官员认为,朝廷已收复了新疆的天山以北地区和吐鲁番,即可停止征战,让新疆的其他地区维持现状。他们无疑是担心英国人的反应,英国人对在中亚建立伊斯兰教王国的一番说辞,意味着中国的继续进军将让中英关系复杂化。

左宗棠对此勃然大怒,他写了一份措辞强硬的奏章,直言不讳地表明了他的态度。他写的奏章内容基本如下:他无法理解,为何上天已开启了机遇之门,却仍然有人阻止他的军队前进。在乌鲁木齐至吐鲁番一带并无自然疆界。新疆自汉代以来就是中国领土的一部分。新疆对保卫蒙古至关重要,而蒙古对保卫北京至关重要。乾隆皇帝曾遭遇猛烈抨击,人们指责他一次次耗费国库征战新疆,但正是他的努力,让中国边疆能保持完整上百年。假如现在停止进军,就会失去震慑英俄两国的机会。此外他还激动地声言,无论朝中如何议论,他都将继续他的征战计划。①

左宗棠在这一时期中止进军,还带来了另一个实际影响,这影响并不在其计划之内。喀什噶尔各城的冲突越来越激烈,居民们如盼救星一般盼着官军到来,

---

① 《年谱》,第8卷,第23—24页。

恢复当地的秩序。当左宗棠终于开始进发时,沿途各地百姓大多欢呼雀跃。就如左宗棠在报告中所言:"方今北路已复乌鲁木齐全境,只伊犁尚未收回;南路已复吐鲁番全境,只白彦虎率其余党偷息开都河西岸,喀什噶尔尚有叛弁逃军,终烦兵力,此外各城,则方如去虎口而投慈母之怀,自无更抗颜行者。"[①]

左宗棠接到攻占吐鲁番的报告后,立即派了一批文职官员前往新疆,开始重建当地官府,恢复行政工作。他致信北京朝廷,索求朝廷过去在新疆所设机构的名册和报告,以便他作为参考,制订重组新疆官府的计划。他又接获报告,声言喀什有一名英国政府派来的使节。这个姓肖的使节以前曾在喀什逗留了好几年,但如今暂时不在当地。左宗棠向刘锦棠和张曜发出指示,要求他们到达喀什后,要以周全的礼节对待这个英国人,但如果他提出任何问题,则只需回答"奉命行事",其他无须多言。如果这个英国人想要探讨有关新疆的事情,就要郑重相告:此类问题只能在肃州讨论。

攻占吐鲁番后,徐占彪即刻奉命返回北路,接过巴里坤与古城驻军的管辖权。张曜留守吐鲁番。占领玛纳斯后,金顺被任命为伊犁地区及准噶尔西部的巡抚。他在伊犁地区的这一官衔有名无实。刘锦棠率领他1.6万人的部队进军托克逊,约在1877年9月中旬,在塔里木盆地开始新疆之战的最后阶段。10月1日,张曜带着一支约5000人的部队,跟随刘锦棠之后进军。

官军估计白彦虎会在喀什与库尔勒进行顽强抵抗。但白彦虎并未进行任何抵抗,只是放水淹没了博斯腾湖与喀喇沙尔之间的地区,劫掠了当地的供给。10月7日,刘锦棠进入喀喇沙尔,发现整座城市被淹,商铺尽毁。他向库尔勒逼近,于10月9日抵达该城。此时白彦虎已驱逐当地的所有百姓西去,只留下一座空城。刘锦棠在库尔勒逗留了几天,等待从吐鲁番开出的火车运送给养。他边等边命部队挖掘埋藏起来的供给,在两天之内找到了数万斤粮食。

---

① 《国史本传》,第26页。

吐鲁番的给养10月12日开始送抵，刘锦棠恢复西进，率领2500名骑兵先于主力部队进发。10月16日，刘锦棠从布告尔镇向西追出不远，就赶上了几千名库尔勒的百姓，他们被白彦虎强迫离开家园。这些人惊惶不已地向前跋涉，背着重重的行李，他们离家时把能带的家什都带上了。白彦虎派了大约1000人的骑兵卫队押送他们。这支卫队试图阻击刘锦棠，但很快就被刘锦棠的骑兵击溃。刘锦棠的骑兵围住了这些百姓，让他们返回家乡。据《年谱》记载，布告尔地区约有1万名"蒙古回民"归顺了刘锦棠。

刘锦棠接获消息，称白彦虎及他的所有军力都在库车，此地西行一段即可到达。次日在一个名叫托和奈的小地方，官军发现了一个回民军驻地，那儿集结了数千名全副武装的骑兵，随时准备出击。刘锦棠调集军队，让部队主力居中，两翼是大批骑兵，在中路主力之前、骑兵之后，围起一列步兵。回民军发起攻击，与左路的官军骑兵队交战。这一路骑兵人数太少，敌我力量悬殊，很快就被迫退到步兵线。两方交战激烈，一时难分上下，但后来回民军的副将马有布被杀，回民军看到首领倒下，便士气大跌而逃。

白彦虎向西逃亡，途经库车时在当地停留了一段，大肆破坏他能搜索到的给养物资。他还未来得及围住百姓，把他们赶往西边，刘锦棠就于10月18日深夜赶到了库车，率部队开进当地。官军所到之处，当地百姓无不热烈欢迎，不过回民军在当地造成的破坏非常严重，刘锦棠不得不匀出一些从吐鲁番运来的给养救济百姓。左宗棠严令他的军队要善待百姓，在百姓缺乏粮食的情况下，部队就要尽量把给养拿出来分发给他们。百姓得到救济后，就可安排他们去修筑道路，建造灌溉渠，为来年种庄稼做好准备。

从库车往西，下一个战略地位较为重要的城市就是拜城，距离库车将近100千米。白彦虎到达拜城周边地区，他想把当地百姓驱逐西去，为此与当地首领发生了争执。两人的冲突愈加激烈，白彦虎把这位首领给杀了。百姓群情激愤，他们关起城门与回民军对抗。白彦虎试图强攻未果，于是在周围的村庄里烧杀劫掠，一个村子也没有放过。10月21日，刘锦棠抵达拜城，当地回民打开城门欢迎他。不过刘锦棠并未久留此地。他在城内留下一支分队驻守，当夜就马不停蹄地前去追赶白彦虎。

在拜城以西约30千米处，刘锦棠追上了回民军，对方兵力据称有2万。但两军之间隔了一条河流，河水湍急，刘锦棠不得不率部队过河。刘锦棠部队过河时，回民军拼命阻击，让部队举步维艰。回民军撤退了几千米。白彦虎倾向于继续后撤，但他手下的将领一致认为不能后撤，必须坚决迎战。白彦虎把他的回民军分为两路，向官军发动攻击。《年谱》并未指出两军交战的日期，但显然这场战斗应该发生在10月23日或24日。这场战斗非常激烈，但很快就结束了。其中一路回民军的首领阵亡，随即整个部队出逃，白彦虎和第二路军队很快也跟着撤退。刘锦棠追出十几里，歼灭了几千敌人。①

敌军抵达阿克苏后便兵分两路，一部分通过玛纳巴什逃往叶尔羌，其余的跟随白彦虎，取道喀什西去乌什。10月24日，刘锦棠收复阿克苏。他于28日到达乌什，与白彦虎再次交战。白彦虎再次吃了败仗，随后他把所有财物送至俄国，带着剩余的回民军前往喀什。刘锦棠的人马已几乎筋疲力尽，只追至乌什以西约50千米处。11月6日，刘锦棠撤回阿克苏。有一个回民部落本来住在库车以南的沙雅，在官军逼近时他们逃跑了，进入了俄国的领土范围。刘锦棠回到阿克苏时密探来报，称这些回民已经返回，显然是取道穆扎特关，计划向刘锦棠发动攻击。刘锦棠率领2000骑兵，于11月12日来到阿克苏附近突袭这支回民军，将其一举歼灭。

阿古柏的儿子回到喀什城，就仓促开始了他在城里的统治，其中得到了官军叛将何步云的帮助。和阗的百姓听到阿古柏的死讯后，很快就决定要讨好官军，他们推翻了原来的官员，宣布归顺朝廷。伯克胡里前往叶尔羌，组建军队讨伐和阗。

---

① 《年谱》，第8卷，第31页。

他攻取了和阗，随后回到了叶尔羌。喀什的形势越来越混乱，局势很不明朗，不过当白彦虎逼近这座城市时，当地为首的百姓让人关了城门，不许他入城。喀什方面接到消息，官军进军神速，何步云决定有所行动，以巴结官军。他召集了一批追随者，夺取了当地所谓的"中国城"。当伯克胡里听到喀什的事态不好，就急忙赶到当地，与白彦虎共同作战。何步云处境艰难。他派出信使赶往阿克苏，告诉刘锦棠喀什的形势，催促他赶快派出一路军队来夺取该城。

与此同时，张曜也已来到阿克苏，刘锦棠正准备向叶尔羌进发，然后再赶往喀什。此时他接到了何步云的消息，得知喀什的形势，便改变了决定。他派出两路骑兵赶往喀什，一路从阿克苏出发，取道玛纳巴什，另一路从乌什直接前往。他们打算于12月18日在喀什会合。到了17日，两路部队之间就相距30千米，一路在喀什以北，一路在喀什以东。伯克胡里和白彦虎决定放弃守城，随后就逃去了俄国。过了喀什以西不久他们就分开了，阿古柏的子嗣往西走，取道列克达坂关；白彦虎带着最后一批回民军往西北方向走，途经吐尔尕特关。由余虎恩和黄万鹏率领的两路官军于1877年12月18日进入喀什。

这两位官军的将领马上开始追赶回民军头目，一路追赶伯克胡里，一路追赶白彦虎。伯克胡里一行携带了太多的行李，他们在边境以东十几里处被官军追上。据报告，阿古柏的子嗣骑着快马，轻装前进，在卫队的护送下平安进入了俄国国境。白彦虎也逃进了俄国，被边境的俄军守卫解除了武装。当时官军眼看就要追上他了，据《年谱》记载，他被俄军解除武装之时，官军已经来到了俄国的边哨上。从陕西到俄国边境，白彦虎一直侵扰着官军。十年以来，他一直是左宗棠心头的大敌之一。听说白彦虎逃脱，左宗棠大为失望。

随着官军攻占喀什，新疆之战基本落下了帷幕。刘锦棠跟着先头部队来到了玛纳巴什，他听到部队已夺取喀什，便前往英吉沙尔。他在这个据点把董福祥派去了叶尔羌与和阗。这些城市里的百姓欢迎官军的再次到来，官军所到之处没有引起什么骚乱。1877年12月25日，刘锦棠到达喀什。

第十三章 新疆之战及收复伊犁河谷

从吐鲁番取道叶尔羌前往喀什，路上通常需要49天的时间，和从吐鲁番直接去喀什相比，多花费的时间不超过五天。信使骑快马会走得更快些，但中国人完成这一段路程通常需要这么久。从刘锦棠离开吐鲁番地区，直到他的先头卫队抵达喀什，共计用时约95天。考虑到当地的地形、供给的困难，还有沿途进行了多次激烈的战斗，这1.6万人的部队在如此短的时间内能完成这样的长途征战，真是一个不可思议的壮举，无论在任何时空，任何一支军队都难以完成。左宗棠花费了大量的时间做筹备工作，但这是值得的，因为做了完全的准备，他的军队一开始进发，就能迅速推进。无论从构想、筹备、执行或任一角度而言，1876至1877年的新疆之战都令人瞩目。左宗棠打破了中国人一个古老的信条：千里运粮，饥军不战自败。

攻占喀什的消息传到北京，朝中一片欢呼雀跃。左宗棠的声名威震全国，一时成为炙手可热的人物。七年前说他年老体衰的那些人如今都转了态度，换了说辞。他率领中国军队取得了自乾隆时代以来最为显赫的战功。举国上下都称赞他为中国最出色的军人，而他的确当之无愧。朝中遇到了问题，不知该如何犒赏这样一位大将。有人认为应该封他为王，而权威性的意见是应该册封他为"公"，相当于西方的公爵，这其中也包括了恭亲王的看法。慈禧太后拒绝了这些提议。她声称，给予左宗棠高于曾国藩的封赏并不妥当，任何人都不应得到哪怕是和曾国藩相当的封赏。于是左宗棠被册封为"侯"，属于二等侯。曾国藩是一等侯。[①]

这次征战的成果让左宗棠极为高兴。战争的结果如他所愿，他漫长而艰苦的军旅生涯，此刻也达到了顶峰。他深信这场战争会让外国人刮目相看，证明了中国的军事实力不容小觑。他能感觉到这次胜利加强了中国的国际地位。他曾在一封信中引用欧洲媒体的文章，这篇文章登载在1875年5月的一份英文报纸上。文

---

① 《清朝野史大观》，第4卷，第49页。

章热情洋溢地报道了他的新疆之战，认为它可与俄国在基法的作战匹敌。左宗棠认为中国现在有了一个良好的开端，但必须不惜一切避免对外战争，等待国力增强。①

随之而来的是收复伊犁河谷的问题。驻北京的俄国大使告知北京朝廷，中国必须先解决其他的一些突出问题，然后才能谈归还伊犁河谷的问题，伊犁本身并无回归意愿。这消息让朝廷非常震惊。左宗棠特别反对其他官员干涉他职权之内的事务，本身也十分注意，不去插手朝中其他部门的工作，尤其是涉及外交事务之时。他认为伊犁问题应该由总理衙门处理。他多次致信总理衙门，为如何解决伊犁问题提出他的看法；但他极为谨慎，绝对不滥用权力干涉此事，以免外交部门与俄国之间的交涉更为复杂化。

因为战场上的大胜，左宗棠在新疆的手下众将大为振奋，都想要和俄国一决高下。金顺是伊犁将军，他致信左宗棠，声言此时正是把俄国人赶出伊犁的时机，俄国许多驻军已从当地撤出，赶往土耳其作战。左宗棠告诉金顺：其一，现有兵力不足；其二，中国要尽量用和平手段收复伊犁，倘若都不奏效，才考虑使用武力。此外，即使中国目前能用武力夺取伊犁，也必须谨记一点，俄国与土耳其的战争并不会持续太久，随后俄国人就会集中力量对付中国人，那时他们派出的军队中国将无法与之抗衡。他要金顺小心行事，在任何情况下都绝不能贸然向伊犁进军。②

刘锦棠希望征求俄国人的同意，让他派兵进入伊犁地区捉拿在当地现身的白彦虎。左宗棠要刘锦棠打消这个念头。他认为，现在的第一要务是要让俄国人信守承诺，不能给他们留下任何借口，说中国违反协议强行进入俄国人的占领区。③左宗棠随后致信总理衙门，建议他们向俄国提出请求，让俄军捉拿白彦

---

① 《年谱》，第9卷，第1—2页。
② 《年谱》，第8卷，第29页。
③ 《年谱》，第9卷，第3页。

第十三章　新疆之战及收复伊犁河谷

虎，然后移交给中国政府。俄国对这一要求毫不理会。左宗棠督促总理衙门要尽快和俄国谈判，俄国人正唆使在他们领土逃难的回民军越过中俄边境大肆破坏，迫使其在边境的驻军不得不一直迎击。他认为局势继续发展下去，很快就会爆发冲突。

朝廷意识到必须派出特使前往俄国，就伊犁问题谈判，崇厚被挑选出来担当此重任，他是个满人。他曾被派往法国，代表中国为1870年发生的天津教案道歉。1878年，他出使俄国。崇厚来到俄国那天起就一心想着回国，俄国人很快就发现了这一点。他们故意拖拉，让崇厚逐渐失去了耐性，再也无法容忍待在俄国。俄国人提出了讨论伊犁问题的三个条件：其一，签订商贸协议；其二，确定边界；其三，继续提供始于1871年的俄国驻军费用。俄国人要求开通新的贸易线路，从汉口到肃州、哈密、乌鲁木齐和朱古察克通商；他们还想在肃州和塔里木盆地的所有主要城市建立领事馆，同时要求派卫兵驻守领事馆。关于确定边界的问题，他们坚持要求特克斯河谷上游的主权，如此一来他们就控制了通往南路的穆扎特关和那拉提关。对驻军费用，他们提出了1000万卢布这个数字。

朝廷给崇厚的指令并不太明确，崇厚这人也不太擅长外交。而且，他还急于回家。他认为商贸协议是无关痛痒的小事，他对俄国所提出的领土地区也一无所知，特克斯河谷在他眼里更是微不足道。但他懂得钱的重要，不同意提供1000万卢布这个条件。俄国人起草了协议。他们的前两个条件得到了满足，驻军费用则减少到500万卢布。同年夏末，两国代表在里瓦几亚签订了条约。崇厚不待皇上批准，就迫不及待地回国了，于1880年1月抵达北京。

当北京朝廷获悉《里瓦几亚条约》的条款，朝廷上下大为震怒。崇厚来到他朝思暮想的京城，落得个被贬黜的命运，朝廷还要把他斩首处决。英国政府出面为他求情，皇上赦免了他的死刑。中国政府拒绝接受这个条约的所有条款，只同意交付驻军费用。①

左宗棠认为500万卢布的费用太高。他致信总理衙门，信里引用了一份英国报纸1877年的报道，其中提到俄国人预期得到的金额是250万卢布。他认为俄国人虚抬价格，为钱的问题讨价还价，这更像是庙会买卖，不符合外交礼节。他对于这个协议非常失望，声称目前已没有别的出路，只有在新疆加强军备，设法重新谈判，另签条约。他说他会前往哈密，让军队养精蓄锐，在阿克苏与玛纳斯集结。他向总理衙门提议，倘若俄国人有稍做让步的迹象，中国也最好有所退让。但如果俄国人固执己见，不肯满足中国提出的任何要求，那就只有一个办法：用武力夺回伊犁，承担由此产生的任何后果。在这种情况下，他会设法让俄国人率先动手，随后他便竭尽全力迎战。

中国这一时期与俄国就伊犁问题展开的谈判，绝大部分的外国资料显示，朝中的主战派以左宗棠为首，主张用武力收复伊犁，向俄国宣战。在外国的资料之中，其记述给人留下一种普遍印象：是李鸿章极富策略的外交手段，使中国既避免与俄国交战，又能确保收复伊犁。李鸿章确实有能力与俄国人交涉，但事实证明，他的外交似乎是让俄国人占了便宜，而不是让中国有所得益。

仔细研究左宗棠这一时期的言论，即可清楚了解，他绝不想看到中国与俄国开战。但他敏锐地察觉到军力对于外交的作用。他对中亚的局势了然于心，朝中的任何一位官员都无法与他相比。他清楚，近来的新疆之战让他的部队在新疆威震四方，当地百姓有些正处于俄国的掌控之下，但他们并不愿意让俄国人统治。他知道俄国人心中明白，一旦与中国开战，将会引发俄国内部新的暴动，事态的发展将不利于他们的计划。他认为中国如果能大张旗鼓地做军事准备，摆出决心一战的样子，俄国人就会做出让步。他竭力规劝朝廷，避免采取战败者的姿态。不过可以肯定的是，要是俄国人不肯做出任何妥协，左宗棠最终会建议朝廷接受

---

① 《年谱》，第9卷，第26—32页。

第十三章　新疆之战及收复伊犁河谷

原来的条约。他相信军队虚张声势能够奏效，事态发展证明他的估计是对的。

中国人把重新与俄国谈判的任务交给了曾纪泽，此人是曾国藩之子。他当时是驻英国的大使，朝廷评价他为天生的外交家。朝中有人疑虑，俄国人会如何看待曾纪泽的到来，可能是英国人运用他们的影响力为曾纪泽铺平了道路。他于7月份抵达圣彼得堡。左宗棠于1880年5月26日离开肃州，6月15日到达哈密。这是他首次来到新疆，来到这一片他为中国收复的广大国土，这片土地得益于他的治理才能，正以惊人的速度从战乱中恢复。

中国在新疆的驻军已至少减员了一半。《年谱》并未记载左宗棠是否乐意裁军，但很可能是他无法获得足够经费，在进行重建工作的同时供养大批军力，于是不得不裁减军队。这个时期刘锦棠在喀什地区统领步兵8570人、骑兵1500人；张曜在阿克苏统领步兵4500人、骑兵500人；金顺在玛纳斯以西统领步兵1500人、骑兵500人；还有12营共6000兵力，分布在吐鲁番、乌鲁木齐和古城地区。共计有步兵20570人，骑兵2500人。可以肯定，在哈密、巴里坤和其他地方还有一些驻军，《年谱》并未提及。书里也并未说明炮兵数量，尚不清楚是算入了步兵的人数，还是另外计算。左宗棠在哈密的现身，让他这支规模不大的军队群情激昂，他手下的众将以为他已准备与俄国作战。尽管人数有限，但全军上下都渴望一战，只是左宗棠还是命令他们按兵不动。南路和北路的各个中心地区都在积极备战，而俄国人对中国军队的动作并非毫不留心。

马上要开战的消息传遍了新疆，很快就传到了新疆边界以外，成为当地百姓的谈资。我们应该记得，1875年时俄国人曾对阿古柏有所留意，认为他是非常强大的对手，于是在喀什噶尔的边界集结了2万兵力，且都是全副武装。因此，他们绝不会认为左宗棠是些许兵力就能对付的人物。

1878年初，俄国人已在与土耳其人的战争中获胜，但伤亡惨重，财产损失也很大；随后在1878年夏季的柏林会议上，俄国人的既得利益又受损。柏林会议结束，俄国人深感耻辱，在他们看来，欧洲最为强大的英德两国都在与他们作对。

俄国的国际名望此时并不高，俄国政府打算扩张领土，推行铁路和军队的现代化，而这些计划都需要大笔经费。暗杀沙皇的阴谋行动层出不穷，让俄国政府大为紧张。暗杀行动从1879年持续到1880年，1881年3月13日达到顶峰——亚历山大二世遇刺身亡。在这种情形下，俄国人并不愿在中亚树敌，因为这样会在俄国控制的地区引起暴动，当地民众会纷纷揭竿而起，很可能英国会横加干涉，也许德国也会插手。

也许有人怀疑，左宗棠并不知道俄国正麻烦缠身。这种凭空猜测显然有误，左宗棠十分关注西方的局势走向，中国朝廷中无人对此比他更为了解。他对中亚的动向也了然于心。我们并不是由此就急于得出结论，认为左宗棠能打败俄国人，尤其是此时俄国人并未受其他势力的牵制。他无法打败俄国人，而这一点没有人比他更为清楚。但他不止一次地说过，要是战争前预计其中一方会付出昂贵代价，这一方就不会为了一些蝇头小利而草率开战。俄国已主动向中国和全世界公开宣称，中国人有能力治理伊犁地区之时，俄国就会把其完璧归赵，而现在条件已经成熟。他断定俄国不会为伊犁与中国开战。

曾纪泽在圣彼得堡受到了俄国人的款待。俄国人很快就表示愿意重订协议。中国得知俄国人愿意修改条款，战争的威胁便烟消云散了。左宗棠建议朝廷在黑龙江大张旗鼓，进行军备活动，最好能在不止一个地区展示军事实力。但他又致信总理衙门，言称打仗如同下棋，胜负取决于执棋者，无人能预知最终的结局。①曾纪泽与俄国人订下了一个新的协议，于1881年2月签署。中国可按照原来的领土范围收回伊犁河谷，包括对当地的关隘和特克斯河谷的控制权。俄国领事馆减少到两个，一个在嘉峪关，一个在吐鲁番。付给俄国的占领费提高到900万卢布。中国人马上同意了这个协议。

这个协议意义非凡，中国在整个19世纪的外交中，这是唯一一次令人瞩目的

---

① 《年谱》，第10卷，第16页。

第十三章 新疆之战及收复伊犁河谷

成功。19世纪的中国，各地边境屡屡告急，频频战败，不断被其他列强蚕食，任人鱼肉。相较之下，这个协议的签订可谓是中国的重大胜利。一国列强在中国领土上已占据有利位置，却做出退让归还领土，这在整个世纪以来是绝无仅有的。史上把这一成就归功于别人，要是就此有任何谈及左宗棠之处，则认为他毫不妥协、主张作战的态度为签订协议制造了障碍。然而，要收回伊犁，先决条件就是要收复新疆的其他地区，而左宗棠出色地完成了这一重任。收复新疆以后，他巧妙地处理与俄国的边界关系，没有引起哪怕是最微小的冲突，避免让伊犁问题复杂化。作为所谓的主战派的领头人，他所做的一切，只是阻止中国政府接受《里瓦几亚条约》。1881年中国从俄国手中收回伊犁，这几乎完全是左宗棠的辛苦功劳。他的成功不是靠夸夸其谈，而是凭借着对各种问题的本质有深刻理解，在此基础上展开有利行动，才取得了这样显著的成效。

官军于1878年12月攻占喀什，随后几年，左宗棠致力于重新规划新疆版图及当地的重建工作。他重新规划了辖区，再度测量农田，整修村庄城镇，设立学校，改革货币与财政体系，又尝试引进养蚕业，促进农业生产。他还恢复了本地头人管理当地百姓的方式，将其制度化，以此为基础在新疆地区建立了新的行政体系。

1884年新疆建省，由左宗棠所完善的行政体制历经革命动乱、清朝垮台而依然保留。在新疆的一些地区，这套体制如今仍然沿用。他所建立的学校鼓励学生学习汉语，但不强制推行。学习汉语的目的是为了促进当地百姓与汉人官员的交流，而非意图取代地方方言。整个体制，是在充分深入地了解百姓的习俗、传统和特性之后建立的，其目的并非为了改变他们的习俗和特性，而是为了因地制宜，实施人性化的管理，让民众在这种行政体制之下能安居乐业。

新疆各地因动乱造成的破坏非常严重，而北路的情况相较之下比塔里木盆地更糟。

1880入夏后，种种迹象表明，俄国人愿意重新就伊犁问题与中国谈判，并且已经有了和解的意愿。这就让两国有了和谈的基础，中国政府本身亦打算做出让步。左宗棠奉命处理好西北的公务，前往北京。皇上发布这道谕旨的日期是1880年8月11日。谕旨中声称，朝廷面临的问题十分严峻，且波及很广，皇上认为要由一位作战经验与行政经验都最为丰富的人，来出任他的高级顾问。

刘锦棠被朝廷任命为新疆驻军的统帅，张曜为其副手。刘锦棠奉命离开喀什，于11月8日抵达哈密。左宗棠于11月14日离开哈密，前往北京。他于12月22日到达兰州，稍做休息以后，于1881年1月3日继续赶路。陕甘总督、二等侯左宗棠要离开这一片他建功立业之地，这消息迅速传遍了甘肃。按照中国人的计算方法，他已踏入古稀之年，可以推测，这位大总督这一回离开以后，将一去不返了。

据《年谱》描述，甘肃各地所有的城镇，甚至是最偏远的乡村地区，左宗棠的离去都成为了人们唯一关注的话题。无论是回民还是汉人，都对他的离去深感担忧。很难说回民会喜欢左宗棠，但他的出现确实让回民感到安全，有了安居乐业的信心。左宗棠离开兰州那一天，所有商铺歇业，整座城市的人们纷纷走出家门，向这个他们敬畏、信任和尊敬的人告别。《年谱》中记述，长达50多千米的路上挤满了百姓，一路向左宗棠叩头。在沿途的各个城镇，百姓都纷纷拥到路边，迎接这个给大西北带来和平、秩序和繁荣的人。2月24日，左宗棠抵京。几乎是同一时间，朝廷接到了消息，中俄签订了最终的协议，中国收回了新疆版图的最后一角。

第十四章　晚年时光

左宗棠来到京城，发现此地与自己的率直性情格格不入。朝廷上下腐败至极，让所有试图认真处理国事的努力都全部白费。左宗棠还未进城，就亲身碰到了腐败事件。京城新近实行了一个规矩，所有任期结束进京的大臣，都要在城门口缴纳一笔银子。这笔费用的多少取决于来者是何人，还要看其在地方省份所任的官位。那些刚从肥差上退下的官员，有时要缴纳10万两银子之多。当左宗棠来到京城大门时，守卫叫住了他，要他缴纳4万两银子。左宗棠拒绝交付。他声言，是皇上召他进京，他奉命前来；倘若进入国都觐见皇上都要缴费，那就应该由朝廷缴纳。至于他本人是分文不出的。他在城门外等了五天，才得以进城，但他本人并未掏钱。[①]

左宗棠抵京第二日，太后召他入宫。当日适逢慈禧太后身体欠安，召见由慈安太后主持。也许是当时环境特殊，也许是从哈密到北京长途跋涉疲累，也许是受到了亲切和蔼的接见，也许是各种因素掺杂在一起，左宗棠生平第一次失态了。他流下了眼泪。慈安太后是一个独具风韵的女人，天生一副慈悲心肠。对左宗棠历经艰辛的征战生涯，她关怀备至、嘘寒问暖，让左宗棠完全卸下了心防。这个男人一生中屡屡招致反对与非议，内心本已磨炼得如钢铁般坚硬，然而在这种情形之下，得到太后如此的关怀，让他内心压抑的情感如决堤般奔涌。

慈安太后注意到他流下了泪水，亲切地问他所为何事。左宗棠称他的眼睛不

[①] 布兰德、巴恪思合著，《太后统治下的中国》，第510页。

好,又被路上的飞沙刺激所致。太后问他有什么办法能解决,左宗棠称平日他都戴上墨镜。慈安让他戴上墨镜。召见时戴墨镜不合礼节,左宗棠推辞。慈安坚持要他戴上。左宗棠双手颤抖着,从口袋里掏出墨镜,激动之下墨镜失手掉地,摔破了。慈安于是叫太监拿来咸丰皇帝用过的墨镜,送给左宗棠。左宗棠戴着皇帝的墨镜出宫,而这件礼物很快就让他陷入了麻烦。

召见过后,恭亲王把他引见给聚集在宫中的达官显贵。此时左宗棠已恢复了常态。恭亲王给他引见的几个人里面有官文,此人是满人,在太平天国运动早期曾任湖广总督。在那段时间,他曾屡屡对左宗棠横加指责,多次轻蔑地称他为"那个师爷",那时左宗棠是湖南巡抚骆秉章的幕僚。如今左宗棠对官文说:"啊,你一定记得我。我就是老在骆秉章旁边的那个师爷。"

官文一时语塞,无言以对。尴尬的气氛迅速蔓延,让在场的人都浑身不自在。恭亲王急忙解围,转而向左宗棠介绍另一位要人。引见结束后,左宗棠去找官文,但这个位高权重的满人早已提前离开了。

左宗棠被任命为皇帝的军机大臣,掌管事务,并在总理衙门行走。由太监宣读要职的任命书,这似乎是朝廷的惯例,而接受任命者应该给这位太监一笔可观的奖赏。左宗棠恭听了任命,就给了太监100两银子。太监露出一副吃惊的表情,左宗棠心想,这人是被自己的慷慨大方吓住了,于是又赏给他50两银子。太监随后问起了咸丰皇帝的那副墨镜。左宗棠完全没有听出他的言外之意,很快换了个话题,又说了些无关紧要的话。

曾国藩与左宗棠心存芥蒂,但他有个儿子与左宗棠的关系却不错。过了几日,此人暗中告诉左宗棠,咸丰皇帝的墨镜已成了宫中热议的话题,他最好还是满足太监提出的要求。左宗棠并未多虑,随意地问太监想要什么。曾国藩的这个儿子说,太监认为皇帝的墨镜是非同寻常的礼物,价值10万两银子,但他们只要1万两就心满意足了。左宗棠认为这是天方夜谭,只是付诸一笑,不加理会。

过了些时日,左宗棠再没听到关于此事的言论。有一天,左宗棠和曾国藩的

第十四章 晚年时光

儿子聊天时，提及他当初那个建议荒谬可笑，又发表了一番议论，大致意思是不需要把太监当回事，对他们的欲求大可不必理会。曾国藩的儿子回答说："啊，我忘了告诉你。恭亲王担心太监会给你惹些什么麻烦，为了免去尴尬，就给了他们8000两银子。"

这个故事可能是围绕名人传开的逸事，但这就是紫禁城内的氛围，从中也可一窥太监的权势之盛，他们挟制着朝廷的官员。很快左宗棠就觉得，他并不适应京城的行事规矩。他在京城里显得特立独行，他的存在会惹恼宫内那些只会阿谀奉承之人。

慈安太后初次召见他之后，没过几天就去世了。她的死非常突然，人们相信她是被慈禧太后害死的，这个女人冷酷无情，把慈安操控得服服帖帖。而众人知道慈禧那时候病得很重，有流言说她也许时日无多了。当朝廷宣布太后驾崩时，京城里的人开始都以为是慈禧去世了。当人们知道去世的是慈安太后时，都不禁非常惊讶。慈安去世当晚左宗棠进宫，得知慈安死讯后，他就不假思索地吵嚷起来："我才在召见时见过她，她说话还和平日一样好好的。我不信她就这么死了，一定事有蹊跷！"①

他怒气冲冲地在宫廷的院子内来回踱步，无所顾忌地说着他的看法，那些大逆不道的话，要是出自别人之口，恐怕在第二天日落之前就人头落地了；幸亏他是深得朝廷倚重之人。恭亲王好不容易才让他平静下来，但有个太监早已去慈禧那儿通风报信了。也许在此之前慈禧对左宗棠曾有好感，但在这件事之后这种好感就荡然无存了，而且过了没几个月，左宗棠就被派到地方省份去了。左宗棠与宫廷生活是全然脱节的，他完全不懂得宫中的生存法则。

慈安太后一直让她的同伴慈禧抢尽风头，在资料记录中一般只是偶尔顺带提到她，把她形容成一个脾气温和、没有个性的人，对宫内的政治争斗不闻不问。

---

① 布兰德、巴恪思合著，《北京宫廷年谱与传记》，第484页及第489页。

但她的影响力大于她的名声，这绝非没有可能。自咸丰皇帝去世以后，从1861年至1881年，除了极偶然的例外，她一直和慈禧太后一起联手管治整个国家。据普遍的资料记录，在那个时期，她很长一段时间都持有下令处决慈禧的诏书，那是咸丰临终前签了字并托付给她的。

在这20年间，太平天国运动、捻军起义，以及云南和西北的回民起义都被成功镇压，朝廷还从俄国人手中收复了伊犁。种种迹象表明，这个多灾多难的国家仍有能力自救，还远未到气数终结之日。恭亲王这段时间一直手握大权，在他主政期间提拔了越来越多的汉人。从清朝开国直到太平天国运动，无论文官武职，在总督、巡抚、地方驻军的提督及绿营将领之中，有70%都是满人。太平天国运动之后情况发生了变化，汉人官员逐渐占了上风。这一时期内有三年时间，中国内地各省的督抚之中，没有一个是满人。

清朝自乾隆去世以后，所取得的最大成功是在两宫太后执政的20年之内，慈安身为两宫太后之一，而恭亲王是在此期间权势最盛的满人，这次成功与两人不无联系。慈安去世以后，慈禧忘恩负义，罢黜了恭亲王。随后满人在各省要职上所占比例逐步增加，最后情况就与太平天国崛起时不相上下了。而此时在国际关系之中，这个国家饱受欺辱。在所有资料之中，只有布尔格曾称颂过慈安。他于1893年记述道："中国近代史上所取得的胜利，大多要归功于她的当机立断。"①

1881年10月，左宗棠被任命为两江总督。在各地总督之中，这个职位属于肥缺，有许多方面令人羡慕。但左宗棠不想就职。他年事已高，诸多病痛，而且精神不济。他希望辞官还乡，颐养天年。然而，他在这片土地上威名远播，是深得朝廷倚重的不二人选，于是在责任心的驱使之下他不得不继续为国效力，直到生命终止的那一刻。

在上任之前，他回了一趟湖南老家。他在老家只住了几日，就继续赶往南

---

① 布尔格·迪米特里厄斯，《中国简史》，第346页。

第十四章 晚年时光

京,于1882年2月10日到达。上一年长江下游地区刚发了大水,闹了洪灾,当地受到的破坏仍然很严重。左宗棠到任后,马上在淮河开展大规模的防汛抗洪工作。他巡察了各个受灾地区,又继续赶往下游,一直来到长江口,视察了江上的防洪措施。巡视途中他来到了上海,受到租界外国人的热情款待,鸣响了13门礼炮向他致敬。他在一封信里称,这是外国人第一次鸣响礼炮向中国人致敬。①这一点他无疑是弄错了。不过由此可见,外国人向中国官员致敬非比寻常,至少在上海是如此。

1882年年末,左宗棠已疲惫不堪。他年老体衰,而且左眼已完全失明,右眼也开始模糊了。他以无力处理繁重的公务为由,请求朝廷免去他的职务。他上奏说,他的记性越来越差,往往刚读完一封信函或一份文件,就忘记了里面的内容。朝廷给了他三个月的假期,准他不去衙门,但必须留在南京。1883年秋天,他奉命前往山东南部,对付那些密谋起事的暴动者。镇压暴动是左宗棠的专长,他很快就完全掌控了局面。1884年1月,他已病得无法站起身子,却仍然亲自来到京杭大运河边,巡视了辖区内的整个运河段。

由于安南问题,中法关系变得紧张,北京朝廷和各省衙门都在议论开战的可能。针对防御边境的问题,左宗棠在一份奏章里做出了言简意赅的总结:

自古谈边防者,不外守、战与和。而就三者言之,亦有次第:必能守而后能战,能战而后能和,斯固古今不易之局也。②

他再次请求去职,这一回朝廷准许他回乡。他获得了四个月的休假,但中途又奉命进京。1884年6月13日,他抵达京城,奉命负责执掌全国的军事大权。诏书中有部分内容如下:

---

① 《年谱》,第10卷,第25页。
② 《国史本传》,第29页。

左宗棠着仍在军机大臣上行走。该大学士卓著勋绩，年逾七旬，着加恩毋庸常川入直，遇有紧要事件，豫备传问。并着管理神机营事务。所有应派各项差使，均着毋庸开列，以示体恤。①

最后一条是朝廷对他的额外优待，这应该是京城里其他官员都未有过的待遇。

尽管法国并未宣战，但已频频做出冒犯中国的举动。他们突袭福建沿海，还封锁了台湾。法国的海军上将库尔贝率舰队假装和平过境，通过了闽江口的层层堡垒，停靠福州。这支舰队于1884年8月23日向中国人开火，炸掉了中国人在江上的战舰以及马尾的小船厂，又夺取了后方的堡垒，一并摧毁。皇上如今全指望左宗棠去救急，不顾他年老体衰，任命他为福建的钦差大臣。假如此时左宗棠年轻十岁，他无疑会叫法国人尝尝厉害，让他们付出惨重代价。但此时他已油尽灯枯，即将走到生命的尽头。

1884年9月15日，左宗棠离开北京，于同年12月14日抵达福州。这与他20年前进入福建只差一天，当时他正追赶着最后一批太平军残部。左宗棠离京以后，朝廷里主和派占了上风，在与法国的这场并未正式宣战的对决中，他的用武之地非常有限。他的字典里从来没有屈服二字，宁愿抓住机会激战一番，也不愿不战而退。法国派出重兵逼近台湾，左宗棠成功冲破封锁，派出大批部队增援台湾岛上的中国军队。次年春，中法两国恢复了和谈，李鸿章于6月签署了中法协议。

18年前，左宗棠心怀远大构想来到福州，一心要建立一支中国海军，把福州建成大型的造船中心。18年后他重回福州，发现当初的构想几乎都化为泡影，这一定让他黯然神伤。他在福州创立的海军造船厂，在征战西北多年以来仍一直关注着它的发展，但如今却已成为一片废墟。为中国的海军事业，他操心了18年，上了几百份奏章，而如今的中国海军与太平天国灭亡时期并无两样。多年心血付

---

① 《国史本传》，第29页。

第十四章 晚年时光

诸东流,有些人会因此觉得白费力气,不免垂头丧气。但左宗棠笃信儒家学说,认为尽忠职守就是本分,与成败无关,因而不会为此灰心失意。

协议签订后,朝廷命令左宗棠返回京城。他在最后这几年频频调动,辗转各地,由此可大胆猜测,慈禧并未忘记慈安猝死时他的出言不逊。他请求返回京城途中回一趟家。朝廷准奏,但他并未能如愿成行。1885年9月5日,左宗棠在福州去世。

当北京朝廷得知左宗棠的死讯以后,皇上颁发了谕旨,悼念他的伟大成就,以及他为朝廷立下的汗马功劳。对于这位忠臣,天子对其一生做出了很高的评价:

大学士左宗棠,学问优长,经济宏远;秉性廉正,莅事忠诚。由举人、兵部郎中带兵剿贼,迭著战功。蒙文宗显皇帝特达之知,擢升寺卿。同治年间,剿平发逆及回、捻各匪,懋建勋劳。穆宗毅皇帝深资倚任,畀以疆寄,洊涉兼圻,授为钦差大臣,督办陕甘军务,运筹决胜,克奏肤功,简任纶扉,优加异数。朕御极后,特命督师出关,肃清边围,底定回疆,厥功尤伟。加恩由一等伯晋为二等侯,宣召来京,管理兵部事务,命在军机大臣上行走,并在总理各国事务衙门行走,竭诚赞画,悉协机宜。旋任两江总督,尽心民事,裨益地方,扬历中外,恪矢公忠,洵能始终如一。上年命往福建督办军务,劳瘁不辞。前因患病吁恳开缺,迭经赏假,并准其交卸差使,回籍安心调理。方冀医治就痊,长承恩眷,讵意未及就道,遽尔溘逝。披览遗疏,震悼良深。左宗棠着追赠太傅,照大学士例赐恤。赏银三千两治丧,由福建藩库给发。赐祭一坛,派古尼音布前往致祭。加恩予谥文襄。入祀京师昭忠祠、贤良祠,并于湖南原籍及立功省分建立专祠。其生平政绩事实,宣付史馆。任内一切处分,悉予开复。应得恤典,该衙门查例具奏。灵柩回籍时,着沿途地方官妥为照料。伊子主事左孝宽,着赏给郎中;附贡生左孝勋着赏给主事。均俟服阕后分部学习行走;廪贡生左孝同,着赏给举人,准其一体会试。其二等侯爵应以何人承袭,着杨昌濬迅速查明具奏,用示笃念荩臣至意。①

---

① 《年谱》,第10卷,第34—35页。

第十五章　生平总结

左宗棠身处的年代，正是中国风雨飘摇的时期。国内的暴动造成了巨大的破坏，加上外国列强的掠夺，耗尽了这个国家的资源。在这样的动荡之中，左宗棠为维护国家统一所做的贡献，无能出其右者。在他的努力下，国家恢复了安宁，一度让人对前景充满希望。到了左宗棠风烛残年之时，他已耗尽了精力，无法再力挽狂澜，国家终于一步步走向了衰亡。

左宗棠离世以后，朝中再无人有他的视野、精力、勇气和意志，能继承他的卫国大业。我们可以留意到，每一件左宗棠参与其中的国家大事，最后都有圆满结局。中法之争是个例外，一个年过七旬的老人，病魔缠身，心力交瘁，身体机能也在迅速衰退，绝无可能在领土争端中有所作为，这也是常理。在左宗棠的戎马生涯中，他不断取得胜利。与此形成对比的是，从1880年到1911年，中国政府为保护国家所做出的种种努力，都只是徒劳无功，只有对云南暴动的镇压除外。显而易见，对于19世纪的中国，他做出的重大贡献、发挥的建设性影响，在那个时代是首屈一指的。

至于他在中国历史上的地位，作为对中国历史了解甚少的外国人，妄加评价是愚蠢可笑的。中国历史悠久，名人数不胜数，极少为外国人所知，外国人想要了解就如同大海捞针，极为困难。中国人自己对这种研究似乎并不着急，一切只留待最严苛的批评者——时间，去评说。所有伟人的身后之名都要经受时间的考验。但如果把时间长河缩短成相对较短的一段来看，只观照1644年至1911年，大清王朝这一个朝代，那么大概就能稍稍深入地进行观察和比较。人们的评价标准各不相同，但应该可以说，随着时间的推移，一个伟人的本国人对其做出的评价，会比外国人所做出的更为准确。而如今清朝统治早已结束了，在中国人对伟人的初步评价之中，似乎认为曾国藩是那一代人中最伟大的人物，是大清王朝地位最显赫的汉人。

相对于左宗棠这种性情的人而言，曾国藩属于中国人更为喜欢的类型。其一，曾国藩是清朝最为博学的士人之一。其二，他的正直无私在同代人之中是极为罕见的。其三，他能经受磨难——最重要的是，他具有气节，能经受精神上的考验。而且他的才干是人们公认的。他是个随和的人，总是考虑别人，而他的忠心也无人可比。我们西方人要刻意从一个中国人的生平之中挑出差错，这并不困难，特别是对一个年逾古稀的老人，就更是不费吹灰之力。但他身处的时代环境，我们并不能完全了解。倘若我们能够了解，就会惊叹于他所取得的伟大成就。

一系列事件导致了曾国藩与左宗棠失和，无论对他们个人抑或是整个国家，这都是令人悲叹的，他们内心也为此遗憾。对于他们的矛盾，现在无法分辨孰是孰非，因为人们对任何一方都没有留下过多指责。这仅仅是两人性情不合，而且值得注意的是，两人的矛盾从未转变为仇恨。左宗棠多次谈及曾国藩，他对这位大总督的尊敬之情是溢于言表的。曾国藩于1872年去世，左宗棠当时十分悲恸，仿佛曾国藩是他的至交。此外，对两人之间的摩擦，左宗棠比曾国藩更感到痛心。

对于两人性情的差异，曾国藩比左宗棠更为在意。有一回，有一个人带着左宗棠的荐书来到南京。曾国藩甚至没有读信，就提笔在信封上写道："曾见其人，夙觉其贤，惟系左某所保之人，故未能信。"但曾国藩内心对左宗棠仍有公正评价。他去世前不久，曾在苏州会见了幕僚吕庭芷，此人刚从甘肃回来。两人长谈甘肃局势，曾国藩言及他与左宗棠之间的摩擦，感叹"生平以诚自信，彼乃罪我欺，故此心不免耿耿"。他说的是左宗棠奏报皇上，声言曾国藩假报太平天国天王儿子死讯一事。曾国藩随即请吕庭芷发表对左宗棠的看法，让他"平心论之"。吕庭芷回答："他处事之精详，律身之艰苦，体国之公忠，窃谓左公之所为，今日朝廷无两矣。"曾国藩闻听此言，击案起身说道："诚然！此时西陲之任，倘左君一旦舍去，无论我不能为之继，即起胡文忠于九泉恐亦不能为之继之。君谓之朝端无两，我以为天下第一耳！"①

曾国藩的这番评论传出，一时传为佳话。人们说这件事充分证明，曾国藩的确称得上是"圣人"。尽管曾国藩很不喜欢左宗棠其人，但他能够承认左宗棠的才能，认同其对于国家的重要价值。"圣人"这一词有深刻内涵，是孔子对这个称呼所下的定义，是中国人对人的最高评价。

曾国藩对左宗棠的评价值得我们注意。他对左宗棠的了解极少有人能及，他的看法也得到了中国人的普遍认同。他们认为左宗棠是清朝最伟大的将领。但从学术角度以及整体人格魅力而言，他似乎比曾国藩略逊一筹。虽然他是优秀的学者，但还不算是第一等的。他的性情在中国名人中是罕见的，在中国人之中，他属于很容易触犯别人的那一类。他不拘一格、不讲规矩，冒犯了文雅的当朝文官阶层，而他好强争辩的性格让大多数人对他敬而远之。他不分时间、场合和对象，总是直言不讳，畅所欲言，这与那个时代的风气格格不入。他总是喜欢高谈阔论，到了晚年，简直是有点唠唠叨叨了。他和别人说话时总爱说个没完，让别人插不上嘴，以至于京城的官员一看他要发表高见就唯恐避之不及。他和别人说话，自然而然会谈到西北，而朝中官员对西北并没有什么兴趣。人们仰慕他的功业，尊重他的才干，但和他本人并不熟悉。京城里面都是钩心斗角之事，而左宗棠无法理解宫廷政治的微妙之处。他在这种氛围中感到很不自在，而他在京城的出现也让朝中的官员感到突兀。

左宗棠离开了他发号施令的西北，来到了北京。在京城里，他发现自己虽

---

① 《清朝野史大观》，第7卷，第74页。

有荣耀，却无实权；对于一位年过七旬的老人来说，此时来调整心态未免强人所难。在西北，他的每句话都是金科玉律，他已习惯人们对他唯命是从。在北京，他是英雄无用武之地。只有在西北，我们才能清楚看见真正的左宗棠。西北才是他施展才干的地方。

他的工作量大得惊人。他要处理大量的行政工作，事无巨细都一一过问；除此之外，他还亲自撰写了数不清的奏章，与多人保持通信往来，收到的所有报告都亲自过目并写上意见，并时不时写上一首诗，每天读几篇孔孟之作进行自我反省。然而，在与索思诺福斯齐同行的几个俄国人的印象中，他的一切事务都处理得从容不迫。他有时间与这些俄国人多次长谈，在这些俄国人在他的衙门做客的那一个月里，他几乎每天都与他们一道共进晚餐。皮亚塞茨基博士对左宗棠的大量侧面描写都饶有趣味。对于他们第一次与左宗棠会面的情形，皮亚塞茨基写道：

我们的长官也让我们按照等级，面对着门排成一列。总督很快就出现在门口，大约有12名身着官服的官员跟随其后，而他本人只戴了顶官帽。

总督身材矮小而壮实，看起来年龄不超过60岁（注：当时他的实际年龄是63岁）。我觉得他的外表与俾斯麦亲王有相似之处，不同的是他的肤色较深。他的胡须稀疏，但唇上的髭须却非常浓密。他的动作夸张，富于感染力，也许是为了让人留下深刻印象……他进门时，微微点头，算是友好致意。接着他站住了，似乎忽然想起了什么，但他什么也没说，又向前走了一步，然后站在那儿打量着我们。

有一天，左宗棠向索思诺福斯齐详细询问各种关于欧洲国家的问题。皮亚塞茨基博士写道：

我们告诉他，英国总是跟俄国作对，他们总是伺机侵犯我们，援助我们的敌人。他听到这些话非常高兴。他自己也是这么认为的。谈到英国，他与我们的结论并无二致。为了表示英国人的居心叵测，他还使劲勾了勾手指做手势。

通过谈论英国人，左宗棠与俄国人似乎增进了情谊。随后左宗棠问索思诺福斯齐，要是俄国与中国开战，他觉得哪一方会赢得战争。索思诺福斯齐想要避而不答，只说这种局面不会出现。左宗棠坚持要听索思诺福斯齐的意见，并告诉索思诺福斯齐不要顾虑，无须担心会伤害他的感情。索思诺福斯齐于是回答道，假如中俄当真开战，俄国会占得上风。左宗棠看起来非常震惊，他又拿这个问题问在场的每个俄国人，都得到了同样的回答。皮亚塞茨基写道：

这位老人没想到会听到这样的回答，这令他大感不解。他当真以为中国在与俄国的对抗中能占优势，甚至可以征服俄国。我觉得非常同情他。看起来，他早就设想了一套对付我们的计划。①

皮亚塞茨基博士记下了一段日常对话：

他认为一个人决不能原谅他的敌人。我说道："比如说，一个人打了你一下，你宽恕了他，这不是更好吗？"

他回答："不。回他一拳更好。"我们把话题转向了自然科学。他对此所知甚少，也无意深入了解。"我们不需要电报和铁路。这两个东西，前者让百姓变得懒惰，后者造成百姓失业，他们就要饿肚子了。"

在另一回的谈话中，他说起灵异的事物，其中提到了飞龙。

"有大龙，也有小龙，龙头都是黄色的。我亲眼见过一条龙，正飞向供奉它

---

① 皮亚塞茨基，《俄国旅行家在蒙古与中国》，第133—134页。

的庙宇。"

说这些话的时候,他紧盯着我们,注意着我们的反应。

他转向索思诺福斯齐,问他在我们国家是否有人见过龙。

"没有,"我们的长官答道,"我们国家只有天使在飞。"①

皮亚塞茨基对索思诺福斯齐的回答十分吃惊,他暗想:不知左宗棠会如何看待俄国以及普通的俄国人。他为左宗棠画了一幅素描。当他作画时,好些人在旁观看,发表了议论。

左宗棠忍不住站起身来看画。他对画作极为满意,不过他说我把他画得太年轻了,又说我没有把他帽子上的双眼花翎画上。那些孔雀羽毛从帽子上垂到后面去了,从前面的角度是看不见的。但左宗棠不管这些角度的问题,一定要我画出这个官衔的标志……我画完了这幅肖像,左宗棠和他的随员们马上仔细查看,时不时双手举画到远处欣赏。最后他又派人拿来他的双筒望远镜、显微镜和立体镜,用这三个仪器来看画。②

左宗棠准许这些俄国人在城里自由走动,想看哪个地方都可以去。左宗棠与他们一道做最后一次参观时,他开始向这些俄国人说起了他对中国的看法。皮亚塞茨基博士写道:

左宗棠要我们明白,他的祖国与世界上任何一个国家相比,都不相上下,若非超越它们,至少也有着同等的地位。这增强了我对他的好感。他把中国和其他国家做比较,又说道,欧洲人以众多新发明引起世界瞩目,而中国人则在他们的

---

① 皮亚塞茨基,《俄国旅行家在蒙古与中国》,第154—155页。
② 皮亚塞茨基,《俄国旅行家在蒙古与中国》,第161页。

古物与文字记录中寻觅新的灵感，他们的古代历史是无尽的宝藏，有许多秘密无人知晓，等待人们去发掘。①

俄国人离开兰州时并无人送行。他们对如此不受人重视感到失望，觉得左宗棠这回是故意冷落他们，他此前也曾多次这样做。我们可以设想一下，倘若中国军队中有一名级别相当的官员，到访开国大将考夫曼的首府塔什干，他又指望能得到什么热情招待呢？对俄国人在兰州受到的待遇，皮亚塞茨基写道："人们对我们非常友善，但并无尊敬。"

就在这些俄国人访问西北的同一年，云南至缅甸边境发生了马嘉里案，英国进犯中国边境。英国人借此对中国施加巨大压力，想要逼迫中国满足他们的条件。中国国内一时流言四起，其中有传闻说英俄两国正联手要瓜分中国。总理衙门为索思诺福斯齐专门致信左宗棠，似乎他们突然对此人起了戒心。

总理衙门在信中告诉左宗棠，英国驻中国大使威妥玛与索思诺福斯齐有瓜葛，他背后参与策划了索思诺福斯齐的西北之旅，很可能他是借此进行一番侦察，看看中国的那一地区如何贫瘠。总理衙门要左宗棠禁止俄国人查看任何事物。左宗棠回复道，把这些俄国人与马嘉里案联系在一起不合情理，因为他们抵达兰州前还对这一事件完全不知情。他声称，索思诺福斯齐已声明，他此行的目的是为了考察一条中俄之间的运茶路线，看看能不能从乌兰巴托到加尔各答找到一条比原来更短的路线。左宗棠说看不出有什么理由怀疑他的动机。全世界都知道西北多年战乱，饱受蹂躏，这个实情是无法隐瞒的，而他也找不出什么理由要隐瞒。随后他告诉总理衙门，他不会对俄国人隐瞒任何事情，恰恰相反，他会向他们展示自己的一切。②

俄国人到访后不久，左宗棠致信沈幼丹，表达了他对俄国人及普通外国人的

---

① 皮亚塞茨基，《俄国旅行家在蒙古与中国》，第173页。
② 《年谱》，第7卷，第37页。

看法。他写道：

近因俄人西来，由塞外布伦托海归国。论者均谓意在觇我虚实，新闻纸且谓与英人协以谋我，当事即据以入告。五、六月间，俄使来兰，引之同居一月，觇其意态，似尚无它，其与英亦婚媾、亦仇怨也。英忌俄之与我和，俄亦忌英之与我和。我能自强，则英、俄如我何？我不能自强，则受英之欺侮、亦受俄之欺侮，何以为国？自款议定后，均知以自强为急，迄今未敢自信其强。然则何时乃有强之一日乎？兴言及此，吾辈误国之罪可胜数乎？

公因船政，致稽履新。未审此信到后，已离船政否？吴越人善著述，其无赖者受英人数百元即编新闻纸，报之海上奇谈，间及时政。近称洞悉洋务者，大率取材于此，不觉其诈耳。又与岛客处久，往往移其初志，如徐元扈何尝不负时望，何尝不称博雅，一见西儒，竟入彼法，盖久处暗室，目无正明耳，所赖海内落落数君子一祛此蔽，俾天下不以儒为戏，则幸甚也。①

大致在同一时期，他给董韫卿写了一封私信。这个伟大的中国人对时局的看法，从中可见一斑：

时势多艰，即起古昔贤能处此，亦将束手。然果内外一心，如泛舟于极天怒涛中，自具官止神行之妙，则亦非无津涯也。

……

近人见西洋制造之精，自知其不易及，遂欲以酒解酲，为苟且目前之计。鄙怀窃有未喻。夫言学而至于艺，言战而专于械，不过学与战之一端。我不能而人能之，吾不可不师其长，固也；若谓学止在艺，战止在械，夫岂其然？吾人读

---

① 《年谱》，第7卷，第39页。

书，志其大者远者，博与巧非儒所尚，有时迂疏寡效，不如小道可观，致使人以儒为戏，此固学者之过，岂儒术误之耶？①

朝廷正为海防事务应接不暇，所有沿海地区的总督都要奉命就此提出计划和建议。通常每位总督都是站在自己辖区的立场对待海防，他们各执一词，各有各的分治计划，这在报告中一览无余。这些报告转发到身处兰州的左宗棠手里，请他提出批评和建议。这正是他所擅长的，于是他在报告中侃侃而谈，详尽地分析了海防事务。其报告的基本观点是，当务之急是一定要有统一的指挥，让每个人能各尽其职。倘若每位总督都建立自己的海军，设立一套自己辖区的海防体系，而缺乏通盘合作的精神，那么所有努力都是徒劳。

左宗棠的意见是，至少要建立三个大型造船厂，且尽量使用最先进的设备；要对整个沿海线进行仔细勘查，以便找出建立海军基地的理想之地；海防的重点地区为天津、上海、青岛和台湾；在仔细勘查的基础上彻底重建整个海防体系，炮台的选址要注意其视野，能使火炮发挥最大的威力。他认为，沿海地区最有威胁力的敌人是日本，中国必须加快备战的步伐，因为一旦日本发起进攻，中国现有的防御体系是不堪一击的。不过，他也特地向朝廷强调，不要以为单靠一支海军来保卫国家就能高枕无忧。中国必须学习欧洲的方式，彻底重组和装备军队。他声称，只要中国的军人装备精良、训练有素，那么他们与世界上任何国家的军人相比都毫不逊色。②

左宗棠去世以后，许多人上奏朝廷，歌颂他的丰功伟业，其中有杨昌濬。他从1860年开始就常和左宗棠共事，那时他们正在长沙城外操练左宗棠的第一支部队。以下是杨昌濬所写奏章的部分内容：

---

① 《年谱》，第7卷，第37页。

② 《国史本传》，第32—33页。

用兵善于审机,坚忍耐劳,洞烛几先。戊辰召见,面奏西事以五年为期,人或以骄讦之。及事定,果如所言。克一城,复一郡,即简守令,以善其后。用人因材器使,不循资格。为政因时制宜,不拘成例。外严厉而内慈祥,所至威惠并行。甘省安插回众十余万,不闻复有叛者,固措置之得宜,亦恩信之久孚也。廉不言贫,勤不言劳。绾钦符十余稔,从未开支公费。官中所入,以给出力将士及亲故之贫者。督两江时,年七十余矣,检校簿书,审视军械,事事亲裁。其言办洋务,要诀不外《论语》"言忠信,行笃敬"六字。以为物必相反而后能相克,西人贪利而尚廉,多诈而尚信,彼亦人耳,未必不可以诚动、以理喻也。居尝以汉臣诸葛亮自命。观其宅心淡泊,临事谨慎,鞠躬尽瘁以终王事,可谓如出一辙。

有一份文字记录最能看出左宗棠的个性,这是他晚年在西北写给几个儿子的一封信。信中写道:

吾积世寒素,近乃称巨室。虽屡申儆不可沾染世宦积习,而家用日增,已有不能樽节之势。我廉金不以肥家,有余辄随手散去,尔辈宜早自为谋。大约廉余拟作五分,以一为爵田,余作四分均给尔辈,已与勋、同言之,每分不得过五千两也。爵田以授宗子袭爵者,凡公用均于此取之。

……

吾平生志在务本,耕读而外别无所尚。三试礼部,既无意仕进,时值危乱,乃以戎幕起家。厥后以不求闻达之人,上动天鉴,建节锡封,忝窃非分。嗣复以乙科入阁,在家世为未有之殊荣,在国家为特见之旷典,此岂天下拟议所能到?此生梦想所能期?子孙能学吾之耕读为业,务本为怀,吾心慰矣。若必谓功名事业高官显爵无忝乃祖,此岂可期必之事,亦岂数见之事哉?或且以科名为门户计，为利禄计，则并耕读务本之素志而忘之，是谓不肖矣。①

李鸿章经常与外国人接触，经常成为他们评论的对象。与此不同，外国的评论家对左宗棠的描述极少，这是因为西方人中见过左宗棠的屈指可数，布尔格是其中一个。布尔格描述道：

他身材矮小肥胖，外表并没有什么引人注目之处。但要是仔细观察，就会发现他并非常人。他的脸饱经风霜，而一双小小的眼睛目光敏锐，炯炯有神，让整副面容霎时生动起来。唇上的髭须黑中带白，掩盖不住嘴角刚毅的线条。他的头发稀疏，只有几根胡子，当他闲下来时就会习惯性地捻捻。正如我之前提到的，他认为一切都是他的功劳。他的不朽功业似乎完全由他一人所创，他的部下从来不会与之争功。他认为他的命令就是金科玉律，言出必行。假如说开始时人们对他存有畏惧之心，那么后来他则树立了自己的威望，无论官员还是百姓，都对他服服帖帖，因为过往经历已证明，他总是料事如神，总能取得成功。②

还有另一段对于左宗棠的描述值得我们注意：

在私底下，他慷慨友善，不拘小节，为人质朴。他身材矮小，晚年发福，两眼炯炯有神，总是爽朗大笑。他的生活习惯俭朴，崇尚古人的美德，并身体力行。他严于律己，士兵们非常爱戴他。他喜欢耕种和植树，从中得到许多乐趣。从陕西省会西安直到长城以外的嘉峪关，走完整条官道要花36天的时间，而他在沿途全都种上了绿树。这是一座绿色的丰碑，标明了他那支强大部队进军的危险路线。有几个欧洲人在哈密见过他，其中一个记录说，每天下午，左宗棠习惯去总

---

① 《年谱》，第9卷，第36—37页。
② 布尔格·迪米特里厄斯，《中亚问题》，有关左宗棠的文章，第353页。

督府的花园里散步，有一大批文官武将陪同。他会数数自己种的西瓜，指着他最爱的花给随从们欣赏，如数家珍。他的刽子手也在场，随时准备听候他的吩咐。①

在对左宗棠的记述之中，人们似乎暗示了一个观点：左宗棠是个冷酷无情的人。左宗棠是个讲求实际的人，他奉命执行的任务，只能正视残酷的现实，而不能感情用事。倘若一场暴动已历经数年，演变成了惨烈的互相残杀，要成功镇压这场暴动，就只能采取毫不留情的非常手段。要是一个人耽于情感，就无法从处理这类事件中获得成功。这种事情总是由性格强硬的人才能完成。有些在战争史上留名的人物，用"冷酷无情"形容确实恰如其分，但不是所有大将都是如此。左宗棠绝不是一个残酷的人。他对人们所经受的苦难并非麻木不仁，虽然工作中涉及血腥的一面，但他并不以杀人为乐。相反，在进行必要的作战行动以后，他总是致力于战后的恢复工作。他会审时度势、因人而异，制定相应的政策。在处理这样的事情时，倘若有人有比左宗棠更妥善的处理方法，那他的同胞们肯定是在上下五千年的历史里忘了记载下来。

西方对左宗棠的绝大多数评论，都把他定性为保守、好战、排外以及固步自封。这些说法是否正确，取决于看待问题的角度。他不是喜新厌旧之人，一件人们使用多年的事物，他看不出什么坏处；一味追捧国外流行的东西，他也不能苟同。这就是人们说他是保守分子的原因。他坚守一个简单的信念：与其忍气吞声，不如奋起反抗；倘若逆来顺受，就会无休无止地受人欺辱。要是人们在头一回受人欺辱时就毫不屈服、顽强还击，也许就能吓退施加欺辱的人——他的这一观点无疑不对，但他深信不疑。这就是人们说他好战的原因。

至于"排外"一词则是言过其实。人们现在似乎一谈到东方人，就和"排外"联系在一起。有关外国人与左宗棠交往的所有现存记录一致显示，他们都受

---

① 布兰德、巴恪思合著，《太后统治下的中国》，第508—509页。

到了左宗棠的殷切款待。为准确起见，我们还可以提到一个例外情况，那就是美国人白齐文，唯有他的遭遇尚且存疑。他在福建尝试加入太平军，因此可能被左宗棠逮捕。这个例子非常特殊，既然他与朝廷作对，左宗棠也没有任何正当理由，把他与太平军区别对待。总的来说，外国人与左宗棠相处融洽。只是左宗棠大体上不愿意外国人对他或他的祖国指手画脚、横加干涉。左宗棠所持有的态度，与任一时代、任一国家的伟大领袖对外来新事物的态度相去不远。

至于说他"反对进步"，那要看人们对"进步"一词如何定义。他是最早提出在中国建立现代海军的人物之一；他一直主张重组军队、改良军备，而且率先为自己的部队重整了装备；他在西北地区引进了机械，在甘肃地区大力发展羊毛产业；他是中国那一时期最伟大的开拓者；而且他还殚精竭虑，一直致力于改善自己辖区内百姓的生活水平。

《年谱》中常常提及左宗棠留意到国外报纸所报道的事物，他应该是定期订阅了这些报刊。可以设想，他的衙门里专门有人为他读报。有份报纸记述了德国研发的一种新鱼雷，这让他非常关注。他马上致信总理衙门，告诉他们这种新鱼雷的出现，敦促他们马上派出一队年轻人前往德国，学习如何制造这种武器，关键是要学会如何使用。他听说普法战争爆发后，就给总理衙门写信，建议中国发挥影响力，从中调停。当然，他并不认为制止战争有何好处，他只是认为这样可以表明中国能紧跟形势，并决心打破所谓的国际协同行动，参与国际事务，而不再置身事外、任人欺辱。①他赞同朝廷派送特使出国，不过有时候他对这些特使的行为举止不满，认为他们不够资格代表中国的形象。种种迹象有力表明，广义来说，左宗棠并不反对进步。

从战场上的表现来看，左宗棠在19世纪的中国无人能敌。再往前追溯几个世纪，有如此军事才能的人大概也是凤毛麟角。中国一直流行的是游击战，而左宗

---

① 《年谱》，第5卷，第37页。

第十五章　生平总结

棠有一种不同的军事天赋，他擅长整体作战。战术的最高境界是"为达到预期目标而调动现有的一切手段"。他大概对毛奇将军的这句名言并不熟悉，但在多年的指挥作战中，他无疑正是这样做的。把左宗棠与其他国家的伟大统帅做比较，并无多大意义。这其中涉及了太多因素，孰优孰劣基本上因人而异，每个人对各种因素的侧重并不相同。不过，各个时代的伟大统帅确实有某些共通之处。

左宗棠意志坚定，即使面临最为严峻的考验，他也毫不动摇。他的身体强壮，并且非常勇猛。他很有自信，但绝非自欺欺人，因为他有自知之明，能够充分发挥自己的才干。他能审时度势，周全地考虑到事件所有的主因，飞快地估算各种因素对全局的影响，且总是料事如神。难能可贵的是，他做出决定时毫不迟疑、斩钉截铁，让他的属下们非常佩服，对他的指令从不怀疑。

忠诚是左宗棠最为突出的品质，他的部下深受感染，而皇上也深知他的一片忠心。他纪律严明，公正无私，赢得了全军将士无比的信赖。他知人善任，新疆之战就是绝佳的例子，证明他善于挑选人才，让部下齐心协力，鼓舞他们的士气。也许会有人质疑他对于战争时机的把握。他非常谨慎，不会轻易进兵；但我们要留意的是，在他指挥的作战之中，并没有任何一次的战果取决于战争的时机，数小时、数天甚至数周的延迟作战，对于战果并无影响。倘若要批评他延误战机，那么必须指出他在哪次战役的整体作战中有所失误，这样的批评才能成立。他非常注重随着时间的变化调整作战部署，我们大致可以推测，倘若进军速度或突袭能力成为取胜关键，左宗棠是能随机应变的。

左宗棠有一种罕见的天赋，能让人们团结一心、共同奋斗，也许可以称之为团结能力。此外，他还具有进攻精神，在所有的作战行动中，他总是主动出击，很少被动防御。左宗棠的这些特质集于一身，只要有恰当的时机，他就能充分发挥这些优势。这些特质造就了一位干将，称其为"伟大的统帅"也不为过。

左宗棠不仅在战场上享有盛名，他也是一个出色的行政管理者。他从青年时期就开始接受政治管理方面的训练，也确实精于此道。他兼有非凡的军事才干和政治才能，这样的人在任何国家都是凤毛麟角。正因为两者兼具，左宗棠才成为了真正伟大的人物。他能征服一片土地，也能让这片饱受战火摧残的土地恢复生机。他的战场扩展到帝国边界之外，放眼他那个时代，几乎可以断言，无人能在军事和政治领域同时取得如此瞩目的成就。在其他国家，和他同时代的杰出人物并无机会能证明自己兼具这两个领域的才干，而还有一些人虽在战场上取得赫赫战功，却未能在政治管理方面大展身手。

左宗棠在青年时期所受到的教育与训练，并不适合谋求武职的人。在那个时期，他一心想踏入士人阶层，因为这个阶层是统治阶层，而这一阶层轻视武职，完全没有武将的立足之地。在战场上脱颖而出，并不会给个人带来多大荣耀。他的军事训练由实战中获得，他的戎马生涯开始时年纪已不轻，世上最杰出的统帅在这个岁数大多已解甲归田了。一个年近五十、之前毫无任何军事经验的人，却立下了赫赫战功，这种情况极为罕见，几乎可称得上是前所未有的。左宗棠只是凭借着他的天赋，跨越了包括年龄在内的所有障碍，赢得了受之无愧的威名。

左宗棠大力提拔了许多才能卓越的人，这些人本可以在朝廷中脱颖而出、为国效力，但在左宗棠去世以后，就很少有人能得到施展才干的机会了。这就是当时的中国特色的政治趋向。湖南人在朝中掌管大权30余年，随后满人重新夺过了权力，纷纷把持了全国各地的要职。左宗棠去世以后，他手下的将领就大多寂寂无闻了。刘锦棠出任新疆巡抚，一直到1889年卸任。随后他告老还乡，于1894年去世。张曜成为山东巡抚，死于1891年。刘典死于1879年，当时他出任甘肃巡抚，此时距左宗棠离开西北还有几年。杨昌濬成为闽浙总督，后来又出任陕甘总督，于1895年去世。其他将领出任的职务较低，逐渐就从公众视野中销声匿迹了。一代宗师已逝，他的手下众将也不再有大展宏图的机会。大概他们一直处于左宗棠这位精神导师的光环之下，对他过于依赖了。

左宗棠具有真正伟大的灵魂。他是一位伟大的将军，一个伟大的管理者，也是一个伟大的人。他在国外知者甚少，在他自己的国家里也未享有应得的声望。

倘若他的同胞能仔细研究他的生平与功绩，就能够获益匪浅。他热爱自己的祖国，对国人在悠久历史中所取得的辉煌成就深感自豪。他对古代圣贤怀有敬畏之心，且一直遵循圣贤之道。他为自己的祖国呕心沥血，毫无保留地奉献自己的力量和才智。他怀有坚定的信念，深信国人能依靠自己的努力，为多灾多难的祖国找出一条新的出路。

参考书目

中文书目

1.《左文襄公全集》，128卷。此文集辑录了左宗棠的文章，为杨书霖所编纂，1888年至1891年间汇编于长沙，由左宗棠的亲友出版。文集包括以下内容：

（1）奏稿。即呈交给皇上过目的奏章。共64卷。

（2）谢折。其他人所写的书信，其中有涉及左宗棠的内容。共2卷。

（3）诗文。左宗棠所写的诗歌与杂文。共5卷。

（4）书牍。官方往来的信件。共26卷。

（5）年谱。共10卷。

（6）骆文忠公奏稿。左宗棠担任骆秉章幕僚期间，骆秉章所写的奏稿。共10卷。

（7）张大司马奏稿。左宗棠担任张亮基文书期间，张亮基所写的奏稿。共7卷。

（8）批牍。左宗棠在收到的信件与报告上所批写的评论。共7卷。

2.《左宗棠家书》。

3.《清朝野史大观》，7卷。

4.《太平天国野史》，20卷。

5.《太平天国始末》，通常称为《忠王自述》。书中所参考的版本为两卷文集《中国清代年史资料续编》，第1卷，第1—50页。

6.《曾左彭》，曾国藩、左宗棠与彭玉麟的传记集，徐哲身著，6卷。

7.《八贤书札》，八位名人的书信集。

8.《湘军志》，湘军的历史集，王闿运著，20卷。

外文书目

[1] 安德鲁斯. 中国西北的伊斯兰教势力. 伦敦，1921.

[2] 布兰德，巴恪思. 太后统治下的中国. 费城，1910.

[3] 布兰德，巴恪思. 纽约，1914.

[4] 布兰德. 李鸿章传. 纽约，1917.

[5] 布尔格·迪米特里厄斯. 中国简史. 伦敦，1898.

[6] 布尔格·迪米特里厄斯. 中亚问题. 伦敦，1885.

[7] 布鲁姆霍尔·马歇尔. 中国回民. 伦敦，1910.

[8] 卡西尔·霍尔格. 一个美国人的冒险. 纽约，1930.

[9] 卡勒里，伊万. 中国叛乱史. 约翰·奥克森佛，译. 纽约，1853.

[10] 道格拉斯·罗伯特. 李鸿章. 伦敦，1895.

[11] 威廉·詹姆斯·黑尔. 曾国藩与太平天国. 纽黑文，1927.

[12] 拉图雷特·肯尼斯·斯科特. 中国人及其历史与文化. 纽约，1934.

[13] 梅耶斯·威廉. 中国政府. 上海，1886.

[14] 托马斯·米窦斯. 中国人及其叛乱. 伦敦，1856.。

[15] 米基·亚历山大. 英国人在中国. 爱丁堡，1900.

[16] 莫尔斯·何西阿. 中国对外贸易管理. 上海，1908.

[17] 莫尔斯·何西阿. 中国对外关系. 上海，1918.

[18] 帕克. 中国的历史、外交与商业. 纽约，1901.

[19] 帕克. 中国今昔. 伦敦，1903.

[20] 皮亚塞茨基. 俄国旅行家在蒙古与中国. 戈登·库米斯，译. 伦敦，1884.

[21] 普尔热瓦尔斯基. 蒙古、党项地区与藏北荒原. 德尔玛·摩根，译. 伦敦，

1876.

[22] 普尔热瓦尔斯基.从固尔扎翻越天山去罗布泊.德尔玛·摩根,译.伦敦,1879.

[23] 斯凯勒.土耳其斯坦、俄属土耳其斯坦、浩罕、博卡拉与固尔扎游记.伦敦,1876.

[24] 肖·罗伯特.到访鞑靼高地、叶尔羌与喀什.伦敦,1871.

[25] 施略克.儒学国家崇拜的起源与发展.纽约,1932.

[26] 泰勒·乔治.太平天国运动及其经济背景和社会理论.中国社会与政治学报.1993,16:545—614.

[27] 威尔·丹尼尔.末代皇后.伦敦,1936.

[28] 卫三畏.中国总论.纽约,1883.